本书为河北省社会科学基金项目"高校思想政治工作高质量发展机制、模式和对策研究"成果（项目批准号：HB22MK018）

高校思想政治工作高质量发展机制、模式和对策研究

刘志峰 著

燕山大学出版社
·秦皇岛·

图书在版编目（CIP）数据

高校思想政治工作高质量发展机制、模式和对策研究 / 刘志峰著．—秦皇岛：燕山大学出版社，2023.12

ISBN 978-7-5761-0631-2

Ⅰ.①高… Ⅱ.①刘… Ⅲ.①高等学校－思想政治教育－研究－中国 Ⅳ.①G641

中国国家版本馆 CIP 数据核字（2023）第 239574 号

高校思想政治工作高质量发展机制、模式和对策研究
GAOXIAO SIXIANG ZHENGZHI GONGZUO GAOZHILIANG FAZHAN JIZHI, MOSHI HE DUICE YANJIU

刘志峰 著

出 版 人：陈　玉	
责任编辑：朱红波	策划编辑：朱红波
责任印制：吴　波	封面设计：刘韦希
出版发行：燕山大学出版社 YANSHAN UNIVERSITY PRESS	电　　话：0335-8387555
地　　址：河北省秦皇岛市河北大街西段 438 号	邮政编码：066004
印　　刷：涿州市般润文化传播有限公司	经　　销：全国新华书店
开　　本：710 mm×1000 mm　1/16	印　　张：13.5
版　　次：2023 年 12 月第 1 版	印　　次：2023 年 12 月第 1 次印刷
书　　号：ISBN 978-7-5761-0631-2	字　　数：218 千字
定　　价：55.00 元	

版权所有　侵权必究

如发生印刷、装订质量问题，读者可与出版社联系调换

联系电话：0335-8387718

前　言

近年来，随着高质量发展突破经济领域持续向社会、文化、生态、教育等各领域拓展延伸，高质量发展受到了前所未有的关注，引起了学术界的研究热潮，涌现了大量研究成果。目前，经过概念提出、内容完善、体系形成等阶段，高质量发展理论日趋成熟，逐渐成为社会科学领域的重要理论。在此背景下，思想政治工作迎来了高质量发展的关键时期，催生了学校、企业、机关思想政治工作高质量发展等专有名词，国内学者各抒己见，赋予其不同理解和丰富内涵，勾勒出思想政治工作高质量发展的研究脉络。细致梳理已有研究成果，我们可以从思想遵循、研究背景、理论观点和研究内容等方面有效把握当前的研究动态。

在思想遵循上，已有研究成果强调习近平总书记关于高质量发展重要论断的指导地位。2017年，习近平总书记在中央经济工作会议上科学阐释了高质量发展的提出背景、概念内涵和推进要求，为思想政治工作高质量发展研究提供了根本遵循。在观点表达和阐述上，很多成果体现了习近平总书记关于高质量发展重要论述的基本思想（赵义，2018；丁娜，2018；郑辉，2020；代红凯，2021；等等）。

在研究背景上，已有研究成果强调新时代的背景主题和加强改进思想政治工作的紧迫形势。新时代背景下推动学校、企业、机关思想政治工作高质量发展，对于推动学校内涵建设（高仁，2022；寇创，2020；王苏，2019；等等）、企业健康发展（杨静、杨志国，2022；杨刚，2021；王文永，2021；等等）、机关健康运作（李纪恒，2021；李俊平，2021；梁言顺，2021；等等）具有显著作用。其中，教育部部长怀进鹏（2021、2022），湖南省委教育工委原书记、湖南省教育厅原厅长蒋昌忠（2021）等，立足加强党对高校的领导、办好中国特色社会主义大学、推动党和国家事业发展的大局，探讨高校思想政治工作高质量发展的重大现实意义和深远意义。

在理论观点上，已有研究成果强调新时代思想政治工作高质量发展的动态演替和条件支撑。思想政治工作高质量发展是一个具有明确目标、丰富内涵和实践要求的动态过程，其有效开展离不开一定的载体和条件支撑。彭程（2021）、余天门（2021）、林宝忠（2019）、王文广（2019）等学者，分别提出和倡导"1+5+N""三力驱动""六种方法""四个重点"等载体，创新和推动思想政治工作高质量发展。关于高校思想政治工作高质量发展过程，刘建军、邱安琪（2021）认为是"简单再生产"和"扩大再生产"、规模和数量、质量和效益的三维结合；沈壮海、刘灿（2021）认为是理念导向、过程导向和效果导向的有机统一。推进高校思想政治工作高质量发展，可采取增强发展意识、调动发展要素、凝聚发展合力等举措，依托深化"三全育人"综合改革（蒋昌忠，2021）、加强思政课改革（李冉，2021）、拓宽国际视野（王威峰、王雨菡，2021）、创新工作载体（傅鸿洲，2021）等方式。

在研究内容上，已有研究成果强调思想政治工作高质量发展的定性研究。学者们遵循从现实意义到存在问题再到对策举措的研究路径，偏重于意义作用、概念内涵、面临问题、推进方式、途径举措等定性研究，在机制构建、模式选择、成效评价等方面的定量研究还有待改进，尚未形成明确的研究范式。除上述共性问题之外，高校思想政治工作高质量发展研究还存在文献偏少、描述笼统、阐释宽泛等不足，这与党中央的重视程度和高校思想政治工作高质量发展态势的迅速崛起形成强烈反差，有待深入研究。如何从理论和实践两个维度统筹推进高校思想政治工作高质量发展研究，进而更好地把握高校思想政治工作高质量发展本质、特点和规律，不断推动和实现高校思想政治工作高质量发展常态化、持续化、成效化，切实提高高校思想政治工作高质量发展水平，更好地完成高校立德树人根本任务，成为摆在我们面前亟待思考和切实解决的重大理论与实践问题。也正是基于此，在河北经贸大学马克思主义学院领导的鼓励和各位同事的支持帮助下，笔者开始关注高校思想政治工作高质量发展问题，并成功立项2022年度河北省社会科学基金项目"高校思想政治工作高质量发展机制、模式和对策研究"（项目编号：HB22MK018），并依托课题项目研究，重点聚焦高校思想政治工作高质量发展的运作机制、推进模式和实践策略等，以期为高校思想政治工作高质量发展的理论研究和实践演进提供可资借鉴的学术观点、方法等。

为确保研究过程的规范性、研究方法的合理性和研究结论的科学性，本书充分借鉴学术界的相关研究成果，深入开展实践调研，虚心请教专家学者，不断聚焦研究目标，丰富创新研究内容，初步构建起高校思想政治工作高质量发展的研究体系。在理论维度上，本书从高校落实立德树人根本任务出发，遵循习近平总书记关于高质量发展重要论述的基本思想，采取系统化、整体化分析视角，探讨了高校思想政治工作高质量发展的环境条件、运作机制、推进模式、实践策略等问题，揭示了高校思想政治工作高质量发展特点和规律，加速高质量发展理论与高校思想政治工作实践的深度融合，为高校思想政治工作高质量发展研究提供新的理论依据和方法借鉴。在实践维度上，本书重点探讨高校思想政治工作高质量发展的运作机制和推进模式，有助于探讨研究高校思想政治工作主体、内容、对象、手段以及方法等要素之间的互动机理，促进高校内外环境条件不断向思想政治工作高质量发展有效聚合，进一步增强高校思想政治工作高质量发展动力，引导高校科学谋划和有效实施思想政治工作高质量发展战略，提升思想政治工作高质量发展水平。

无论是在高质量发展理论研究视域中，还是在高校思想政治工作理论研究框架下，高校思想政治工作高质量发展都属于新的研究内容，不仅具有广阔的研究空间，还具有显著的研究价值，必将引起广大理论者的普遍关注。我们希望通过本书的出版，激发更多学者关注高校思想政治工作高质量发展研究，掀起高校思想政治工作高质量发展研究热潮，形成更多高校思想政治工作高质量发展研究成果，积极推动高校思想政治工作高质量发展，不断提升高校思想政治工作高质量发展水平，为社会主义现代化强国建设和中华民族伟大复兴中国梦实现提供人才支撑和智力保障。

目　　录

第一章　新时代高校思想政治工作高质量发展的重要意义 1

　　第一节　提出背景 1
　　第二节　重要意义 8
　　第三节　研究框架 14

第二章　新时代高校思想政治工作高质量发展的概念内涵 23

　　第一节　研究现状 23
　　第二节　概念提出 27
　　第三节　特征表现 33

第三章　新时代高校思想政治工作高质量发展的环境条件 40

　　第一节　高校内部环境 40
　　第二节　高校外部环境 57

第四章　新时代高校思想政治工作高质量发展的机制系统 78

　　第一节　基本内涵 78
　　第二节　主要特征 83
　　第三节　构建途径 87

第五章　新时代高校思想政治工作高质量发展的动力模式 94

　　第一节　多方联动模式 94
　　第二节　生态引导模式 106
　　第三节　协同融合模式 125
　　第四节　实践转向模式 137

第六章 新时代高校思想政治工作高质量发展的策略体系 ... 152

第一节 突出协同育人体系建立 ... 152
第二节 突出教学创新团队打造 ... 162
第三节 突出教师能动作用发挥 ... 171
第四节 突出实践教学水平提升 ... 176
第五节 突出教学模式改革创新 ... 186

参考文献 ... 199

后记 ... 206

第一章　新时代高校思想政治工作高质量发展的重要意义

党的十八大以来，以习近平同志为核心的党中央高度重视高校思想政治工作，把高校思想政治工作摆在突出位置，全面加强党对高校思想政治工作的统一领导，不断推动高校思想政治工作发展，切实提高高校思想政治工作水平。习近平总书记围绕高校思想政治工作提出了一系列新理念新思想新观点新论断，深刻回答了新时代高校思想政治工作的方向性、根本性和全局性问题，逐渐形成了习近平总书记关于高校思想政治工作的重要论述，为新时代高校思想政治工作提供了根本遵循，持续引领高校思想政治工作发生了格局性变化、取得了历史性成就。[1]思想政治工作是新时代高校各项工作的生命线，其质量水平不仅影响高校立德树人根本任务的推动落实，也关乎高等教育强国战略目标的顺利实现。高质量推动高校思想政治工作，实现高校思想政治工作高质量发展具有十分重要的战略地位，深层次探讨和多维度分析其提出背景、现实意义，有助于全面把握新时代高校思想政治工作高质量发展规律。

第一节　提 出 背 景

新时代高校思想政治工作高质量发展的正确提出，不仅具有深刻的时代背景，也具有明显的本质要求。新时代是高校思想政治工作高质量发展最显著的时代标识，要基于新时代的历史方位，深刻理解高校思想政治工作高质量发展的时代背景。高质量发展是新时代高校思想政治工作发展最显著的特征表现，要基于高质量的本质要求，准确理解高校思想政治工作发展的概念内涵。

---

[1] 怀进鹏. 不断推动高校思想政治教育工作高质量发展[N]. 人民日报，2021-12-10（11）.

高校思想政治工作高质量发展机制、模式和对策研究

一、新时代要求高校思想政治工作的高质量发展

党的十八大以来，面对复杂多变的外部环境和我国经济发展进入新常态的内部变化，以习近平同志为核心的党中央团结带领全国各族人民，实现了改革开放和社会主义现代化建设的历史性成就。在党的十九大报告中，习近平总书记主要从经济建设、全面深化改革、民主法治建设、思想文化建设、人民生活、生态文明建设、强军兴军、港澳台工作、全方位外交布局、全面从严治党等十个方面，对党的十八大以来取得的全方位、开创性成就和发生的深层次、根本性变革进行了全面阐释。不论是改革开放和社会主义现代化建设取得的历史性成就，还是党和国家事业发生的历史性变革，都始终离不开习近平总书记的领航掌舵，离不开党中央的坚强领导，离不开全国人民的共同奋斗，离不开一系列新理念新思想新战略的正确提出，离不开一系列重大方针政策和工作举措的有力推进。经过长期努力，中国特色社会主义进入新时代。新时代成为我们正确理解今天所处历史方位的关键词，也是我们制定各项方针、政策、举措的坐标轴。

中国特色社会主义进入新时代具有深远的历史意义和丰富的内涵表现。在党的十九大报告中，习近平总书记用"三个意味"高度概括了新时代的历史意义——意味着近代以来久经磨难的中华民族迎来了从站起来、富起来到强起来的伟大飞跃，迎来了实现中华民族伟大复兴的光明前景；意味着科学社会主义在 21 世纪的中国焕发出强大生机活力，在世界上高高举起了中国特色社会主义伟大旗帜；意味着中国特色社会主义道路、理论、制度、文化不断发展，拓展了发展中国家走向现代化的途径，给世界上那些既希望加快发展又希望保持自身独立性的国家和民族提供了全新选择，为解决人类问题贡献了中国智慧和中国方案。[①]这"三个意味"主要从指向性、科学性、世界性三个方面指出了中国特色社会主义进入新时代的意义表征。同时，在党的十九大报告中，习近平总书记还深刻阐释了新时代蕴含的五个具体内容——是承前启后、继往开来、在新的历史条件下继续夺取新时代中国特色社会主义伟大胜利的时代，是决胜

---

① 习近平. 决胜全面建成小康社会 夺取新时代中国特色社会主义伟大胜利：在中国共产党第十九次全国代表大会上的报告[N]. 人民日报，2017-10-28（1）.

全面建成小康社会进而全面建设社会主义现代化强国的时代，是全国各族人民团结奋斗、不断创造美好生活、逐步实现全体人民共同富裕的时代，是全体中华儿女勠力同心、奋力实现中华民族伟大复兴中国梦的时代，是我国日益走近世界舞台中央、不断为人类作出更大贡献的时代。[①]这五个内容相互联系、相互作用，实际上指出了中国特色社会主义新时代要完成的重大任务——中国特色社会主义伟大胜利、全面建设社会主义现代化强国、全体人民共同富裕、中华民族伟大复兴、为人类作出更大贡献。

在庆祝中国共产党成立100周年大会上，习近平总书记庄严宣告："经过全党全国各族人民持续奋斗，我们实现了第一个百年奋斗目标，在中华大地上全面建成了小康社会，历史性地解决了绝对贫困问题，正在意气风发向着全面建成社会主义现代化强国的第二个百年奋斗目标迈进。"当前，我国经济实力、综合国力、人民生活水平、国际影响力不断得到显著提高，但是仍然面临发展不平衡不充分问题，特别是在满足人民日益增长的美好生活需要方面还有待持续加强，这就形成了现阶段我国社会主要矛盾。有效解决社会主要矛盾，不断实现经济社会持续健康发展，就要着重提高发展质量，提升发展效益，增强创新能力，促进实体经济发展，补齐民生领域短板，推动乡村振兴，实施城乡区域协调发展，缩小收入分配差距；重点解决人民群众在教育、居住、就业、医疗、养老等方面切实面临的难题，不断满足人民群众在民主、法治、公平、正义、安全、环境等方面日益增长的要求。

在中国特色社会主义新时代，要正确认识我国社会主要矛盾变化，精准把握社会主义现代化强国建设战略安排，充分树立高质量发展思想，协同推进经济、社会、文化、生态和教育等各领域高质量发展，切实提高我国经济社会发展水平。站在新的历史方位，任何一个领域都要践行高质量发展理念，选择高质量发展路径，实现高质量发展。从教育领域来看，党中央、国务院高度重视高质量教育发展，对高质量教育体系建设作出谋划部署。2020年10月，党的十九届五中全会审议通过《中共中央关于制定国民经济和社会发展第十四个五

---

① 习近平. 决胜全面建成小康社会 夺取新时代中国特色社会主义伟大胜利：在中国共产党第十九次全国代表大会上的报告[N]. 人民日报，2017-10-28（1）.

年规划和二〇三五年远景目标的建议》,明确提出"建设高质量教育体系"。2021年3月,李克强总理在第十三届全国人民代表大会第四次会议上所作的政府工作报告中指出,要"发展更加公平更高质量的教育";第十三届全国人民代表大会第四次会议通过《中华人民共和国国民经济和社会发展第十四个五年规划和2035年远景目标纲要》,专章部署"建设高质量教育体系"。对于高等教育而言,要注重加强和改进高校思想政治工作,推动和实现高校思想政治工作高质量发展。这是因为高校思想政治工作"事关办什么样的大学、怎样办大学的根本问题,事关党对高校的领导,事关中国特色社会主义事业后继有人,是一项重大的政治任务和战略工程"。因此,高校思想政治工作高质量发展具有显著的时代特征,是中国特色社会主义新时代高质量发展理念思想路径在高校思想政治工作领域的具体表现。

二、高质量发展是新时代高校思想政治工作的重大命题

2016年12月,习近平总书记在全国高校思想政治工作会议上强调,要坚持把立德树人作为中心环节,把思想政治工作贯穿教育教学全过程,实现全程育人、全方位育人。贯彻落实习近平总书记的重要指示精神,高校要顺应时代发展要求,聚焦社会主要矛盾变化,立足高校思想政治工作在高等教育人才培养、推进社会主义现代化建设、实现中华民族伟大复兴中国梦中的关键地位,正视高校思想政治工作面临的问题,以高质量发展转向为切入点,提升思想政治工作水平,实现高校思想政治工作持续发展。

1. *解决高校思想政治工作存在问题的有效选择*

思想是时代的声音,理论是时代的精华。时代的进步发展必然伴随着新思想的产生和新理论的创新;新思想、新理论的生成和创新始终引领时代的前进脚步。思想政治工作在高校人才培养中充分发挥"生命线"作用,要更好地推动和落实立德树人根本任务,为实现"两个一百年"奋斗目标、实现中华民族伟大复兴的中国梦,培养又红又专、德才兼备、全面发展的中国特色社会主义合格建设者和可靠接班人,就必须适应中国特色社会主义新时代发展要求,创新工作思路,改进工作方式,优化工作机制,提高工作针对性和时代性,增强

工作吸引力和感召力，提升工作质量和水平。党中央历来高度重视高校思想政治工作，特别是党的十八大以来，以习近平同志为核心的党中央把高校思想政治工作摆在突出位置，作出重大决策部署，科学指导各地区各有关部门各高校探索有效方略举措，形成工作特色优势，积累宝贵经验做法，取得显著育人成效。然而，现阶段高校思想政治工作在模式选择、机制构建和条件保障等方面还有待持续加强，理论创新、学术研究等方面还需要持续深化，师生的满意度和获得感还需要持续提升，有效解决这些不足或问题，离不开系统性思考、整体性谋划和针对性改进。因此，高质量发展是加强和改进新时代高校思想政治工作的有效选择。

2. 回应现阶段社会发展面临问题的客观选择

当前，我国处于近代以来最好的发展时期，世界处于百年未有之大变局，二者相互交织、激荡并存，构成了我国经济社会发展的环境格局。在推进高质量发展过程中，我们还面临着不少困难和挑战，习近平总书记在党的十九大报告中将其主要概括为七个方面：（1）发展不平衡不充分的一些突出问题尚未解决，发展质量和效益还不高，创新能力不够强，实体经济水平有待提高，生态环境保护任重道远；（2）民生领域还有不少短板，脱贫攻坚任务艰巨，城乡区域发展和收入分配差距依然较大，群众在就业、教育、医疗、居住、养老等方面面临不少难题；（3）社会文明水平尚需提高；（4）社会矛盾和问题交织叠加，全面依法治国任务依然繁重，国家治理体系和治理能力有待加强；（5）意识形态领域斗争依然复杂，国家安全面临新情况；（6）一些改革部署和重大政策措施需要进一步落实；（7）党的建设方面还存在不少薄弱环节。[①]这些问题既需要高校思想政治工作予以及时、合理和准确的回应解答，也需要通过内容丰富、形式多样、成效显著的思想政治工作，积极引导广大师生投身高质量发展的生动实践，在解决发展困难、挑战、问题和不足过程中，贡献聪明才智，实现人生价值。在此背景下，选择高质量发展就成为摆在高校思想政治工作面前必须冷静思考的重要命题。值得一提的是，针对上述困难和挑战，高校思想政治工

---

① 习近平. 决胜全面建成小康社会 夺取新时代中国特色社会主义伟大胜利：在中国共产党第十九次全国代表大会上的报告[N]. 人民日报，2017-10-28（1）.

作尤其要密切关注各种社会思潮的演变态势，积极开展社会思潮的批判引导，及时化解社会思潮的不利影响，切实保证社会秩序的健康稳定。实现这些目标，有赖于高校高质量开展思想政治工作，不断引导师生培育和践行社会主义核心价值观，认清不良社会思潮的本质，不断增强"四个意识"，坚定"四个自信"，切实做到"两个维护"。

3. 满足高校内外各方面需求的必然选择

习近平总书记指出，做好高校思想政治工作，要因事而化、因时而进、因势而新。要遵循思想政治工作规律，遵循教书育人规律，遵循学生成长规律，不断提高工作能力和水平。因事而化、因时而进、因势而新不仅是新时代高校思想政治工作规律和品质的高度凝练，也是新时代高校思想政治工作基本原则和方法论的有效总结。推进新时代高校思想政治工作高质量发展，必须准确把握"事、时、势"这些最大的实际所蕴含的新需求。"事"是特定时间维度的"时"和空间维度的"势"有机结合形成的具体实践活动。作为特定时空背景下具有丰富内涵且客观存在的"事"，首先是指社会主义现代化强国建设这个最大的事情。完成这件最大事情，一方面需要高校思想政治工作依托课堂教学、实践活动、学术讲座等，积极开展社会主义现代化强国建设的教育宣传，凝结和统一师生思想认识，坚定和筑牢师生理想信念，强化和提高师生责任担当，最大化形成社会主义现代化强国建设的有效合力，不断推进社会主义现代化强国建设目标的顺利实现；另一方面需要创新高校思想政治工作理论观点，加强学术研究，深化社会主义现代化强国建设教育宣传规律认识，提高教育宣传工作针对性、时效性和感染力。同时，也要整体推动高校思想政治工作理念、内容、方法、手段、举措、机制等方面的协同创新，不断实现高校思想政治工作高质量发展。其次是指立德树人、促进人的全面发展这个根本的事情。满足人的发展需要，促进人的全面发展是高校思想政治工作的价值旨归。随着社会主义现代化强国建设和中华民族复兴伟业的稳步推进，社会越来越能满足人民群众对美好生活的现实需要，越来越能激发人民群众对美好生活的持续追求。社会各领域高质量发展是满足人民群众需要的基础和前提，其中也不乏高质量的高校思想政治工作。事实上，正是在不断满足广大师生对理论需求、文化需求等过程中，高校思想政治工作持续实现了自身的功能价值——促进人的全面发展。

此外，通过交流座谈、问卷调查、调研走访、网络在线等方式，高校思想政治工作广泛收集和了解广大师生的思想动态、政治诉求和意见建议，创新工作思路，细化意见建议。在不断解决广大师生学习、生活、工作面临问题的同时，高校思想政治工作也引导师生们正确处理个人价值和集体价值、个人利益和国家利益、个人需求和国家需求之间的关系。从青年大学生角度来看，高质量的思想政治工作更加突出"大学生思想品德要素知、情、意、信、行的内化与外化，促进大学生知与行从旧质到新质循环往复、不断上升"，帮助大学生立大志、明大德、成大才、担大任，为民族复兴铺路架桥，为祖国建设添砖加瓦，在实现中华民族伟大复兴的生动实践中贡献青春力量，创造精彩人生。

4. 激发高校思想政治工作效能的合理选择

加强和改进高校思想政治工作，是新时代高校推动立德树人根本任务的显著优势和有效方略。这一优势和方略的持续保持与真正落实，是以深入有效地开展高校思想政治工作为基础的。通过高质量发展，高校思想政治工作不断拓展工作空间，提升工作实效。在此过程中，强调工作效能始终是高校思想政治工作高质量发展的关注点。因此，工作效能对于高校思想政治工作高质量开展无疑具有重要的导向作用。可以说，不同类型高校或者同一高校不同阶段的思想政治工作，归根结底都是在不断满足高校内外各方面需求、解决实际问题的过程中进行的。强调和重视工作效能正是高校思想政治工作获得高质量发展的持续动力。提升工作效能，就必须客观正视现阶段影响高校思想政治工作高质量发展的一些主要问题，主要表现为：

（1）在思想认识层面上，一些高校未能将思想政治工作真正贯穿于教育教学整个过程中，或多或少地存在着教育教学与思想政治工作相脱节现象，甚至是"两张皮"现象。同一高校内部不同职能部门、教学院系对思想政治工作的重视程度存在不同，个别部门认为思想政治工作属于宣传部、马克思主义学院等部门的工作范围，应该由政工干部、辅导员、思政课老师等来承担。这种认识不利于形成思想政治工作的有效合力，不仅会影响高校思想政治工作正常开展，也会制约高校思想政治工作高质量发展。此外，不同区域、不同类型的高校之间，对于思想政治工作的重视程度和认识水平也存在一定差异。

（2）在主体协同层面上，由于思想认识、观念理解上存在偏差，难免造成高校思想政治工作各主体力量不协同、不集中。高校内部力量难以广泛调动，同样也会影响社会、家庭、用人单位等外部力量的有效调动。如果高校内外力量得不到有效汇集，这些主体往往会游离于高校思想政治工作目标，由此产生高校思想政治工作各方力量参与不够、合力不强、效果不足等问题也就在所难免。从高校思想政治工作队伍实际来看，在队伍选配、管理、使用、考核、评价、激励等方面的制度体系还有待继续完善。

（3）在方式方法层面上，一些高校的思想政治工作与广大师生学习生活实际的关联度、紧密度和匹配度不高，内容缺少鲜活度，手段缺少吸引力，方法缺少针对性，进而出现吸引力、认可度、满意度不高等问题。课程思政与思政课程协同建设、协同育人机制没有真正构建起来，相关工作仅仅停留在文件上、口头上、表态上，即便有的高校开展了相关工作，但是仍然缺乏系统谋划、强力推进和长效保障。针对不同专业课程的特点，如何挖掘思想政治元素，实现与思政课同向同力还有很大的提升空间。

上述这三个方面的突出问题既是摆在高校思想政治工作高质量发展面前的客观现实，也是高校思想政治工作高质量发展必须解决的难点问题。只有实施高校思想政治工作高质量发展，高校思想政治工作才能够得到持续加强和改进，始终保持良好发展态势，不断为保证高等教育改革发展、服务党和国家工作大局作出应有贡献。

第二节　重　要　意　义

高质量发展的概念内涵和本质要求从经济领域逐渐向社会各领域延伸拓展，并成为指导经济、社会、文化、生态、教育等领域发展的重要思想，有效推动各领域高质量发展，有助于全面提升我国经济社会发展水平，为实现党的十九大描绘的宏伟蓝图注入强大动力。在中国特色社会主义新时代，高校思想政治工作坚持高质量发展，对于高质量落实立德树人根本任务、推动高校思想

第一章　新时代高校思想政治工作高质量发展的重要意义

政治工作持续发展、培养肩负民族复兴伟业时代新人、引导大学生健康成长成才、深化高等教育教学改革创新、促进高校师资队伍建设等，具有十分重要的意义。

一、高质量落实高校立德树人根本任务

立德树人是教育的根本任务。党的十九大报告指出，要全面贯彻党的教育方针，落实立德树人根本任务，发展素质教育，推进教育公平，培养德智体美劳全面发展的社会主义建设者和接班人。[①]进入中国特色社会主义新时代，坚持立德树人具有明确的内涵要求，集中表现在三个方面[②]：一是加强学生的思想道德教育。在社会变革诱发各种文化多元、思想交融、价值观冲突的背景下，引导学生树立正确的世界观、人生观和价值观，切实肩负起担当民族复兴大任的历史使命；二是把社会主义核心价值观融入学校教育全过程。全面加强学校的德育、智育、体育、美育和劳育工作，实现文化知识学习与思想道德修养的统一、理论学习与社会实践的统一、全面发展与个性发展的统一；三是加强中华优秀传统文化教育。汲取中华优秀传统文化的思想精华和道德精华，涵养社会主义核心价值观的内容体系，坚定青年人对中国特色社会主义的道路自信、理论自信、制度自信和文化自信。这三个方面相互关联、有机结合，组成新时代立德树人的要求体系，为学校落实立德树人根本任务提供了基本遵循和参考。

新时代背景下，如何高质量推动和落实立德树人根本任务，是摆在各级各类学校面前亟待思考和切实解决的重要问题。特别是作为肩负高等教育重要功能的高校，更要在高质量推动和落实立德树人根本任务方面发挥表率先行、引领带动作用，探索总结新时代高质量推动和落实立德树人根本任务的基本经验和有效方略，为其他各级各类学校开展相关工作提供有益参考。在实践中，思想政治教育、道德教育、社会主义核心价值观教育、中华优秀传统文化教育等方面，属于高校思想政治工作的内容范畴。各方面内容既独立存在又彼此联系，

---

① 习近平. 决胜全面建成小康社会 夺取新时代中国特色社会主义伟大胜利：在中国共产党第十九次全国代表大会上的报告[N]. 人民日报，2017-10-28（1）.
② 教育部课题组. 深入学习习近平关于教育的重要论述[M]. 北京：人民出版社，2019：21-22.

其有序有效开展直接影响高校思想政治工作目标实现和水平提升。可见，高质量开展高校思想政治工作的动态过程，就是高质量实施大学生思想政治教育、道德教育、社会主义核心价值观教育、中华优秀传统文化教育等的动态过程，就是高质量推动和落实立德树人的动态过程。因此，立德树人不仅为高质量开展高校思想政治工作提供了最基本的价值指向，也为高质量开展高校思想政治工作提供了最基本的内容要求。高质量开展新时代高校思想政治工作，无疑有助于高校更好地推动和落实立德树人根本任务，全面提升高校人才培养水平。

二、高质量推动高校思想政治工作持续发展

高质量发展最早属于经济领域的专属名词，其概念从提出到使用再到提升经过了一个动态演化过程。2008年国际金融危机席卷全球，在世界范围内产生了较大冲击，造成许多国家经济发展迟缓，导致世界经济形势低迷，其破坏性影响至今尚未彻底消除。作为世界第二大经济体，我国经济发展也受到了国际金融危机的波及影响，我国的对外投资、国际贸易、进出口往来等遭受重大冲击。面对金融危机影响下我国经济高速增长势头持续回落的客观形势，习近平总书记在党的十八大前后综合研判了世界经济发展态势和我国经济发展阶段性特征，科学作出了我国经济发展进入新常态的重大判断，系统阐释了新常态是"三期叠加"时期、经济发展的质量提升期、经济体制改革深化期、经济发展方式转变期、经济发展空间布局优化期的主要内涵。经济发展新常态的客观趋势和丰富内容，为党的十九大提出我国经济发展已由高速增长阶段转向高质量发展阶段的科学论断奠定了重要基础。2020年10月，党的十九届五中全会将高质量发展提升到国家的各领域，提出了我国已进入高质量发展阶段，强调经济、社会、文化、生态等各领域都应该体现高质量发展的要求。因此，作为经济社会系统的重要组成部分，教育领域也要站在新的历史起点上践行高质量发展标准，建设高质量教育体系，满足高质量发展要求，实现高质量发展目标。2020年12月，教育部提出要建设高质量教育体系，加快建成教育强国，由此也吹响了教育高质量发展的前进号角，拉开了教育高质量发展的历史序幕。教育高质量发展涵盖丰富内容，不仅可以从不同教育层次上进行高质量发展的纵

向划分,也可以从某个特定的教育层次上进行高质量发展的横向划分。不论是纵向划分还是横向划分,教育高质量发展都离不开学校思想政治工作高质量发展,学校思想政治工作高质量发展始终贯穿教育高质量发展过程。从高等教育实际来看,其高质量发展也要杜绝高校思想政治工作高质量发展缺位,避免高校思想政治工作低水平开展、低效率运作。坚持高质量发展不仅是新时代高校思想政治工作遵循的基本思想,也是高校思想政治工作持续发展的必然趋势。只有以高质量发展为导向,主动适应新形势新要求,才能更好地肩负新时代赋予高校思想政治工作的新使命。

三、高质量培养肩负民族复兴伟业时代新人

实现中华民族伟大复兴是近代以来中华民族最伟大的梦想,这个梦想凝结了几代中国人对实现国家富强、民族振兴、人民幸福的美好夙愿和孜孜探寻。实现伟大梦想是一项长期复杂的系统工程,离不开国家经济、政治、社会、生态、文化、科技、教育等领域的全方位提升、整体性建设。党中央综合分析国际国内形势和我国发展条件,在党的十九大报告中明确对2020年到本世纪中叶进行了两个阶段的战略安排。第一阶段从2020年到2035年,在全面建成小康社会的基础上,再奋斗十五年,基本实现社会主义现代化;第二阶段从2035年到本世纪中叶,在基本实现现代化的基础上,再奋斗十五年,把我国建成富强民主文明和谐美丽的社会主义现代化强国。两个阶段的宏观展望激发着中华儿女的不懈努力,汇聚着实现中国梦的磅礴伟力。事实上,从基本实现社会主义现代化到建成社会主义现代化强国的推进过程,是中华民族伟大复兴中国梦的实现过程。作为推动两个阶段战略任务的主体力量和实现中华民族伟大复兴中国梦的先锋力量,青年人要肩负起应有的历史担当和责任使命,接好新时代给予的接力棒,致力于民族复兴,不断用青春、汗水和智慧创造新业绩,开辟新征程,创造新业绩。习近平总书记指出,青年兴则国家兴,青年强则国家强。青年一代有理想、有本领、有担当,国家就有前途,民族就有希望。中国梦是历史的、现实的,也是未来的;是我们这一代的,更是青年一代的。中华民族伟大复兴的中国梦终将在一代代青年的接力奋斗中变为现实。广大青年要坚定

理想信念，志存高远，脚踏实地，勇做时代的弄潮儿，在实现中国梦的生动实践中放飞青春梦想，在为人民谋幸福的不懈奋斗中书写人生华章。推动新时代高校思想政治工作高质量发展，激发和引导全社会来重视、关心、爱护青年，为青年人实现人生理想搭建舞台，不断为民族复兴提供源源不断的生力军。

四、高质量引导大学生健康成长成才

培养德才兼备、全面发展的中国特色社会主义合格建设者和可靠接班人是高校思想政治工作的根本目的，也是新时代高校思想政治工作高质量发展的价值旨归。对于处在"拔节孕穗期"的青年学生而言，大学阶段是人生发展的关键阶段，是世界观、人生观、价值观形成的关键时期。在这个关键时期，青年大学生会面临一系列人生课题，例如个人与集体、理想与现实、竞争与合作、权利与义务、学习与生活、友谊与爱情等。[①]这些人生课题往往交织并存地摆在青年大学生面前，需要青年大学生客观面对和正确解答。有的课题是在大学阶段新出现的，青年大学生以前没有遇到过；有的课题从小学、中学阶段开始就一直伴随学生成长，但是课题的具体内容、形式发生了变化。对于青年大学生而言，每个课题的正确解答都十分重要，都关系到健康成长成才。正确处理这些人生课题，既需要青年大学生的实践体验感悟，更需要高校老师的引导培育教诲。

高校思想政治工作遵循和把握大学生思想品质培育、道德素质培养、健康人格养成和行为实践引导规律，坚持用习近平新时代中国特色社会主义思想铸魂育人，引导大学生肩负历史使命，明确人生方向，坚定成才信心，切实做到立大志、明大德、成大才、担大任。"立大志"是指培育大学生崇高的理想信念，牢记建设社会主义现代化强国、实现中华民族伟大复兴使命，增强做中国人的志气、骨气、底气，树立正确的政治方向和远大的人生指向，坚定"四个自信"，自觉将理念信念融入使命担当中，转化为实际行动。"明大德"是指锻炼高尚品格，把正确的道德认知、自觉的道德养成、积极的道德实践融会贯通，自觉培育和践行社会主义核心价值观，能够在面对变幻时势和外部诱惑时明辨

---

① 本书编写组. 思想道德与法治[M]. 北京：高等教育出版社，2021：1.

是非，恪守正道，保持定力，严守规矩。"成大才"是指培育高强的本领才干，勤奋刻苦学习，勇于实践探索，实现全面发展。"担大任"是指培育天下兴亡、匹夫有责的担当精神，讲求奉献，服务人民，尽心尽责，勇于担责。[①]

五、高质量深化高等教育教学改革创新

改革创新是我国高等教育教学的永恒主题，也是我国高等教育教学持续发展的内在动力。我国高等教育教学改革是一项复杂的系统工程，包括改革目标、改革理念、改革内容、改革方法、改革举措、改革机制等诸多方面，各层面内容相互联系、相互作用，共同影响高等教育教学改革的有序有效开展。只有高质量地推进改革目标、改革理念、改革内容、改革方法、改革举措、改革机制等方面的协同创新，才能够更好地促进我国高等教育教学改革，实现我国高等教育事业高质量发展。高等教育改革侧重于高等教育理念、模式、体制、机制等宏观层面的改革；教学改革侧重于高校教学方式、教学手段、课堂组织形式、教学评价等微观层面的改革。作为高校思想政治工作高质量发展的重要抓手，高校思想政治工作改革创新不仅涉及高等教育宏观层面内容的改革创新，也涉及高等教育微观层面内容的改革创新，其水平高低体现和反映高等教育教学改革创新的质量状态。从这个层面来看，高校思想政治工作高质量发展与高等教育教学改革创新之间也存在着密切关系。因此，实施高校思想政治工作高质量发展，探索高质量发展理论和实践问题，总结高质量发展有益经验、做法和举措，能够为高校教育教学改革创新提供可资借鉴的路径依赖，进而促进高等教育教学改革创新，提高高等教育教学质量；加强高等教育教学改革创新，分析改革创新基本规律和本质要求，能够为高校思想政治工作高质量发展提供科学合理的理论依据和实践参考，进而推动高校思想政治工作高质量发展，提升高校思想政治工作高质量发展水平。

六、高质量促进高校师资队伍建设

在认识层面，多数人认为高校思想政治工作仅仅是指学生思想政治工作，

---

① 本书编写组. 思想道德与法治[M]. 北京：高等教育出版社，2021：4-7.

这种认识上的偏颇往往导致实践中一些高校只重视学生思想政治工作,忽略教师思想政治工作,没有很好地将学生思想政治工作和教师思想政治工作有机结合起来,难免造成二者之间的不协调,进而影响高校思想政治工作水平的整体提升。事实上,高校思想政治工作对象主要包括学生和教师两个对象群体,学生群体是高校思想政治工作的重点、主要对象,教师群体是高校思想政治工作的关键对象。开展教师思想政治工作的主要目的在于不断增强广大高校教师"四个意识",坚定"四个自信",自觉做到"两个维护",同时也逐渐提升高校教师思想政治素质,提高高校教师做好大学生思想政治教育的责任感和使命感,使其能够在建设高校思想文化阵地、推进习近平新时代中国特色社会主义思想"三进"、促进社会主义核心价值观建设等方面发挥积极作用。从这个层面上来看,高校教师思想政治工作发挥底蕴性支撑作用,能够为高校更好地开展学生思想政治工作提供基础和保障。高校学生思想政治工作的深入开展,不断向教师思想政治工作提出新要求,促进教师思想政治工作改革创新。因此,高校学生思想政治工作与教师思想政治工作相互促进、相得益彰,应共同坚持高校思想政治工作的指导思想,共同遵循高校思想政治工作的基本原则。作为新时代高校思想政治工作发展的主要目标,高质量发展不仅有助于促进学生层面思想政治工作的持续发展,也有助于推动教师层面思想政治工作的改革发展。通过高质量的高校教师思想政治工作,可以进一步强化高校教师思想政治素质,全面提升高校教师综合实力,促进高校师资队伍建设,提高高校教师队伍水平。

第三节 研究框架

目前,学术界关于新时代高校思想政治工作高质量发展研究尚处于起步阶段,或多或少地存在研究视角单一、研究内容分散、研究成果不多等方面的不足,造成这些不足有很多原因,其中最为主要的是缺乏系统的研究框架设计,没有将高校思想政治工作高质量发展作为一个研究整体来进行分析探讨。在学术研究中,根据明确的研究目标,设计系统的研究框架至关重要,这是有效开

第一章　新时代高校思想政治工作高质量发展的重要意义

展研究的基础，也是持续深化研究的前提。如果缺少系统的研究框架或者不注重研究框架的科学设计，我们通常很难准确把握好高校思想政治工作高质量发展研究的内容体系、逻辑结构、重点难点、计划安排和预期成果等问题，要么研究关键不聚焦、研究重点不突出，要么研究过程不完整、研究结论不全面，因此出现研究结论不科学、研究成果不丰富等问题也就在所难免。尽管研究整体的各构成部分、单元不可或缺，但是没有全局观照的部分、没有整体包含的单元是零散的、缺少生命力。在高校思想政治工作高质量发展研究中，要摒弃单纯关注局部、单元研究的倾向，科学合理设计研究框架。

一、新时代高校思想政治工作高质量发展的研究意义

坚持系统论的研究思想和分析方法，对新时代高校思想政治工作高质量发展进行专题探讨，细致分析新时代高校思想政治工作高质量发展意义、概念、特征、环境、机制、模式、策略等基本问题，梳理总结新时代高校思想政治工作高质量发展规律，具有显著的理论意义和实践价值。

1. 拓展新时代高校思想政治工作高质量发展研究范围

目前，学术界关于新时代高校思想政治工作高质量发展的研究成果并不多见，高层次、高级别的论文成果比较少，尚未发现相关的专著成果。从已有的研究成果来看，学术界研究主要聚焦于新时代高校思想政治工作高质量发展意义、内涵、举措等方面，关于高校思想政治工作高质量发展环境、机制、模式等方面研究成果十分少见。事实上，开展这些方面专题研究，不仅有助于深化高校对思想政治工作高质量发展规律的理性认知，也有助于拓展新时代高校思想政治工作高质量发展的研究范围。

2. 创新新时代高校思想政治工作高质量发展研究思路

本书既注重新时代高校思想政治工作高质量发展意义、概念、特征、环境等方面的研究，也注重新时代高校思想政治工作高质量发展机制、模式、策略等方面的探讨。前者可视为静态层面的研究，后者可视为动态层面的研究，静态和动态维度研究内容的有机结合，将有助于避免单纯关注静态维度或动态维度研究的倾向，创新新时代高校思想政治工作高质量发展研究思路，从整体上

真正构建起新时代高校思想政治工作高质量发展的研究框架。

3. 丰富新时代高校思想政治工作高质量发展研究成果

如前所述，围绕新时代高校思想政治工作高质量发展的研究深度不够，相关论文、专著、报告等成果数量不多、质量不高，与新时代高校思想政治工作高质量发展实践相差甚远，不能很好地满足和适应思想政治工作高质量发展实践要求，亟待拓展研究范围，创新研究思路，丰富研究成果。本书坚持系统论的思想和方法，从意义、概念、特征、环境、机制、模式、策略等方面，对新时代高校思想政治工作高质量发展进行全方位、立体式、整体性的探讨研究，有助于丰富现有相关理论和方法体系。

4. 推动新时代高校思想政治工作高质量发展深入开展

理论是实践的先导。理论研究的主要目的在于指导实践的深入开展。深入探讨新时代高校思想政治工作高质量发展，旨在准确理解新时代高校思想政治工作高质量发展的概念内涵、特征表现、条件要求、运作机制等，探索总结新时代高校思想政治工作高质量发展策略，全面把握新时代高校思想政治工作高质量发展规律，更好地推动新时代高校思想政治工作高质量发展。

5. 提升新时代高校思想政治工作高质量发展水平

探讨新时代高校思想政治工作高质量发展模式、机制，有助于分析研究新时代高校思想政治工作高质量发展的影响因素，采取有效方式优化组合各种影响因素，促使影响因素之间形成有效合力，最大化推动新时代高校思想政治工作高质量发展；高质量发展策略的提出，有助于整合和调整新时代高校思想政治工作高质量发展内外环境关系，促进高校思想政治工作高质量发展内外环境和谐有序稳定，实现新时代高校思想政治工作高质量持续发展。

二、新时代高校思想政治工作高质量发展的研究内容和观点

分析高校思想政治工作过程，可以发现思想政治工作目标、主体、对象、内容、方法、手段和举措等有机结合、关联互动，形成特定的关系机理，构成了高校思想政治工作实践发展的基本脉络，即高校思想政治工作开展和演化的规律。高校思想政治工作规律既规定了高校思想政治工作实践的要素条件，也

第一章　新时代高校思想政治工作高质量发展的重要意义

提供了高校思想政治工作研究的关键议题。作为高校思想政治工作的高阶形态，高质量发展同样遵循思想政治工作运作的基本机理和规律要求，这些机理和规律在持续规范新时代高校思想政治工作高质量发展实践的同时，也科学确定了新时代高校思想政治工作高质量发展的研究内容。尽管新时代高校思想政治工作高质量发展遵循思想政治工作的一般规律，但又区别于一般水平和样态的高校思想政治工作，在研究对象、研究方法、研究内容等方面具有明显的特殊性，是高校思想政治工作高质量发展研究过程必须考虑的重点方面。因此，聚焦什么是高质量发展、为什么要选择高质量发展、如何实施高质量发展等，是推动新时代高校思想政治工作高质量发展研究的逻辑起点，也是构建新时代高校思想政治工作高质量发展研究框架的起点。

在分析高校思想政治工作一般特征和基本规律基础上，借鉴高质量发展的概念内涵、思想本质，来研究新时代高校思想政治工作高质量发展的意义、概念、特征和举措等，探索构建新时代高校思想政治工作高质量发展理论体系，总结新时代高校思想政治工作高质量发展实践方略，为新时代高校思想政治工作高质量发展研究提供理论借鉴和方法参考，更好地推动和指导新时代高校思想政治工作高质量发展。从内容上看，新时代高校思想政治工作高质量发展研究主要包括意义作用、概念特征、环境条件、机制系统、动力模式、策略体系等六方面。其中，意义作用、概念特征属于基础性研究内容，重点探讨新时代开展高校思想政治工作高质量发展研究的理论意义和实践价值，着重分析新时代高校思想政治工作高质量发展的概念内涵和特征表现，为其他内容研究提供基础。环境条件、机制系统、动力模式属于关键性研究内容，主要讨论新时代高校思想政治工作高质量发展的环境条件、机制保障和模式依赖，这三方面是基础性研究内容的深化体现，能够为新时代高校思想政治工作高质量发展策略的有效构建提供依据。策略体系属于实践性研究内容，主要分析新时代高校思想政治工作高质量发展的策略体系，此方面研究是新时代高校思想政治工作高质量发展研究的重点内容。上述六个方面的研究内容相互联系、相互支撑，共同组成新时代高校思想政治工作高质量发展研究体系。

围绕研究内容，本书提出了六个方面的主要观点：高校思想政治工作高质量发展彰显重要的时代价值和意义作用。立足新时代,从回应社会发展问题、解决思想政治工作存在不足、满足师生多样化需求、激发思想政治工作效能等方面,可以管窥出高质量发展是新时代高校思想政治工作理论和实践的重大命题。推动和实现高校思想政治工作高质量发展,对于高质量落实立德树人根本任务、推动高校思想政治工作持续发展、培养肩负民族复兴伟业时代新人、引导大学生健康成长成才、深化高等教育教学改革创新、促进高校师资队伍建设等,具有十分重要的意义作用。

高校思想政治工作高质量发展具有丰富的概念内涵和特征表征。高校思想政治工作高质量发展主要指高校坚持新发展理念,通过思想政治工作内容、方法、功能、举措等方面的超越创新,实现思想政治教育效益最大化的发展。作为一个复杂有机的动态过程,高校思想政治工作高质量发展的概念内涵至少包括指向维度、过程维度、效益维度。高校思想政治工作高质量发展既体现高质量发展的一般要求,又具有高校思想政治工作的独有属性。丰富的概念内涵孕育出多维创新、多方协同、绿色和谐、多元开放、高效共享等特征表现。

高校思想政治工作高质量发展依附特定的环境因素和资源条件。高质量发展是新时代高校思想政治工作创新发展的重大战略,其有效实施离不开高校内外环境因素和资源条件的全面支持。内部环境主要指高校办学育人拥有的人财物和信息等资源条件关联结合组成的环境;外部环境主要指高校所处经济社会环境和自然环境等。内外环境因素和资源条件相互影响、相互作用,从不同层面制约和影响高校思想政治工作高质量发展。

高校思想政治工作高质量发展演绎动态的运作机理和机制系统。高校思想政治工作高质量发展并非经济领域高质量发展概念的简单移植,而是着眼于解决高校思想政治工作面临的现实问题,其生成于高校思想政治工作持续发展的动态过程,彰显了高校思想政治工作从量积累转向质提升的发展规律,由此也决定了高校思想政治工作高质量发展研究的复杂性和多维性。立足新时代高校思想政治工作实际,借鉴系统科学的基本思想和方法原则,合理构建高校思想政治工作高质量发展的机制系统,持续推进高校思想政治工作高质量发展。

高校思想政治工作高质量发展依托特定的动力模型和多方支持。高校思想政治工作高质量发展的持续深入，既离不开科学合理的机制系统，也离不开多维联动的动力模型。校企合作、生态引导、协同融合、实践转向等模型关联结合、协调互动，形成有效合力，推动高校思想政治工作高质量发展实践，促进高校思想政治工作高质量发展目标，提高推动高校思想政治工作高质量发展水平。

高校思想政治工作高质量发展借助多维的方式途径和策略体系。高校思想政治工作高质量发展是一项系统工程，其有效推动离不开多措并举和精准发力。要突出协同育人体系建立、教学创新团队打造、教师能动作用发挥、实践教学水平提升、教学模式改革创新、发展成效评价导向。

三、新时代高校思想政治工作高质量发展的研究思路和方法

1. 研究思路

本书遵循"实践—理论—实践"的研究路径，按照"提出问题—分析问题—解决问题"的研究思路，立足新时代高校思想政治工作实际，从新时代高质量发展战略要求和重大意义出发，首先分析了新时代高校思想政治工作高质量发展的概念内涵和主要特征，其次探讨了新时代高校思想政治工作高质量发展的环境条件、机制系统和动力模式，最后提出了新时代高校思想政治工作高质量发展的策略体系。借鉴高校思想政治工作理论和高质量发展思想等，从新时代高校思想政治工作高质量发展的理论研究到实践探索，再到应用提升是本书研究的基本思路。

2. 研究方法

确定研究思路是聚焦研究目标的过程，也是细化研究任务的过程。落实研究思路，实现研究目标向研究成果转化，还有赖于研究方法的合理选择。在理论研究过程中，研究方法发挥载体性、纽带性作用，其选择是否合理将直接影响理论研究的顺利开展。因此，要根据研究目标，结合研究任务，合理选择一定的研究方法，确保研究目标和任务的实现。本书根据研究目标，结合研究任务实际，主要采用系统论分析法、归因论分析法、理论和实践相结合、归纳和演绎相结合等方法。

（1）系统分析法。系统分析法主要指系统化设定、系统化分析研究对象的一种分析方法，具体到本书研究就是将新时代高校思想政治工作高质量发展视为一个复杂的有机体，采用系统的思想、观点和方法，来研究高校思想政治工作高质量发展整个过程。系统分析法突出目标分析、要素分析、环境分析、资源分析和管理分析等，一方面准确发现高校思想政治工作高质量发展面临的突出问题，深刻揭示问题产生原因，并提出有针对性的解决对策；另一方面系统推进新时代高校思想政治工作高质量发展意义、发展概念、发展特征、发展环境、发展机制、发展模式、发展策略等方面的研究，系统构建起新时代高校思想政治工作高质量发展理论和实践研究体系。

（2）文献研究法。根据研究目标、研究任务和研究重难点，依托中国知网、万方数据库等学术平台，广泛收集和系统整理相关论文文献。同时，购置十余本相关的学术专著成果。对于论文和专著成果，按照与本书研究主题的紧密度进行细致划分，梳理总结学术界已有相关成果的主要观点、取得成绩和存在不足，研判高校思想政治工作高质量发展研究趋势，发现研究新空间和创新点，适度调整研究目标，不断优化研究内容，丰富研究基础，切实提高课题研究质量和水平。

（3）理论和实践结合法。理论研究和实践发展紧密结合，不可分割，彼此之间存在相互依附、相互促进的关系。实践是理论的源泉，理论是实践的先导。实践的持续发展，不断为理论研究提供新课题。本书研究过程中既注重新时代高校思想政治工作高质量发展理论的探讨，也注重新时代高校思想政治工作高质量发展实践的调研，还注重新时代高校思想政治工作高质量发展理论与实践的有机结合。通过实践调研发现理论研究方向，通过实践验证发现理论研究不足。通过理论研究探索实践发展方向，通过理论应用促进实践发展深入。

（4）归纳和演绎结合法。高质量发展理论最初起源于经济领域，随后向社会、文化、生态、教育等领域广泛渗透，催生出经济高质量发展、文化高质量发展、生态高质量发展、教育高质量发展等专有名词。本书借鉴高质量发展的基本概念，采用演绎法来提出新时代高校思想政治工作高质量发展的概念，分析新时代高校思想政治工作高质量发展的内涵，为探讨新时代高校思想政治

第一章　新时代高校思想政治工作高质量发展的重要意义

工作高质量发展理论的其他方面提供基础。通过深度剖析新时代高校思想政治工作高质量发展现状，来归纳总结新时代高校思想政治工作高质量发展的主要特征、影响因素、运作机制和依附模式等。

此外，本书在探讨新时代高校思想政治工作高质量发展策略过程中，还综合应用实践调研、案例扎根、问卷调查、数据挖掘、统计分析等方法。通过实践调研走访国内高校，发放调查问卷，建立思想政治工作高质量发展意见库；通过数据深度挖掘、知名专家访谈，构建思想政治工作高质量发展策略体系基本框架；通过案例扎根、试点应用以及在线问卷调查等方式，实践验证发展策略的成效性、合理性和可操作性。

四、新时代高校思想政治工作高质量发展的研究创新和价值

1. 理论创新

（1）采取系统化、整体化分析视角，为高校思想政治工作高质量发展研究提供了新思路，加速高质量发展理论与高校思想政治工作实践的深度融合，促进高校思想政治工作高质量发展理论、方法和应用研究的持续深入。

（2）从高校落实立德树人根本任务出发，遵循习近平总书记关于高质量发展重要论述的基本思想，探讨了高校思想政治工作高质量发展的环境条件、机制系统、动力模式、实践策略等问题，揭示了高校思想政治工作高质量发展规律，为高校思想政治工作高质量发展研究提供新的理论依据和方法借鉴。

2. 学术价值

（1）提出了高质量发展是新时代高校思想政治工作理论和实践的重大课题。切实推动高校思想政治工作高质量发展伟大实践，要深化理论研究，坚持习近平总书记关于高质量发展的重要思想，有效化解环境影响，合理选择运作机制、动力模式和实践策略，最终高质量落实立德树人根本任务，这又是重大的实践课题。

（2）总结了高校思想政治工作高质量发展的"三个层面"内涵和"五个维度"特征。高校思想政治工作高质量发展具有明确的价值指向、有序的演进过程和显著的效益表现，多维创新、多方协同、绿色和谐、多元开放、高效共

享是其本质特征。

（3）找到了系统化、整体化开展高校思想政治工作高质量发展研究的逻辑思路和有效方法。高校思想政治工作高质量发展是一个动态复杂的有机过程，其推动要全面抓好意义作用、概念内涵、特征表现、影响因素、机制系统、动力模型和策略体系等内容，这也是理论体系构建的关键所在。

第二章　新时代高校思想政治工作高质量发展的概念内涵

高质量发展思想融入高校思想政治工作体现了明显的时代性,是中国特色社会主义新时代背景下高校思想政治工作发展的必然要求。尽管高校思想政治工作高质量发展提出的时间较短,相关研究成果还不多见,但已经引起了学术界的普遍关注,它必将成为高校思想政治工作研究领域的新空间。高质量发展是新时代高校思想政治工作发展的"高阶形态",是新时代高校思想政治工作质量更高目标、更高水平的价值追求,是高质量理念导向、高质量过程推进和高质量效果达成的有机统一。深刻理解新时代高校思想政治工作高质量发展的概念本质,还要全面把握其目标性、开放性、协同性、发展性、引领性等多维特征。不同的特征表现交织并存、相互关联,共同演绎新时代高校思想政治工作高质量发展的生动实践。

第一节　研究现状

探讨新时代高校思想政治工作高质量发展的研究现状,至少应该关注高质量发展、教育高质量发展、高等教育高质量发展、思想政治工作高质量发展四个主题,这四个主题的理论视域逐渐聚焦,呈现从大到小渐变的特点。从四个维度来管窥研究现状,有助于从整体上把握研究态势,更加明确研究思路,进一步优化新时代高校思想政治工作高质量发展研究的内容体系。

一、高质量发展研究现状

高质量发展是新时代的最强音,是新时代我国经济社会发展的主旋律。从党的十九大到党的十九届五中全会,高质量发展逐步从一种发展模式被提升到国家发展阶段的战略高度,引起了社会各界的普遍关注,成为屡见报端的高频词，学术界也展开了持续深入的探索交流，至今方兴未艾。在中国知网，以篇名为"高质量发展"进行检索，能够检索到近 5.6 万篇文献，其中学术期刊 3.06 万篇、报纸 2.01 万篇、学位论文 536 篇、会议 678 篇、图书 9 部、成果 24 项，这充分说明了目前关于高质量发展研究热度之高、研究成果之多。为了精准有效地把握高质量发展的研究现状，我们可以坚持学术性、权威性原则，在全面了解学术论文、学位论文、图书、成果等文献的基础上，重点关注刊发在北大核心、CSSCI、CSCD 等高级别刊物上的论文。通过学术检索，可以查阅到 8486 篇高水平论文。从发表年度和发文数量来看，这些高水平论文主要刊发在 2020—2023 年，文献数量呈现逐年增加的趋势。其中，2020 年 1109 篇、2021 年 1565 篇、2022 年 2197 篇、2023 年 2566 篇，这与党的十九届五中全会对高质量发展的高度强调密不可分。从研究主题来看，学者们侧重于经济、数字经济、黄河流域、制造业、长江经济带、农业、体育产业等领域的高质量发展研究，也比较关注高质量发展实现路径、实证分析、水平测度等方面问题。多层面的研究范围，有助于系统全面地认识高质量发展的本质要求，了解经济社会各领域推动和实现高质量发展的途径举措。

二、教育高质量发展研究现状

教育高质量发展是高质量发展新模式、新理念在教育领域的拓展延伸与具体体现。南京师范大学张新平、南京晓庄学院佘林茂，在"对教育高质量发展的三重理解"中，细致梳理了教育高质量发展的概念由来。2010 年 5 月，国务院常务会议审议并通过了《国家中长期教育改革和发展规划纲要（2010—2020 年）》，明确提出要更好满足人民群众接受高质量教育的需求。在 29000 多字的规划纲要中，有 23 处提及"教育质量"。2019 年 2 月，中共中央、国务院印发了《中国教育现代化 2035》，突出强调教育高质量发展对于实现教育现代化的重要作用，将构建有利于高质量发展的教育体制机制作为实现教育现代化的主要路径。2020 年 5 月，中共中央、国务院印发了《关于新时代推进西部大开发形成新格局的指导意见》，首次完整地提出了"教育高质量发展"的概念，并且提出了一系列支持教育高质量发展的措施。2020 年 11 月，党的十九届五中全会审议通过了《中共中央关于制定国民经济和社会发展第十四个五年规划和二〇三五年远景目标的建议》，明确提出了"建设高质量教育体系"的任务要求。"建设高质量教育体系"既是教育高质量发展的目标定位，也是教育高质量发展的内容要求。事实上，实现教育高质量发展就是通过建设高质量教育体系，更好地满足人民群众对高质量教育的需求。围绕"教育高质量发展"，学术界已经展开了广泛研讨，在中国知网能够检索到发表在北大核心、CSSCI、CSCD等级别的文献成果586篇，多数成果集中在职业教育、高职教育的高质量发展层面，其中职业教育、高职教育高质量发展的文献数量多达125篇。这些成果主要探讨了职业教育或高职教育高质量发展的时代背景、意义作用、主要特征、目标导向、长效机制、现实困境、实施对策等。

三、高等教育高质量发展研究现状

高等教育高质量发展属于教育高质量发展的关键内容和重要形态，在教育高质量发展过程中发挥示范引领和辐射带动作用，对于全面提升教育高质量发展水平具有不可替代的作用。目前，以"高等教育高质量发展"为题目，可以在中国知网检索到85篇高水平文献。从发表年度来看，最早专题讨论高等教育高质量发展的高水平论文发表于2018年，随后逐年开始小幅增长，2021年21篇，2022年27篇，2023年32篇。从发表杂志来看，85篇高水平文献主要刊发在《中国高等教育》（14篇）、《中国高教研究》（12篇）、《江苏高教》（8篇）、《重庆高教研究》（4篇）、《国家教育行政学院学报》（3篇）等杂志。从作者情况来看，主要有钟秉林、刘振天、贺祖斌、王鉴、程水源、王建华、周海涛、方芳、钟晓敏、蔡文伯、王定华、刘义兵、陈亮、陈斌、黄洪兰、谢清理、陈雪儿、王开田、方森辉、梅烨等20名学者。从研究机构来看，20名学者主要分布在北京师范大学、南开大学、北京外国语大学、西南大学、西北大学、高等教育出版社、浙江财经大学、厦门大学、南京师范大学、陕西师范大学、河北工业大学、贵州商学院、西北师范大学、辽宁大学、河北经贸大学、海南师范大学、香港中文大学、湖南师范大学、吉林师范大学、广西师范大学20个单位。这些单位多数为本科院校，没有发现有高职院校作者刊发的高水平成果。从研究主题上看，现有高等教育高质量发展研究集中在本质含义、实现机制、推进路径、要点把控等方面。通过上述分析，不难发现学术界对于高等教育高质量发展研究处于起步阶段，且存在研究人数偏少、研究力量较弱、研究机构分布不广、研究内容有待拓展等问题。

四、思想政治工作高质量发展研究现状

党的十八大以来，以习近平同志为核心的党中央高度重视学校思想政治工作，把学校思想政治工作摆在突出位置。习近平总书记立足新时代学校思想政治工作实际，提出了一系列新思想新观点新论断，为新时代学校思想政治工作持续发展提供了根本遵循。实践的深入发展，往往带来理论研究的推进。作为社会各领域关注的热点问题，学校思想政治工作一直保持较强的研究态势，涌现出十分丰硕的研究成果。其中，高校思想政治工作研究也备受理论界青睐，在中国知网能够检索到以"高校思想政治工作"为题目的文献 6000 篇。这些成果集中探讨了高校思想政治工作特点、内容、方法、模式、创新、举措等，不断揭示了高校思想政治工作的本质规律，科学指导了高校思想政治工作实践，切实提升了高校思想政治工作水平。随着教育、高等教育高质量发展目标的正式提出和强力推动，高校思想政治工作高质量发展研究也随之兴起，尽管目前相关研究专家数量、研究机构数量、研究成果数量不多，但是具有明显的研究价值和广阔的研究空间。2021 年 12 月，教育部部长怀进鹏在《人民日报》刊发文章《不断推动高校思想政治工作高质量发展》，主要从做好高校思想政治工作的根本遵循、推动高校思想政治工作不断迈上新台阶、高校思想政治工作要牢记"国之大者"、努力开创高校思想政治工作新局面四个方面，全面总结了 2016 年 12 月 7 日习近平总书记出席全国高校思想政治工作会议并发表重要讲话以来，高校思想政治工作发生的格局性变化、取得的历史性成就，并提出了不断推进新时代高校思想政治工作高质量发展的具体举措。2022 年 1 月，教育部部长怀进鹏在《上海教育》杂志发表文章《不断推动高校思想政治工作高质量发展，培养担当民族复兴大任的时代新人》，论述了高校思想政治工作高质量发展在培养和造就担当民族复兴大任时代新人中的重要作用，充分体现

了教育部对推动高校思想政治工作高质量发展的高度重视，对于指导高校思想政治工作高质量发展具有十分重要的意义和作用。国内思想政治教育领域知名学者冯刚、刘建军、沈壮海等教授，也围绕思想政治教育高质量发展进行了专题探讨。目前，学术界关于高校思想政治工作高质量发展的研究成果比较少，这些成果作者主要分布在教育部、中共湖南省委、湖南省教育厅、上海市科技教育工作委员会、清华大学、复旦大学、武汉大学、东北师范大学、中国社会科学院大学、浙江工商大学、河南农业大学、长沙理工大学、长春工业大学、安徽师范大学、长春中医药大学等机构和高校。从文献来源看，已有成果主要发表在《人民日报》《中国高等教育》《思想理论教育导刊》《思想理论教育》《清华大学学报（哲学社会科学版）》《就业与保障》《思想教育研究》《中国教育报》等刊物上。尽管成果数量不多，但是质量较高，对于本书研究具有较强的学术参考和方法论借鉴。

第二节　概　念　提　出

从构成上来看，高校思想政治工作高质量发展是高校思想政治工作与高质量发展两个专有名词的"合成词"，这个"合成词"并不是高校思想政治工作与高质量发展两个名词的简单叠加和随意组合，它具有特定的内涵属性。正确理解高校思想政治工作高质量发展的概念内涵，首先离不开对高质量发展概念的演进过程和目标定位的研究。

一、高质量发展的内涵演进

"高质量发展"一词起初出现在经济领域的相关文献中，人们往往通过高质量发展来表达对所关注对象发展质量、发展效能的追求和期盼。检索中国知网我们不难发现，早在20世纪70年代国内就有关于高质量发展的研究文献，从那时起国内学者开始不断探讨高质量发展问题，但并未引起广泛关注和讨论，在2016年之前每年大约有5篇左右的成果见刊。然而，2017年高质量发展研究发生转变，成果数量开始增多，达到了147篇。究其原因，主要是党的十九大首次提出了"高质量发展"的表述，指出了中国经济由高速增长阶段转向高质量发展阶段，由此掀起了国内高质量发展研究的热潮。从 2018 年开始，国内高质量发展研究步入了大跃升时期，成果数量从 2018 年的 5807 篇、2019 年的 9563 篇到 2020 年的 1.05 万篇、2021 年的 2.28 万篇。研究成果大幅增多的背后，不仅折射出近年来学术界对高质量发展问题的高度关注，更表现出党中央、国务院对高质量发展走向的战略锚定。事实上，继党的十九大作出我国经济转向高质量发展阶段的重大论断之后，党的二十大报告、国务院政府工作报告等均突出新时代高质量发展的方向性和主题性，强调了高质量发展的目标要求和重大意义。

对于高质量发展的提出背景、概念内涵和推进要求，习近平总书记在 2017 年中央经济工作会议上进行了权威界定和科学阐释。[①]习近平总书记指出，我国经济已由高速增长阶段转向高质量发展阶段的重要判断，具有重大现实意义和深远历史意义。高质量发展是保持经济持续健康发展的必然要求，是适应我国社会主要矛盾变化和全面建成小康社会、全面建设社会主义现代化国家的必然要求，是遵循经济发展规律的必然要求。[②]习近平总书记强调，高质量发展是能够满足人民日益增长的美好生活需要的发展，是体现新发展理念的发展，是创新成为第一动力、协调成为内生特点、绿色成为普遍形态、开放成为必由之路、共享成为根本目的的发展。[③]习近平总书记提出，高质量发展就是从"有没有"转向"好不好"。从供给看，高质量发展应该实现产业体系比较完整，生产组织方式网络化、智能化，创新力、需求捕捉力、品牌影响力、核心竞争力强，产品和服务质量高。从需求看，高质量发展应该不断满足人民群众个性化、多样化、不断升级的需求，这种需求又引领供给体系和结构的变化，供给变革又不断催生新的需求。从投入产出看，高质量发展应该不断提高劳动效率、资本效率、土地效率、资源效率、环境效率，不断提升科技进步贡献率，不断提高全要素生产率。从分配看，高质量发展应该实现投资有回报、企业有利润、员工有收入、政府有税收，并且充分反映各自按照市场评价的贡献。从宏观经

---

① 习近平. 习近平谈治国理政：第三卷[M]. 北京：外文出版社，2020：237-239.
② 习近平. 习近平谈治国理政：第三卷[M]. 北京：外文出版社，2020：237-238.
③ 习近平. 习近平谈治国理政：第三卷[M]. 北京：外文出版社，2020：238.

第二章　新时代高校思想政治工作高质量发展的概念内涵

济循环看，高质量发展应该实现生产、流通、分配、消费循环畅通，国民经济重大比例关系和空间布局比较合理，经济发展比较稳定，不出现大的起落。[①]从供给、需求、投入产出、分配、宏观经济循环等维度，能够准确把握和正确理解高质量发展的内涵。

习近平总书记指出，推动高质量发展，就要建设现代化经济体系，这是我国发展的战略目标。实现这一战略目标，必须牢牢把握高质量发展的要求，坚持质量第一、效益优先；牢牢把握工作主线，坚定推进供给侧结构性改革；牢牢把握基本路径，推动质量变革、效率变革、动力变革；牢牢把握着力点，加快建设实体经济、科技创新、现代金融、人力资源协同发展的产业体系；牢牢把握制度保障，构建市场机制有效、微观主体有活力、宏观调控有度的经济体系。[②]习近平总书记强调，推动高质量发展是当前和今后一个时期确定发展思路、制定经济政策、实施宏观调控的根本要求，必须加快形成推动高质量发展的指标体系、政策体系、标准体系、统计体系、绩效评价、政绩考核，创建和完善制度环境。[③]可见，建设现代化经济体系是推动实现高质量发展的关键举措，其实现又离不开供给侧结构性改革、多维变革、产业体系建设、制度保障等方面的有力支撑。同时，围绕高质量发展也要科学设计相关体系，突出评价考核，完善制度环境。

通过细致梳理高质量发展的概念演变和认真研读习近平总书记关于高质量发展的重要论断可以看出，高质量发展主要是指坚持新发展理念，满足人民美好生活需要的发展。正确理解高质量发展的概念内涵，至少要把握住以下四个方面的内容。

一是高质量发展的覆盖领域。2017年10月，党的十九大报告提出高质量发展仅仅为我国经济领域的要求；2020年10月，党的十九届六中全会报告将高质量发展作为我国经济社会各领域的总要求。习近平总书记指出，"高质量发展不能只是一句口号，更不是局限于经济领域"，"经济、社会、文化、生态

---

① 习近平. 习近平谈治国理政：第三卷[M]. 北京：外文出版社，2020：238-239.
② 习近平. 习近平谈治国理政：第三卷[M]. 北京：外文出版社，2020：239.
③ 习近平. 习近平谈治国理政：第三卷[M]. 北京：外文出版社，2020：239.

等各领域都要体现高质量发展的要求"。高质量发展具有显著的统领性，必须贯穿到经济社会生活的方方面面。

二是高质量发展的价值指向。随着社会主要矛盾的转化，低水平、粗放式的发展模式和路径难以为继。只有推动高质量发展，才能更好地满足人民日益增长的美好生活需要，切实解决发展不平衡不充分的问题。高质量发展具有显著的人民性特征，必须体现为不断满足人民群众对美好生活的需要。

三是高质量发展的条件保障。习近平总书记指出，高质量发展不是一时一事的要求，而是必须长期坚持的要求。推动高质量发展离不开指标体系、政策体系、标准体系、统计体系的合理构建，离不开绩效评价、政绩考核的有效实施，离不开政策环境、制度环境的优化完善。高质量发展具有显著的系统性特征，必须统筹考虑推动实施的条件保障。

四是高质量发展的全域推进。习近平总书记指出，高质量发展不是只对经济发达地区的要求，而是所有地区发展都必须贯彻的要求。经济发达地区和经济欠发达地区都要不折不扣地坚持高质量发展，在协同推进高质量发展过程中逐渐解决地区发展不平衡的问题。坚决摒弃先实现高速增长再谋求高质量发展的认识误区，各地区要因地制宜、扬长避短，探索贴近本地实际、适合本地要求的高质量发展的模式和道路。高质量发展具有显著的全域性特征，必须统筹考虑不同地区之间的实际特点。

二、高校思想政治工作高质量发展的概念理解

贯彻新发展理念、推动高质量发展是"十四五"时期乃至更长时间各地区各行业各领域必须坚持的基本要求。作为教育领域承担高等教育使命和任务的重要组织，高校既要实现自身的高质量发展，也要推动经济社会的高质量发展。高校思想政治工作关系高校培养什么样的人、如何培养人以及为谁培养人这个根本问题，因而高校思想政治工作能否坚持和实现高质量发展具有十分重要的意义和关键作用。按照习近平总书记对于高质量发展的概念界定，结合高校思想政治工作实际，可以将高校思想政治工作高质量发展描述性地理解为高校坚持新发展理念，通过思想政治工作内容、方法、功能、举措等方面的超越创新，

不断满足社会和师生成长的多样化需求,实现思想政治教育效益最大化的发展。从概念来看,高校思想政治工作高质量发展是一个复杂有机的动态过程,其内涵至少包括指向维度、过程维度、效益维度。在指向维度,高质量发展要求高校思想政治工作必须始终贯彻新发展理念,强调守正创新,最大化满足社会和师生不断增长的多样化需求。在过程维度,高校思想政治工作高质量发展始终与经济社会高质量发展、高校高质量发展过程相伴随,其发展过程更多表现为思想政治工作目标、主体、内容、方式、手段、机制、模式、举措等方面的协同创新。在效益维度,高校思想政治工作高质量发展表现出显著的社会效益、人本效益、教育效益。多维效益的表征和提升,实际上反映了高质量发展依托各方面协同创新,形成了精准优质的教育供给,最大化满足了社会和师生的需求。上述三个维度有机结合,充分体现了高校思想政治工作高质量发展的概念本质,是我们正确理解高校思想政治工作高质量发展概念的切入点。

高质量发展深刻体现高校思想政治工作持续发展的属性。尽管高校思想政治工作具有其特定的组成要素及运作方式,但是在很大程度上会受到高校办学育人实践的多重影响,即高校办学育人实践的持续推进决定高校思想政治工作的创新发展。因此,创新发展是高校思想政治工作的永恒主题。故步自封既是高校思想政治工作创新发展的破解对象,也是高校思想政治工作创新发展的制约因素。对于高校思想政治工作而言,要实现创新发展就不能禁锢于已有过时的工作思路、模式和机制中,应该根据经济社会发展和高校办学育人实际进行各方面组成内容、环节的优化整合、重组创新,否则会面临工作低效、发展停滞等问题,进而影响立德树人根本任务的顺利实现。在实践中,仅仅满足组成要素、工作机理等方面的优化重组,还不足以适应经济社会高质量发展和师生成才发展的要求,因此要正确树立和积极践行新发展理念,按照创新、协调、绿色、开放、共享的要求,协同推进要素整合、空间拓展、机制优化、方法创新等,不断增强高校思想政治工作的时效性和吸引力,切实提升高校思想政治工作的质量和水平。

高质量发展集中表现高校思想政治工作适应变化的品质。一定的队伍数量、对象范围、场地设备、空间平台等条件,组成高校思想政治工作规模。不同的条件具有不同的功能，发挥不同的作用，产生不同的影响。合理的规模是高校思想政治工作有效开展的重要基础。没有一定的规模作基础和保障，高校思想政治工作很难正常开展。为了加强思想政治工作，提升思想政治工作水平，多数高校聚焦思想政治工作目标，选择稳定规模、强化保障、延伸范围等举措，取得显著成效。同时，也为思想政治工作持续发展奠定了坚实基础。然而，高校思想政治工作并不是孤立存在，也不是仅仅受到高校内部环境条件的制约影响，而是更多地表现为对经济社会发展的适应过程。也就是说，高校思想政治工作发展不能仅仅停留在已有的规模和水平上，而应该在适应经济社会进步、高校发展、师生成长的过程中不断追求高质量发展。由此，高校思想政治工作也被赋予了一定的社会使命和职责。高校内外环境条件的复杂多变，不断激发和促使高校思想政治工作选择高质量发展路径。实践表明，只有选择思想政治工作高质量发展，高校才能够在适应新时代我国社会主要矛盾变化、切实满足人民群众对美好生活多样化需要的过程中，不断提升思想政治工作水平。

高质量发展集中表现高校思想政治工作追求卓越的特征。高校思想政治工作不仅要注重数量和规模，也要强调质量和效益。在强调质量效益的目标上追求数量和规模的适度增加；在注重数量规模的基础上探索质量和效益的稳步提升。只有实现数量和质量、规模和效益的有机统一，才能肩负起高校思想政治工作的使命担当，实现好高校思想政治工作的可持续发展。可见，提升质量、关注效益始终与数量增加、规模扩展相伴随。按照质量的层次不同，可以将高校思想政治工作发展划分为质量阶段和高质量阶段。质量阶段强调高校思想政治工作具备完善的质量保障体系，达到合格的质量标准，能够满足师生成长的一般需要。然而，高校思想政治工作主体具有主体性、能动性和创造性，不会囿于质量阶段，必然会追求和探寻更高级别的质量目标和空间——高质量阶段。与质量阶段不同，高质量阶段更加突出新发展理念的确立、坚持和贯彻，注重思想政治工作高质量目标设定、标准实施和成效评价，致力于高校思想政治工作高质量空间拓展、水平提升和品牌培育。如果长期满足于思想政治工作质量阶段，忽视或者无视时代主题、历史方位和社会主要矛盾等方面的客观变化，高校思想政治工作必然会陷入停滞不前、原地踏步的困境，非但不能很好地适应高校内外环境变化，反而会影响社会使命完成和高质量发展水平提升。因此，高校思想政治工作要追求卓越，集中力量和优势，跨越质量阶段，迈向高质量阶段，不断创造更大价值。

第三节 特 征 表 现

高校思想政治工作高质量发展既体现高质量发展的一般要求，又具有高校思想政治工作的独有属性，是高质量发展思想和要求在高校思想政治工作层面的集中反映。丰富的概念内涵孕育着多元的特征表现。理解高校思想政治工作高质量发展的特征，要紧扣新发展理念，聚焦高质量发展过程，突出高质量发展成效。

一、多维创新

作为行动的先导，理念始终引领着发展实践。发展理念是否合理正确，从根本上决定高校思想政治工作的发展成效。高校思想政治工作是一个具有显著育人目标的发展过程，其涉及的发展环境和条件时刻处于变化状态，由此也决定思想政治工作发展理念不能恒定不变，要进行适应性调整与改变。高质量发展倡导创新、协调、绿色、开放、共享的发展理念，这五个方面的理念具有战略性、纲领性、引领性作用，为高校思想政治工作高质量发展实践提供了明确思路、方向和着力点。其中，创新发展聚焦解决高校思想政治工作发展动力问题。近年来，我国高校思想政治工作持续加强和改进，呈现出良好发展态势，为保证高等教育改革发展、服务党和国家工作大局作出了重要贡献。但是，仍然面临体制机制有待持续完善、总体水平有待持续提升、工作吸引力和满意度有待持续提高等问题或不足，这是高校思想政治工作高质量发展必须客观面对和切实解决的重点问题。世界范围内高等教育竞争态势的日渐激烈，使得加强和改进高校思想政治工作的紧迫性和重要性陡然增加，如果高校思想政治工作质量和水平提不到应有高度，立德树人根本任务就不可能真正实现，高校思想政治工作就会处于低效运作状态。因此，高校思想政治工作高质量发展首先应该体现出创新性，把创新作为引领高质量发展的第一动力，把创新置于高校思想政治工作高质量发展战略格局的核心位置，协同推进理念创新、内容创新、方法创新、举措创新等各方面创新，使得创新始终贯穿高校思想政治工作高质量发展的整个过程，使得创新成为高校思想政治工作高质量发展的鲜明特色。

突出理念创新就是让高校思想政治工作更加聚焦社会主义现代化强国建设、中华民族伟大复兴中国梦实现等目标，以满足经济社会发展需要、人民群众对美好生活需要、广大高校师生成长需要为切入点，不断摆脱传统过时、守旧落后观念的羁绊与禁锢，持续推动高校思想政治工作创新发展。突出内容创新就是发挥理念创新的导向作用，按照立德树人根本任务的内在要求，以强化思想理论教育和价值引领为重点，创新新时代高校思想政治工作内容，提升高校思想政治工作内容的时代性、前瞻性和先进性，持续引导师生深刻领会党中央治国理政新理念新思想新战略，坚定"四个自信"，持续提升师生道德素养，积极弘扬以爱国主义为核心的民族精神和以改革创新为核心的时代精神。突出方法创新就是坚持优势互补、兼容并蓄原则，在充分利用和发挥传统方法作用的同时，积极探索适合新时代新形势新要求的现代方法，实现传统方法与现代方法的有机结合和协同配合，不断提升高校思想政治工作的针对性和实效性。突出举措创新就是探索总结高校思想政治工作高质量发展创新举措，有效融合高校思想政治工作理念、内容、方法等多方面创新，努力构建高校思想政治工作高质量发展创新体系，不断增强高校思想政治工作高质量发展的动力支持和活力态势。

二、多方协同

协同是指事物之间或者事物内部各组成部分之间的有效协作。协同关系能否及时形成，不仅制约事物之间关系的有序稳定，也影响事物功能作用的正常发挥。对于高校思想政治工作而言，其高质量发展具有明显的协同性特征。这种协同表现为高校思想政治工作高质量发展各组成要素、内容和环节之间的有机关联、协同互动。高质量发展突出强调协同发展重点就是解决目前高校思想政治工作发展不平衡问题。事实上，不平衡一直是制约和影响高校思想政治工作发展的主要问题，表现为不同地区高校之间、同一地区高校之间以及同一高校不同部门、不同阶段之间，在一定时期内，一些高校迫于办学实力竞争，偏重于专业建设、课程建设、师资队伍建设、教科研建设、社会能力建设、校园文化建设等，对思想政治工作缺少足够认识和应有重视；或者没有将思想政治工作与专业建设、课程建设、师资队伍建设、科研建设、社会能力建设、校园文化建设等工作有效结合起来，难以形成党政齐抓共管、各要素同向同行、各力量协同育人的工作机制。因此，高校要适时调整优化整合思想政治工作各相关要素、条件之间的关系，注重思想政治工作整体效应，避免要素妨害、环节脱钩、效能低下等问题，最大化确保高校思想政治工作高质量开展。

要将思想政治工作贯穿于专业建设、课程建设、师资队伍建设、科研建设、社会能力建设、校园文化建设等整个过程，发挥思想政治工作的生命线和统领性作用，实现高校内部办学育人各方面工作的有机协调。同时，有效聚合思想政治工作队伍与高校课程教学、科学研究、后勤服务、安全保卫等方面的教师队伍力量，形成强大合力，着力解决思想政治工作高质量发展过程中面临的问题、困境和不足。除了关注高校内部环境之外，思想政治工作高质量发展还强调与外部环境各方力量的有机协同。在外部环境力量中，社会、企业、家庭以及其他组织都是思想政治工作高质量发展中不可或缺的因素。社会发挥支撑性、整合性作用，为高校思想政治工作高质量发展提供环境保障、舆论支撑。企业发挥指导性、评价性作用，为高校思想政治工作高质量发展提供意见建议、决策咨询。家庭发挥支持性、促进性作用，为高校思想政治工作高质量发展提供动力联动，协调推促。其他组织例如教育培训机构、社会公益性组织等，也会对高校思想政治工作高质量发展产生一定影响。由此，基于高质量发展目标，高校、社会、企业、家庭和其他组织等会形成有效合力，共同推动思想政治工作高质量发展。值得一提的是，协同性还注重宣传部、马克思主义学院等部门与专业学院、教辅部门、科研机构之间，以及思想政治理论课程与其他公共基础课程、专业课程、实训课程等之间的协同育人合力，确保思想政治工作高质量发展。

三、绿色和谐

作为高质量发展理念的重要内容，绿色强调人与自然和谐共生。在高校思想政治工作高质量发展过程中，仍然需要突出绿色可持续发展，这是因为一定时期内高校办学资源相对有限，很多高校面临办学资源供给不足的问题。从类型上看，高校资源可以分为有形资源和无形资源。有形资源主要包括师资、资金、科研设备、教学设施等资源，无形资源主要包括办学品牌、教风学风、校园文化、地理位置等资源。在高等教育竞争态势日渐激烈、高校办学资源约束趋紧的背景下，高校思想政治工作高质量发展对优质资源的要求会越来越明显。实现高校思想政治工作高质量发展目标，一方面要挖掘办学资源潜力，形成新的资源供给点，增强资源供给能力；另一方面要节约办学资源，提升资源利用水平，促进资源持续利用。在充分吸收和综合利用资源的基础上，高校还要梳理协调好思想政治工作高质量发展理念、主体、对象、内容、方法、模式、机制、策略等方面的关系，努力实现各层面关系和谐化和运转高效化。在高校思想政治工作高质量发展的特征表现中，多维创新强调的是理念创新，多方协同强调的是主体协同，绿色理念本质上解决的是关系协调——高校思想政治工作高质量发展与高校资源之间的和谐关系。

在高校思想政治工作高质量发展过程中，倡导绿色和谐发展理念，充分考虑师生实际，全面了解师生需求，从师生差异性、层次性和多样性的需求中，确定思想政治工作的目标方向，构建思想政治工作目标体系，不断为思想政治工作内容、方法、模式、机制、策略等选择提供参考和依据。在内容选择上，重点考虑不同对象的理论基础、知识背景、兴趣爱好、行为习惯、发展期待、需求特点等，实现内容设计合理化、选择科学化、供给个性化和育人精准化，不断引导师生处理好理想与现实、个人价值与社会价值、个人与集体等方面的关系。在方法选择上，根据不同主体需求，结合不同内容实际，综合利用各种思想政治工作方法，确保工作内容和目标有效落实，促进师生健康成长成才。在模式选择上，要充分认识到每种思想政治工作模式的优点和不足，选择符合思想政治工作实际的有效模式，不断增强思想政治工作持续运转能力。在机制选择上，立足思想政治工作高质量发展，从创新机制、管理机制、保障机制、评价机制等方面入手，构建起稳定有序的机制体系，最大化保证思想政治工作有序有效开展。在策略选择上，注重思想政治工作高质量发展方案制订、组织实施、环境优化、绩效评价等举措多管齐下、共向发力，切实提升思想政治工作高质量发展水平。

四、多元开放

习近平总书记指出，开放发展注重的是解决发展内外联动问题。当前，经济社会环境复杂多变和高等教育竞争态势日渐激烈，使得高校思想政治工作面临复杂多变的环境格局。各类环境要素条件在量度、质度、活度和效度上都发生了深刻改变，对高校思想政治工作产生了前所未有的广泛影响。如何正确有效地处理内外环境关系，就成为新时代高校思想政治工作必须认真思考和切实解决的重大课题。同时，有效应对环境变化、保持思想政治工作高效有序开展的紧迫性也随之增强。目前，高校思想政治工作的内外环境协同效应、联动水平还有待持续提升，统筹利用好高校内外两个环境、两种资源的意识和能力还有待持续加强，积极引导内外环境改善、合理化解不稳定性因素影响的能力还待持续提高，迫切需要加快解决进度。因此，高校思想政治工作要坚持和倡导开放的发展理念，构建多元稳定的环境关系，深化与经济社会环境的紧密联系和关联互动，增强服务广大师生成长成才的能力，形成多元开放新格局，营造健康有序的工作机制。高质量发展是高校思想政治工作开放发展的有效举措，是加强和改进新时代高校思想政治工作的战略设计，要聚焦制约开放发展的突出问题，找准解决方法和突破口，以开放姿态持续带动工作创新、推动工作改革、促进工作开展，更好地推动和落实立德树人根本任务。

高校思想政治工作高质量发展成效并非仅限于高校师生，而是面向经济社会，辐射广大人民群众，这是由高质量发展坚持和倡导的多元开放理念所决定的。任何游离经济社会发展实际，脱离广大师生需求的思想政治工作必然是低效甚至是无效的。只有选择和实施高质量发展，树立开放发展理念，将思想政治工作更好地融入经济社会大环境大系统中，才能更好地找准思想政治工作与经济发展、社会进步之间的关联点、结合面，不断提升思想政治工作成效。按照成效的指向性，高校思想政治工作高质量发展成效可分为内部成效和外部成效两种类型。内部成效主要表现为通过高质量开展思想理论教育、理想信念教育和社会主义核心价值观教育等，引导广大师生遵守社会公德、培树职业道德、涵育家庭美德，争做优秀合格的社会公民、劳动者和家庭成员，切实营造生动活泼、健康和谐的校园文化，为高校办学育人提供坚实的环境基础和强大的动力源泉。外部成效主要表现为思想政治工作高质量发展对于推动社会法治建设，营造良好社会环境，促进社会平稳运行；加强社会诚信建设，强化社会行为规范，培育健康社会氛围；引导思想文化和社会风尚进步，凝聚社会普遍共识，增强社会凝聚力和发展力等方面的作用。

五、高效共享

高效主要指高校思想政治工作高质量发展形成的高水平成效，是评价高校思想政治工作高质量发展成效的重要指标，注重的是解决高校思想政治工作高质量发展成绩效果的问题。发展成效也可称为发展效益。从类型上看，高校思想政治工作高质量发展效益可分为社会效益、教育效益、人本效益等方面。社会效益主要指思想政治工作高质量发展对于推动和促进经济社会发展起到的直接性或间接性作用，它往往通过向社会输送大量德才兼备的优秀人才、思想政治理论成果等来实现，具有广泛性和持续性。教育效益主要指思想政治工作高质量发展对于落实立德树人根本任务、培养社会主义现代化建设者和接班人、促进师生健康成长成才、引领学校思想政治教育改革等方面的作用成效，它往往依托思政课理论教学、思想政治讲坛、主题社会实践活动、专题政治理论学习等来实现，具有基础性和长期性。人本效益主要指思想政治工作高质量发展对于提升师生思想素质、政治觉悟、道德水平等方面的作用成效，它往往借助特定的教育内容、教育方法、教育手段、教育途径等来实现，具有价值性和连续性。有别于一般性的发展样态，思想政治工作高质量发展更加强调社会效益、教育效益和人本效益的有机统一，更加突出社会效益、教育效益和人本效益的高水平、高层次和高影响。

第二章　新时代高校思想政治工作高质量发展的概念内涵

共享主要指高校思想政治工作高质量发展效益的共同享用，是考量高校思想政治工作高质量发展效益覆盖范围的重要标准，注重解决的是高校思想政治工作高质量发展公平公正的问题。通过推动高校思想政治工作各领域各环节各要素高效率运转，实现高校思想政治工作主体、内容、方法、手段和举措等紧密关联结合，切实提升高校思想政治工作质量和水平。让广大师生共享成果，这是高校思想政治工作高质量发展的本质要求，是高校思想政治工作高质量发展的价值指向，也是高校思想政治工作高质量发展坚持以满足人民群众对美好生活不断增长需求的重要体现。这个涉及广大师生切实利益的关键问题把握到位，就能很好地调动广大师生参与思想政治工作高质量发展的主体性、积极性、能动性和创造性，高校思想政治工作高质量发展也就会获得源源不断的动力支持。随着我国高校思想政治工作高质量发展总体水平的不断提升，还要关注不同地区、不同高校之间的水平差异，避免高质量发展水平不平衡及其带来的各种问题。因此，思想政治工作高质量发展成效显著的地区、高校，要积极推介自身实践积累的宝贵经验和有效方法，辐射和带动其他地区、高校推动思想政治工作高质量发展探索，进而带动地区乃至全国高校思想政治工作高质量发展。

第三章　新时代高校思想政治工作高质量发展的环境条件

高质量发展是新时代高校思想政治工作创新发展的重大战略，其有效实施离不开高校内外环境的全面支持。实现高质量发展目标都需要一定的环境条件来支撑和保障。环境条件是否充足，从根本上决定高校思想政治工作高质量发展进程。高校思想政治工作高质量发展是一个不断推进的过程，其目标任务、内容体系和组成要素不会一成不变，且对于各种环境条件的需求也会随之变化。如何有效把握和充分利用环境条件，对高校思想政治工作高质量发展就显得尤为重要和关键。从广义上来看，高校思想政治工作高质量发展环境大致分为高校内部环境和外部环境。内部环境主要指高校办学育人拥有的人财物和信息等资源条件关联结合组成的环境，外部环境主要指高校所处经济社会环境和自然环境等。内外环境相互影响、相互作用，从不同层面制约和影响高校思想政治工作高质量发展。

第一节　高校内部环境

作为高校高质量发展的重要组成部分，思想政治工作高质量发展直接受到高校内部环境的多重影响。高校内部环境的条件状态决定思想政治工作高质量发展的持续演进，充足优质的内部环境往往会给思想政治工作高质量发展提供坚实的条件保障。

高校内部环境是一个具有丰富内涵的综合概念，不同的划分标准会细化出不同的组成内容。按照职能划分，高校内部环境大致包括党建环境、教学环境、学习环境、食宿环境、体育锻炼环境、后勤服务环境、安全保卫环境等。按照表现形态划分，高校内部环境大致包括软环境和硬环境，其中软环境主要指办学体制机制、人才培养模式、办学育人特色、历史文化传统、规章制度体系等；硬环境主要指地理位置、占地面积、建筑面积、教学科研仪器设备、师资队伍力量、专业学科设置、科研技术优势、国际交流合作等。不论是按照职能划分还是表现形态划分，高校内部环境都表现出了多维内涵。各方面内容相互联系、紧密结合，共同塑造高校内部环境体系，有效推动高校内部环境演替。

参照前期研究观点，结合高校办学育人实际，可以将高校内部环境理解为高校拥有的资源和具备的能力，资源主要指高校能够利用且产生效益的环境要素，能力主要指高校获取利用各种环境要素获得可持续发展的表现。[①]从资源和能力两个维度，更容易把握高校思想政治工作高质量发展所面对的内部环境条件。

一、高校资源

从狭义层面来看，资源是自然界客观存在且能够被人类利用的物质、能量和信息的总称，具有价值性、稀缺性和竞争性，可以满足人类生存发展的实际需要。人类需求具有多样性，在资源选择上应该坚持多元性原则，构建多要素、多层面的资源系统，不断满足人类对资源的多样化需求。在马克思看来，劳动和土地是财富形成的两个原始要素。恩格斯则认为一切财富的源泉是劳动和自然界的结合，自然界为劳动提供材料，劳动把材料转变为财富。从马克思、恩格斯的经典理解中不难发现，自然资源具有客观存在性，它与人的因素相结合，构成财富不可或缺的重要来源。因此，从广义层面来看，资源又是一个概念综合体，其来源和组成主要由自然资源、人类劳动及其形成的人力资源、智力资源等，它不仅广泛存在于自然界，也存在于人类社会中。这些客观存在的资源都可视为创造物质财富和精神财富的必要基础和前提条件。

作为一个具有丰富内涵的概念，资源具有不同的类型表现。按照性质类别，资源可分为自然资源、社会经济资源、技术资源。自然资源主要指自然环境中客观存在的且能够被人类利用的物质资源。有的自然资源具有再生性，能够在人类合理开发和保护的基础上实现重复使用，例如风能、水能、太阳能、土地、

---

① 刘志国，刘志峰. 高等职业院校战略管理研究[M]. 北京：电子工业出版社，2015：66.

森林、海洋、河流、湖泊等资源；有的自然资源具有不可再生性，其数量、规模会随着人类的不断使用逐渐减少，甚至一段时期内面临枯竭的危险，例如煤炭、石油、矿产等资源，这些资源也被称为耗竭性资源。社会经济资源主要指对人类经济社会发展和生产生活具有直接或间接影响作用的社会经济要素，例如人力资源、资金、交通设施等。技术资源是指经济社会发展所依附的科技手段。随着现代科学技术的不断发展及其广泛应用，技术资源深刻改变经济社会发展走势，并逐渐成为决定经济社会发展速度、质量和水平的关键性因素。自然资源、社会经济资源和技术资源紧密联系、相互影响、相互支持，从不同层面制约和影响人类社会的发展进步。

按照用途去向，资源可以分为工业资源、农业资源、建筑业资源、服务业资源等。不同的行业具有不同的资源需求，同一资源可以满足和适应不同行业的发展需求。按照存在状态，资源还可以分为理想资源、潜在资源、现实资源等。理想资源是人类对经济社会发展资源的期盼或愿景，它会激发人们探索发现新资源的兴趣，使其转化为现实资源，能够被人类广泛有效利用，创造更多财富和美好生活。潜在资源是指尚未被认识、发现或者利用的资源，其规模态势在很大程度上影响现实资源的存在状态。现实资源是已经被人类认识、开发和利用的资源。现实资源的有无多寡往往决定人类某项活动的存亡久暂。现实资源越丰富越多元，越有助于人类经济社会的发展进步。理想资源、潜在资源和现实资源之间依次递进、逐渐转换，不断影响人类经济社会活动和发展进步。

随着高校办学实践的不断发展，各种经济社会资源逐渐向高校内部聚集，其中一些资源经过高校办学实践的长期积淀和总结凝练，逐渐转化或固化为高校特有的资源类型，成为高校区别于其他组织的资源标识，我们可将其称为高校内部资源。高校内部资源是指高校在办学实践过程中形成的品牌资源、财力资源、专业资源、师资资源、课程资源、实习实训资源、科研设备资源、文化资源等。各种不同类型的资源相互影响、相互作用、紧密结合，使得高校内部资源更多表现为一个内容丰富、结构稳定、运作有效、独立存在的资源体系。不同的高校，拥有不同的内部资源；同一高校在不同的发展时期，拥有的内部资源也有所不同。不同的资源，具有不同的功能作用；相同类型的资源，在不同的高校会表现不同的量度、丰度和效度等特征,并且会在不同高校之间流动,例如师资源的流动、专业资源的共享、课程资源的共建等。在高校办学育人共同体建设深入推进的背景下,高校内部资源将会更多地表现出共享性、流动性,发挥更大的效能作用。

1. 品牌资源

品牌资源是高校在长期办学实践中形成的、被社会各界普遍认可的特有标识,也是高校办学的重要资产,能够给高校生存发展带来多层面价值。高校品牌资源具有形成过程的长期性、要素组成的结构性、价值表现的多元性等特征。长期性表明高校品牌资源并非短时间可以形成,往往需要长期的办学积淀和高校的精心培育,高校办学过程中任何急功近利的短视行为,都无益于品牌资源的形成发展及其价值作用的有效发挥。结构性表明高校品牌资源并非以虚拟形态存在,它是由专业资源品牌、师资源品牌、课程资源品牌等组成的生态系统。各个层面的资源品牌相互影响、相互作用、关联结合,形成特定的关系结构,不断塑造和决定高校品牌资源的功能表现。多元性表明品牌资源具有明显的社会价值、教育价值和人本价值。随着高校品牌资源功能价值的不断提高,高校财力资源、专业资源、师资源、课程资源、实习实训资源、科研设备资源、文化资源等会得到大量聚集,这不仅会增强品牌资源的结构关系,也会促进品牌资源的持续发展。在高校内部资源体系中,品牌资源代表着特定的办学水平、育人质量和大学文化,是教育质量好、办学美誉度高、竞争优势强的集中表现,不仅是高校持续发展的主要推进器,也是高校赢得高等教育竞争胜利的有效法宝。

2. 财力资源

财力资源是高校办学育人各类资源货币化的集中体现[①],是高校办学育人活动正常开展的基础保障。没有一定的财力资源作有效支撑,高校事业发展会受到制约,高校基本教学和科研活动也会受到影响。高校收入与财力资源紧密相关,高校收入越多元,高校财力资源往往就越丰富,高校办学育人得到的财力支持也就越充足。根据《高等学校财务制度》规定,高校收入主要包括财政

---

① 王慧敏. 财力资源对高校发展的影响研究[J]. 经济研究导刊, 2019（31）：120.

补助收入、事业收入、上级补助收入、附属单位上缴收入、经营收入和其他收入（涵盖捐赠收入）。其中，财政拨款、事业收入和其他收入是高校收入的主要来源。因此，如何广开渠道途径，稳步扩大收入经费，获得丰富财力资源，是高校办学过程需要着重考虑的关键问题。要以重大项目申报立项和组织实施为纽带，加强与教育主管部门、财政部门的沟通，最大限度地获得上级财政支持；不断增强财政资金支持力度，提高财政资金使用水平，优化办学环境，提升办学实力。要以聚合优秀校友力量和推进捐赠活动为突破，构建多元开放的校友工作平台，完善捐赠激励和表彰办法，激发优秀校友的捐赠积极性，进一步吸引优秀校友捐赠资源合理流入。要以对接地方经济社会发展需要和促进重大科技成果转化为关键，构建产学研用一体化机制，推动更多科技成果转化落地，增加学校科技成果收入。

3. 专业资源

按照高等教育界知名学者潘懋元教授的理解，专业是指高校根据人才培养目标设置的教育基本单位或教育基本组织形式。目前，我国高校本科专业覆盖12个学科门类，其中自然科学4个、人文和社会科学8个，这些学科门类又可细化为92个专业类和771个专业。不同的高校之间拥有不同的专业，同一高校在不同发展时期拥有的专业也会有所不同。经过长期的办学发展，高校往往会形成具有育人特色鲜明的品牌专业或专业群。这些品牌专业或专业群相互联系、相互作用，形成结构相对稳定的专业体系，从广义上可以将其称为专业资源。对于高校而言，拥有的专业资源越丰富、越多元，意味着其专业体系结构越稳定、越合理，越能够满足人民群众对品牌专业学习的多样化需求，越能够适应经济社会发展对高素质专业人才的多样化形势，越能够带来持久的教育效益、人本效益和社会效益。从狭义上来看，专业资源主要包括准确的专业定位、科学的人才培养方案、专业的师资队伍、完善的课程体系、良好的实训条件和优质的教育质量。专业定位主要包括专业人才培养目标和规格、专业办学规模和服务面向。人才培养方案是专业建设的重要目标与核心内容，是专业人才培养的总体设计，其规定了专业人才培养目标和规格、课程体系、教学手段和方式、教育教学进程和时间安排、质量标准和保障体系等。师资队伍是决定专业发展的关键性因素，没有专业的师资队伍作支撑，就很难有效开展专业建设。围绕专业人才培养设置的各类课程之间形成的结构关系组成课程体系。课程建设是品牌专业建设的首要任务，也是提高品牌专业教学质量的核心因素。加强实训条件建设有利于改善专业办学条件，增强专业办学特色，提高教育教学质量。教育质量是教育活动的固有特性满足社会经济发展和受教育者职业发展需要的程度。对于高等教育而言，教育质量在宏观层面表现为服务满足社会经济发展对高素质人才需求的程度，在微观层面表现为服务满足高素质专业人才发展需求的程度。[1]

4. 师资资源

教师是高校办学育人的主体，是高校落实立德树人根本任务的关键。没有一支素质过硬、能力突出、结构合理、年富力强的教师队伍作保障，高校办学育人活动的正常开展会受到影响，高校实现立德树人目标也就无从谈起。随着高校产学研合作、人才培养模式改革的不断深入，校企合作协同构建专业体系、设置课程体系、实施教育教学、开展生产性实习实训逐渐成为高等教育新常态，由此不断突出和强化了高等教育教学过程的实践性、开放性和职业性等特征。这就要求高校必须适应人才培养模式改革的需要，注重教师"双师"素质的提升和教师队伍"双师"结构的优化，加强专兼结合的专业教学团队建设。"双师"素质要求专任教师具备从教育者的角度理解专业工作的对象及其内在联系的能力，也要具有对实践者的非学科性知识予以处置，使其结构化并给予评价的能力。前者涉及基于工作过程且与专业科学相关的实践及其知识储备，后者涉及基于职业教育过程与教育科学相关的实践与知识储备。

特别是对于高校而言，"双师"素质教师培养、"双师"教师队伍结构优化更为关键和重要。"双师"结构要求专任教师积极参加企业顶岗实践，积累企业工作经历，提高实践教学能力；高校要增加具有企业工作经历教师在专业教师中的比例，聘请行业企业专业人才和能工巧匠担任兼职教师，增加兼职教师的比例，逐步形成理论知识课程主要由专任教师讲授、实践技能课程主要由

---

[1] 刘志峰. 高职院校品牌专业的内涵和基本特征[J]. 职业技术教育，2013（22）：30-33.

兼职教师讲授的机制。要深刻领会《国家中长期教育改革和发展规划纲要(2010—2020年)》提出的完成培训一大批"双师型"教师、聘任(聘用)一大批有实践经验和技能的专兼职教师的工作要求,以建设高素质专业化"双师"教师队伍为目标,不断提升教师专业素质,优化教师队伍结构。①

5. 课程资源

课程建设是高校教学改革的首要任务,也是提高高校教学质量的核心因素。通过加强课程建设,不断优化课程体系,丰富课程资源,更好地服务教学实践,进一步确保高校教学目标实现和教学质量提升。在课程建设中,国家级一流课程建设发挥示范引领带动作用,关系到高校课程体系建设的发展走向和整体水平,因此备受高校的广泛关注。推动课程建设,除了要全面学习和充分借鉴已有课程建设理论知识,也要积极探索和有效实践课程改革新模式、新方法和新途径。尤其在目前高等教育竞争国际化的背景下,通过课程改革来提高教学质量和人才培养水平,实现高等教育持续发展,已成为多数高校的普遍共识。随着高等教育改革的深入推进,高校课程改革经历了"由传统的学科体系课程向加强实践教学的改良型学科体系课程转变""指向职业适应能力培养的课程改革"两大阶段,正处于"以职业竞争力培养为导向"的课程改革阶段。

20世纪90年代,德国不来梅大学Felix Rauner教授提出了基于工作过程的教育课程理念和方法,掀起了以职业竞争力培养为导向的课程改革浪潮,在高职教育领域表现得尤为明显。近年来,以工作过程为导向的整体化工作任务分析法(BAG)不断引起国家相关部门重视,教育部多次召开专题会议,倡导高校课程设置和课程改革要遵循企业实际工作任务,并组织专门人员开展相关课题研究,使得BAG的基本思想和方法在国内得到了进一步推广。基于工作过程系统化的课程开发是以提升职业适应能力为指向的,这是基于现代经济社会和企业运行管理进入过程为导向的时代需求。目前,多数行业企业技术领域、职业岗位的任职要求都具有明显的过程性,技能型人才不仅要具备基本的岗位能力,也要拥有综合职业能力,以保证持续的竞争力和发展力。加强高校课程

---

① 刘志峰. 高职院校品牌专业的内涵和基本特征[J]. 职业技术教育,2013(22):31-32.

建设与改革，不仅适应经济社会发展对技能型人才素质和能力的综合性要求，也适应技能型人才能力和个性发展的内在要求。因此，高校必须依据现代职业工作实际和任职要求，贯彻教育部文件精神，合理组织利用资源，开发基于工作过程系统化的课程体系，满足高端人才培养的需求，使得学生学习过程与工作过程、课程内容与岗位任务、能力养成与个性发展相结合，知识与技能、过程与方法、情感态度与价值观学习相统一，实现学生实践动手能力和可持续发展能力的培养目标，进而提升人才培养质量和水平。[①]

6. 实习实训资源

高校人才培养离不开实习实训资源的有力支撑。从广义上看，凡是可以用于学生实习实训的各种条件都可称为实习实训资源，这些条件既包括物质条件、社会条件，也包括自然条件和技术条件。各种条件相互联系、紧密结合，发挥不同的育人功能和作用效应。在空间上，实习实训资源包括校内、校外两种类型；在内容上，实习实训资源包括专业型、非专业型两种类型；在效果上，实习实训资源包括显性、隐性两种类型。实践表明，加强实习实训资源建设，有利于改善专业办学条件，增强专业办学特色，提高教育教学质量。在建设理念上，要按照高等教育办学规律和市场经济运作规则，树立经营意识和成本理念，突出建设投入与收益的比较分析；在建设主体上，要广开思路，积极联系行业企业，有效吸纳整合利用社会资源，实现建设主体的多元化；在建设方式上，要创新校企组合模式，发挥高校和企业各自在场地提供和管理、设备提供和技术支持方面的优势，实现资源互补和利益双赢；在建设内容上，要通过营造真实的工作环境来培养和提高学生的职业能力，同时也为企业员工继续教育和职业培训提供良好的教育环境，提升校企合作水平和产学研结合层次；在建设原则上，要借助校企合作平台来紧密联系行业企业，贴近市场，突出实训基地的职业性、开放性和实践性；在建设重点上，要强化校内和校外实训基地的建设，校内实训基地建设要增强自我发展、自我运营和自我管理的能力，以提高开放率和使用率为重点，增强校内实训基地的良性运转；校外实训基地建设

---

① 刘志峰. 基于工作过程系统化的高职课程开发存在的问题及解决策略[J]. 职业技术教育，2012（15）：19-20.

既要增加数量、扩展范围，也要强化管理、突出实效。同时，还要提升专业的社会服务能力，拓宽技术服务领域，丰富技术服务类型，以服务求支持、求发展。[1]

7. 科研设备资源

我国是高等教育大国，也是高等教育强国，为社会主义现代化强国建设持续培养高层次人才是高等教育的重要使命。高层次人才培养是一项系统工程，离不开理论知识的系统学习和实践能力的有效培养。通过理论知识学习，不断掌握专业领域的基本原理、理论和知识；通过实践能力培养，不断增强专业实践的操作和动手能力，二者相互依存、互为补充。科研设备不仅是培养高层次人才实践能力的重要基础，也是开展科学技术研究探索的基本条件，对于探索科学未知、寻求本质规律、实现技术变革发挥关键性作用。因此，要保证高校科技研究有效开展，促进人才实践能力稳步提高，就必须拥有丰富的科研设备资源。近年来，随着经济社会的快速发展和科技创新需要的不断增加，很多高校都积极购置科研仪器设备，加强实验室建设管理，提高科研仪器设备使命水平，使其更好地服务于人才培养和科学研究。同时，也通过科研设备共建共享方式实现资源规模、育人效应、科研成效的最大化。从学生层面来看，科研设备资源的共建共享能够激发学习热情和科研兴趣，引导学生学会自主探索、合作学习和团队攻关，实现健康成长成才。从高校层面来看，科研设备资源的共建共享不仅能够加强与其他高校、科研院所和企业等的合作办学，增强办学育人活力，也能够节约科研设备购置资金，优化教学资源配置，营造更加多元开放的教学环境，助力高层次人才培养和高水平科学技术研究。

8. 文化资源

作为伴随高校发展而形成的文化形态，校园文化是以高校环境和教育教学设施为基础，以高校师生的思想观念、心理素质、价值取向和思维方式为核心，以具有高校特色的人际关系、行为方式和文化活动为表征的精神状态和文化氛围。[2]校园文化包括有形形态和无形形态。有形形态是高校主体在教育教学活

---

[1] 刘志峰. 高职院校品牌专业的内涵和基本特征[J]. 职业技术教育，2013（22）：31-32.
[2] 陈于仲，李正华，钟黎川. 论大学校园文化建设[J]. 理论与改革，2007（6）：101-103.

动中逐渐形成的长期稳定的校园文化,这种形态的文化主要是通过具体的文化活动、现实的文化载体和客观的校园建筑物表现出来的;无形形态主要是基于高校的校纪校规、行为准则和道德规范等,以及高校师生的世界观、价值观和审美情趣形成的理性文化,这种文化能够更深入更有效地影响高校的生存发展。在长期的发展演化过程中,高校校园文化逐渐形成一个能动效应场,特别是其中文化传统有着较强的辐射力,通过影响高校师生的思想行为来对高等教育教学和高校发展产生多层面影响。

现实中,校园文化总是与高校精神相融合,是高校精神的底蕴性存在和深层次表征。高校发展过程是高校精神的培育过程,也是高校精神效能的释放过程。可以说,正是高校精神激发了高校师生的拼搏意识和进取心理,推动了高校的持续发展和不断演化。审视发展速度和绩效明显的高校可以发现,具有积极向上的高校精神是这些高校实现快速发展的重要条件,高校精神能够带动高校发展,实现高校师生思想和行为的高度协调和统一。高校师生思想和行为的有机协调以及在此基础上形成的校园文化是高校迅速崛起的根本原因之一。同时,大学文化的不断成长和社会文化的日渐丰富也在校园文化形成发展中起到了重要作用。高校发展过程是高校内部结构不断完善的过程,也是高校功能机制逐渐优化的过程,更是高校精神凝聚化、理性化的文化转变过程,通常表现为在一定校园文化精神指引和导控下,由高校发展目标决定的各构成主体之间相互适应、相互促进和相互融合的动态过程。与现代化演变相类似,高校的发展演化也是一个理性化的过程,其本质就是在高校精神指导下依靠高校师生主体性、能动性和创造性,不断实现结构完善、功能优化、优势增强和绩效突出的过程。理性化的过程是高校思维方式、生存方式和发展方式合理化,并且渗透到校园文化和高校内部系统各构成层面的动态过程。

二、高校能力

认识高校内部环境,除了把握高校资源之外,还应该关注高校能力。高校能力主要指高校在人才培养、科学研究、社会服务、文化传承创新、国际交流与合作等方面表现出的能力特征。不同的高校具有不同的能力水平,同一高校在不同发展时期的能力特征也会有所不同。高校能力伴随高校办学育人实践的发展不断发展，各层面的能力表现紧密结合、相互依存、关联互动，形成特定的能力体系，支撑高校功能作用的有效发挥。高校能力是组织能力的特殊形态，是企业能力理论和思想在高校领域的延伸发展。随着亚当·斯密的劳动分工理论的提出，以及马歇尔、彭罗斯等学者的研究推动，企业能力逐渐突破了概念范畴，不断发展成为企业管理理论，成为人们分析探讨企业战略管理的有效工具。企业能力概念提出以后，学者们往往将其与企业资源混合使用，甚至将企业能力等同于企业资源，未能从本质上把握企业能力的概念内涵。20世纪90年代，以Grant、Amit等人为代表的学者开始理清企业能力和企业资源之间的关系，重点分析二者之间的区别。在Grant（1991）看来，资源是生产过程的投入物，能力是结合生产过程资源、执行完成特定任务或活动的能力。Amit（1993）认为，能力是基于企业资源相互作用形成的体现企业特色的流程。相比较而言，Grant、Amit等人对于企业能力的概念理解存在一定的不足，尚未真正解释清楚企业能力的概念本质。

在吸收和借鉴国外学者相关理论的基础上，我国学者提出了资源是"使役对象"、能力是"主观条件"的观点。"使役对象"指出了资源能够被管理者所掌握和利用，具有外显、静态、有形、被动等特征；"主观条件"指出了能力突显管理者能够胜任某项工作和活动，具有潜在、动态、无形、主动等特征。[1]目前，关于企业能力的概念理解已经形成了普遍共识，很多学者认为企业能力主要由一般能力、核心能力和动态能力组成，这三个方面紧密联系、依次递进，共同塑造和决定企业能力的发展演进。其中，一般能力发挥基础作用，核心能力发挥关键作用，动态能力发挥引领作用。没有一般能力作基础，企业很难在行业领域立足；没有核心能力作保障，企业很难形成核心竞争力；没有动态能力作推动，企业很难适应环境的动态复杂变化。

作为组织的特殊形态，高校同样具有一定的能力表现，这种能力更多指向高校推动和落实立德树人根本任务，体现显著的教育性、人本性和社会性。高校能力是指高校利用内外资源开展办学育人活动表现出的主观条件，它一方面

---

[1] 钟尉，张阳. 企业能力的层次与结构分析[J]. 商场现代化，2007（4）：151.

通过人才培养、科学研究、社会服务、文化传承创新、国际交流与合作等具体活动体现出来,另一方面又通过这些具体活动不断得到提升,持续推动高校发展。与企业能力相类似,高校能力也是一个具有特定内容结构的能力体系,从动态演替的视角来看,高校能力可细化为生存能力、发展能力、竞争能力和创新能力。生存能力是指高校不断适应环境变化实现立德树人和稳定续存的能力。发展能力是指高校不断利用环境条件实现人才培养质量和办学综合实力提升的能力。竞争能力是指高校不断融入日渐激烈的高等教育竞争态势,实现竞争优势增强的能力。创新能力是指高校不断推进办学机制、人才培养模式、专业建设、课程体系、教学模式、教学质量保障和评价体系等方面协同创新的能力。这四个层面的能力关联结合、协调互动,共同演绎高校能力从生存到发展再到竞争、创新的动态演替过程。其中,生存能力是高校办学育人的基础和前提,生存能力弱化必然影响高校正常的办学育人活动,甚至会面临被淘汰的风险。发展能力是高校办学育人的关键和保障,是生存能力的升级和延续。没有一定的发展能力,高校很难实现持续发展演化。竞争能力是高校办学育人的核心和重点。只有提升竞争能力,高校才能够增强竞争优势,立于不败之地。创新能力是高校办学育人和持续发展的动力,其水平高低直接影响高校各项事业的健康发展。

理解高校能力的概念内涵,除了关注动态演替视角的维度划分外,还要从人才培养、科学研究、社会服务、文化传承创新、国际交流与合作等活动层面进行全面管窥。这五方面实际上是大学完成自身职能和使命的能力表现。可以说,新中国成立以来 70 多年的高等教育发展过程,是高校职能和使命内容不断丰富和演变的过程,也是高校实现职能和使命能力不断提升和增强的过程。在改革开放前,依托教育教学,培养高素质人才是高校办学的主要目标。在改革开放后,面对经济社会的快速发展和科学技术的不断进步,高校被赋予科学研究、社会服务的职能,在促进科教融合、产学研共进、文化传承创新过程中扮演着越来越重要的角色。当前,经济全球化发展步伐加快,不同地区、国家之间的交流合作日趋频繁紧密,高校又肩负起国际交流合作的重要使命。因此,高校职能和使命始终与高校主动适应经济社会发展过程相伴随,并在不断推动和实现人才培养、科学研究、社会服务、文化传承创新、国际交流与合作等过程中得到提升发展。

1. 人才培养能力

教育的本质是促进人的全面发展。习近平总书记指出，高校的立身之本在于立德树人。推动立德树人教育目标，实现人的全面发展是高等教育发展的实质价值，脱离、游离或低估这个实质价值，高等教育发展价值将无法得到真正体现和提升。[①]立德树人从根本上来讲就是充分落实高等教育为人民服务、为中国共产党治国理政服务、为巩固和发展中国特色社会主义制度服务、为改革开放和社会主义现代化建设服务"四个服务"的根本要求，培养德智体美劳全面发展的社会主义建设者和接班人。高质量开展人才培养，离不开人才培养能力的全面提升，而这又有赖于紧密型校企合作机制的合理构建。紧密型校企合作具有"三个主体""一个途径""四大特征"："三个主体"指地方政府、行业企业和高校；"一个途径"指建立高校办学董事会或理事会；"四大特征"指人才共育、过程共管、成果共享、责任共担。

紧密型校企合作可理解为地方政府、行业企业和高校三方主体为了实现彼此持续发展，以共同利益需求及各自具备的优势为基础，以"合作办学、合作育人、合作就业、合作发展"为基本原则，彼此之间形成的深度合作态势。依托紧密型校企合作，高校能够与企业围绕人才培养进行紧密合作，具体形式包括订单培养、联合培养、工学交替、共建实训基地、员工培训、继续教育等。从高校角度看，这种紧密合作体现为校企双方在专业调研、人才培养方案制订、课程体系建构、师资队伍选择、教学实施、考核评价等方面的共同参与和协同配合，整个人才培养过程实现了校企合作的全方位渗透。从企业角度看，这种紧密合作体现为高校按照企业生产经营和管理的实际、人力资源管理的需求和员工职业成长发展的要求，为企业培养高素质人才、开展员工培训和继续教育服务，提高企业员工的素质和能力。[②]除了实施紧密型校企合作外，高校还要创新人才培养模式、完善专业课程体系、深化课堂教学模式改革、优化教

---

① 王智超，朱太龙. 高等教育高质量发展的价值逻辑探寻[J]. 中国电化教育，2021（9）：3.
② 刘志峰. 紧密型校企合作特征、类型和机制研究[J]. 职业技术教育，2012（23）：52.

学质量保障体系，来不断增强人才培养能力，提高人才培养水平，培育人才培养品牌。

2. 科学研究能力

高校既是培养德智体美劳全面发展的社会主义建设者和接班人的重要基地，也是推动科学技术研究、创新、转化和发展的重要场所。高校要以与企业之间的研发型合作为纽带，突出应用型技术研发和服务，促进技术转化生产、技术带动教学。研发型合作要求高校坚持以服务为宗旨，熟知行业企业技术现状及未来发展走向，具有较强的科研开发能力、先进的科技开发设备和丰富的科技研发经验，特别要具备专兼结合、实力突出的科研开发团队。按照合作的具体内容，研发型合作可以分为三种类型：一是任务型合作。企业将生产过程面临的技术问题或难题交给高校，高校按照企业要求制订解决方案，或深入企业一线进行技术指导、技术咨询和技术服务。二是攻关型合作。高校和企业组成科技研发团队联合承担重大的科研技术项目或工程项目，共同创造经济效益。三是实体型合作。高校和企业共建研发实体，如研发中心、实验室、研究站等，着力解决企业生产、经营和管理等方面面临的技术难题。目前，很多高校都与知名企业共建技术研发中心，推动实施技术成果共研共享，取得明显成绩。

按照发展指向，高校科学研究至少应该把握好四个方面：一是提高思想认识水平，利用政府相关鼓励性政策举措，主动适应经济社会发展需求，对接行业企业技术创新走向，合理制定科学研究规划。二是聚焦国计民生重大领域、行业企业技术前沿，集中自身科研优势力量，实施战略性研究、前沿性研究、创新性研究，助力经济社会和行业企业持续健康发展。三是增强原始创新、集成创新和引进消化吸收再创新能力，紧扣技术发展前沿，强化基础性技术研究，组建创新团队，搭建技术创新平台，以高水平科学研究推动高校学科建设、专业建设，提升人才培养质量。四是依托机制创新，强化项目引导，深化同科研机构、企业之间的深度合作，建立协同创新战略联盟，在关键领域取得实质性成果，促进资源共享、成果共享，努力为社会主义现代化强国建设作出积极贡献。

3. 社会服务能力

随着经济社会的持续发展和高校职能使命的不断延伸，高校与经济社会之间的联系日渐紧密，提升高校的社会服务能力成为社会各界普遍关注的焦点问题。越来越多的高校也逐渐意识到提升社会服务能力、拓展社会服务范围，对于增强学校办学活力、促进教学改革等方面的积极作用。提升社会服务能力，要重点做好以下两方面工作：

一是要确立社会服务态度。组织行为学理论认为，态度是人对事物的评价和行为倾向，由认知、情感和行为倾向三个要素组成。态度与个体的道德观、价值观紧密联系，而价值观又与需求存在一定关联，个体对事物需求的程度反映事物价值的水平，事物对个体需求满足的程度体现个体价值的实现程度。正确的态度往往能够激发主体的积极性与创造性，提高主体行为的合理性与绩效性。首先要培育正确的社会服务认知，发挥专业特长，围绕企业新技术、新工艺、改进机器设备、提高科技含量，开展应用型研究，做到应用研究讲效率、比效益、求效果、提效能。[①] 其次要培养积极的社会服务情感。作为社会服务认知的外化表现，社会服务情感是社会服务行为倾向形成的核心基础。它有助于增强高校教师社会服务的责任感和使命感，促使教师有效把握社会服务工作本质，跟踪热难点问题，积极开展高水平、高质量的社会服务活动。最后要引导合理的社会服务行为倾向。社会服务行为倾向是教师对社会服务活动的反应倾向或开展社会服务活动的准备状态，这种倾向在很大程度上体现和反映教师的社会服务认知和情感。高校要明确社会服务评价导向，制定社会服务评价制度，加大社会服务考核激励，引导广大教师形成良好的社会服务行为倾向。

二是构建社会服务机制。全方位、多层次的工作机制有助于落实社会服务工作各项制度、推进高校社会服务工作、提高高校社会服务水平。社会服务工作机制至少包括运作机制、评价机制、激励机制和保障机制四个方面。建立和完善运作机制主要是健全高校社会服务管理机构，配备专门的管理人员，规范高校社会服务管理。建立和完善评价机制主要是成立高校社会服务工作委员会，建立动态严格的社会服务项目监管制度、公正客观的社会服务成果评价制度和及时全面的社会服务信息发布制度。建立和完善激励机制主要是通过一系列激励措施来调动高校教师开展社会服务活动的积极性。建立和完善保障机制

---

① 朱景发. 论高等职业教育科学研究的使命与方略[J]. 中国职业技术教育，2011（33）：44.

主要是提升社会服务工作的先导作用，在确保社会服务工作有序开展的基础上，不断加大管理人员、专项经费、科研设备、数据库资源等方面的投入，保障高校社会服务工作不断发展。

4. 文化传承创新能力

高校不仅拥有体现自身特色的文化形态，也具备传承文化、创新文化的功能使命。在长期办学育人实践过程中，高校形成了特有的校园文化，其渗透力和辐射力能够较强地作用于高校办学育人过程的各个环节，特别是对于高校办学主体的思想、行为起着较强的导控作用，能够综合协调这些主体之间的关系。高校办学育人能否获得进展并取得明显绩效，在某种程度上主要取决于高校校园文化建设水平。校园文化是实现高校持续发展的内在要求，是促进高校办学育人有序推进的有效动力，也是加快高等教育与社会协同发展和演化的高阶内核。建设校园文化的根本目的在于促进高等教育持续发展，更好地推动和实现文化传承创新。因此，文化传承创新是高校校园文化建设的题中应有之义。作为一种亚文化形态，校园文化对于塑造高校竞争优势、培养高素质专业人才、传承创新文化具有十分重要的意义和作用。高等教育之所以成为教育体系中的最高层次，不仅在于其人才培养目标和规格的特殊性，更在于其具有独有的文化存在。

从文化角度看，办学育人是高校校园文化传承创新的过程体现，其运作过程就是校园文化的继承传播过程。通过校园文化的多重影响，提高办学育人质量和经济社会发展水平。校园文化不仅影响办学育人的实施过程，也影响高校和企业的发展。在内部层面，校园文化有助于增强办学育人主体之间的凝聚力、团结力，形成工作合力和共同的价值观体系；在外部层面，校园文化有助于提高高校的社会地位和价值认同。校园文化是高校办学育人意义的体现、办学育人价值的表征、办学育人特色的反映和办学育人优势的折射，从这个意义上讲，校园文化的发展就是高校办学育人的发展，校园文化的传承创新就是高校办学育人思路、模式和途径的传承创新。

根据高校校园文化建设实践，结合高校办学育人实际，可以将校园文化传承创新的基本特征概括为"实、新、活"三个方面[①]。"实"就是形成切实反映经济社会发展实际的文化成果。无论是高校和外部环境中政府机构、行业企业、科研院所等合作互动的文化活动,还是高校内部形成的被广大师生普遍遵循的思想意识、价值信念和道德准则,都属于校园文化成果。"新"就是形成有利于文化传承创新发展的环境氛围。高校办学育人主体大多数具有高学历,知识文化水平较高,创新意识和能力较强,能够围绕文化传承创新发展积极开展活动,为此要营造有利于办学育人主体开展文化传承创新的条件保障,为办学育人主体提供文化传承创新机会。"活"就是形成利于办学育人深入开展的开放文化。办学育人在本质上就是一个多元开放的动态过程,正是这种动态开放性使得高校能够不断从外部环境中汲取资源因子,获得持续发展的动力,这就需要在与外部社会文化融合过程中不断实现文化传承创新。

5. 国际交流与合作能力

国际交流与合作是高校的重要职能,它与人才培养、科学研究、社会服务、文化传承创新关联结合,形成高校职能体系。随着经济全球化的不断发展,国际交流与合作在经济社会发展中扮演的角色越来越重要,高等教育也迎来了国际化发展的大趋势。在此背景下,国际交流与合作水平逐渐成为评价高校卓越程度、发展实力的重要标志和核心标准。目前,在 USNEWS 美国大学综合排名榜、QS 世界大学排名、泰晤士高等教育世界大学排名中,高校的国际化程度所占权重很大,激发和引导世界范围内高校的国际化发展。在我国,高等教育国际化发展趋势日渐凸显,通过出台一系列高等教育国际化发展的文件办法,来提升我国高等教育的国际化水平,进一步缩小我国与发达国家、地区高等教育国家化发展之间的差距。对于国际交流与合作,不同的地区、不同的高校具有不同的理解认识,在评价标准体系构建上也存在一定差异。很多高校在开展国际交流与合作过程中,比较关注教师、学生、教学、科研、文化等方面的国际交流与合作,并且重视国际交流与合作的机制构建、条件保障和成果考核。

客观而言,尽管国内高校开展国际交流与合作已经取得了显著成绩,"但

[①] 朱景发. 论高等职业教育科学研究的使命与方略[J]. 中国职业技术教育,2011(33):44.

是在教学国际化、科研国际化两个方面较为薄弱"[①]，亟须采取有效举措予以合理解决。究其原因，主要是由于高校不能正确把握国际交流与合作工作的独特性，缺乏针对性分析、前瞻性研究和战略性谋划，导致高校国际交流与合作意识不强、工作定位不准确、相关管理制度不完善等问题。因此，首先要明确国际交流与合作的工作定位。国际交流与合作是推动高校持续发展的重点工作，担负着教师、学生、教学、科研、文化等方面的国际交流与合作，对于开阔办学育人思路、增强办学育人动力、扩展办学育人空间具有不可替代的作用。其次要明确国际交流与合作工作的作用。没有高水平的国际交流与合作，就不可能扩大高校办学育人的国际影响力，就不可能准确把握高等教育发展的国际大势，也就不可能有效培育出具有国际视野的高素质人才和高层次教师。同时，国际交流与合作对于提高高等教育质量和人才培养水平、创新高校办学机制也具有重要作用。最后要加强国际交流与合作的工作制度建设。高校要落实好《关于做好新时期教育对外开放工作的若干意见》《关于加强和改进中外人文交流工作的若干意见》等文件精神和要求，结合自身办学育人实际，出台国际交流与合作方面的管理制度，进一步明确国际交流与合作工作的目标定位、指导思想、意义作用、重要任务和发展举措等，不断保证国家交流与合作工作提质量、上水平。

第二节 高校外部环境

在自然界，环境条件发生改变往往会引起物种生存方式的调整转变，有的表现为适应性调整，有的表现为被动性转变。通过生存方式的调整转变，物种不断适应环境复杂变化，增强生存发展动力，确保健康生存和持续发展。同样，高校也要紧密关注外部环境变化，强化外部环境联系，根据环境变化相应作出发展方式、内容、重点、策略、举措等方面的适应性选择，一方面满足外部环境对高校需求的变化，另一方面增强生存力、发展力和竞争力。外部环境是客观存在的环境，是由经济环境、政治环境、教育环境、科技环境、文化环境、

---

① 饶其康.发挥高校职能促进国际交流合作[N].海南日报，2021-11-03（A09）.

社会心理环境、制度环境、自然环境等有机结合形成的环境系统。不同层面的环境对于高校生存发展会产生不同的影响，高校要全面把握好外部环境的变化态势，合理吸收、利用外部环境的有利因素，及时弱化、消除外部环境的不利影响，保持生存发展的有序稳定。作为高校办学育人的实践行为，思想政治工作高质量发展同样离不开外部环境的有效支持。如何最大限度、最大范围地获得外部环境有效支持，规避外部环境的不利影响，就成为高校思想政治工作高质量发展过程中必须解决的问题。

一、经济环境

经济环境是构成高校外部环境体系的重要环境，是影响高校思想政治工作高质量发展的基础环境。认识和理解经济环境，可以把握经济体制、经济关系、经济发展水平、社会收入水平等方面，这些方面对高校思想政治工作高质量发展具有多层面影响，会影响高校思想政治工作高质量发展思路、内容、模式和策略等方面的合理选择。

1. 经济体制

经济体制是指特定区域制定经济政策、落实经济决策的制度安排和机制总和，集中体现和生动反映国家经济组织形式、资源配置形式，在经济运行中发挥压舱石作用。社会制度决定经济体制，经济体制反映社会制度。一般而言，不同的社会制度具有不同的经济体制，不同的经济体制表现不同的社会制度。从构成、类型、功能、评价等四个方面，可以把握经济体制的概念内涵。在构成上，资源占有和配置方式的有机结合组成了经济体制，具体表现为资源占有、资源配置等方面的制度安排以及经济运行支持系统的协调联动。在类型上，经济体制包括计划经济体制、市场经济体制、计划-市场经济体制、市场-计划经济体制等，不同类型的经济体制具有不同的社会资源配置方式。在功能上，经济体制通过明确经济主体权利范围、行为规范、利益分享规则、信息交流沟通等，对经济社会活动和主体行为活动发挥协调、约束、激励和引导作用。在评价上，资源能否得到合理配置和有效利用是评价经济体制优劣的重要标准。利用最少的资源投入取得最大的社会效益，是经济体制运行的重要原则。

2. 经济关系

经济关系也可称为生产关系，它建立在社会生产力的基础上，体现人们对生产资料的占有情况——生产资料占有关系及其引起的社会产品分配关系。生产资料所有制、人与人之间关系、产品如何分配是理解生产关系概念的重要方面。其中，生产资料所有制发挥主导作用，不仅影响人与人之间的关系构建，也影响产品分配的方式方法。人与人之间关系、产品如何分配也发挥重要作用。在生产资料所有制不变的背景下，合理调整人与人之间的关系，科学优化产品分配关系，对于化解社会问题、避免矛盾冲突、减少利益摩擦、促进社会和谐、推动社会发展具有多层面的意义和作用。从社会个体层面来看，经济关系会影响个体的动机形成和行为选择。规范有序的经济关系能够促使个体产生正确健康的行为动机和行为方式；失范无序的经济关系非但不能够积极引导个体的行为动机和行为方式，反而会滋生或诱发社会摩擦、矛盾和冲突，不利于经济社会的有序稳定和持续发展。因此，政府要采取有效途径合理调整经济关系，使其保持健康态势，避免经济关系出现亚健康问题，规避或弱化亚健康关系态势对个体行为和社会秩序的不利影响。

在经济关系中，劳资关系也是不容忽视的重要内容，主要是指用人单位和劳动者之间基于劳动合同建立起来的劳动关系。劳资关系明确了用人单位、劳动者之间的权利和义务，不仅受到国家法律的保护，还受到劳动合同的约束。任何一方违背了法律或劳动合同的规定，都要承担相应的责任。和谐稳定的劳资关系是单位持续健康发展的基本条件。劳资关系不和谐、不稳定，往往会影响用人单位与劳动者之间关系的维系发展，也会影响用人单位的有序发展。现实中，劳动力价格、劳动者权利往往是用人单位和劳动者关注的焦点问题，也是诱发劳资关系紧张的主要因素。在西方资本主义国家，由于资本家通过剥削劳动者创造的剩余价值来获取超额利润，因而不断引起工人反抗，引发工人罢工，导致生产停滞，造成工厂关门，导致资本主义社会危机和动荡不安，给世界经济健康发展带来很多不稳定性因素甚至是破坏性影响。因此，资本家通过改善工人劳动条件、增加工人收入、提高工人福利等途径，确保劳资关系。但是，这并没有改变资本主义国家劳资关系固有的剥削性质，必将随着资本主义社会消亡而消亡。一般而言，经济关系表现为领导者与被领导者、管理者与被管理者之间的关系。在生产、经营和管理实践中，领导者、管理者、被领导者、被管理者具有不同的分工、职责和要求，这些主体的收入分配、社会地位、角色作用也有所不同，这种不同往往意味着彼此观念、心理和行为等方面存在的差异，进而影响彼此关系的有序稳定。[1]高校学生毕业以后，也会面临如何正确处理领导者与被领导者、管理者与被管理者之间关系的现实问题，这就为高校思想政治工作高质量发展提出了新的课题要求。

3. 经济发展水平

经济发展水平是评价和考量一个国家或地区经济发展规模、质量和效益的重要指标。把握经济发展水平，主要从国民生产总值、国民收入、经济发展速度、经济增长速度等方面来管窥。人们对经济发展水平关注的原因，一方面是国家竞争日渐激烈和地区合作趋向紧密，另一方面是经济发展水平与人的发展密切关联。从人的发展与经济发展之间的关系来看，二者呈现相互依存、相互促进的关系态势。人的发展有赖于经济发展、有助于经济发展，经济发展会促进人的发展，会推动人的发展，二者的相互促进、相互提升又会提高社会生产力发展水平。

不论是经济发展还是社会发展，人的发展都是最根本的目的，也是最根本的动力。人的主体能动性、积极性的充分发挥，从根本上保证和推动经济发展和社会发展。然而，人的发展也需要一定条件的有效支持，离开经济发展、社会发展等方面的环境条件支持，人的发展将无从谈起。也就是说，人的发展会受到经济发展条件、状态和水平的制约影响。从高校角度来看，实现人的发展是思想政治工作高质量发展的根本目的，也是思想政治工作高质量发展的立足点。因此，高校思想政治工作高质量发展也会受到经济发展水平的制约影响。不同经济发展水平的地区之间，人们在收入水平、消费理念、消费需求和消费结构等方面会有所不同，对高校思想政治工作的认识、理解和需求也会不同，对高校思想政治工作高质量发展的期盼、要求也会不同。例如，经济发展水平较高的地区，人们对高等教育、高校思想政治工作的高质量需求比较高，报考

---

[1] 邱柏生. 高校思想政治教育的生态分析[M]. 上海：上海人民出版社，2009：11-14.

院校过程中比较关注"985"院校、"211"院校、国家"双一流"大学等；经济发展水平落后的地区，人们往往选择农业类、师范类院校，谋求大学正常毕业后能顺利择业，实现就业，而对于高校思想政治工作高质量的关注度则有待提升。

4. 社会收入水平

社会收入水平是一个国家或地区社会成员的整体收入水平，它往往体现国家或地区的经济发展水平，同时又反映国家或地区的社会消费水平。在没有通货膨胀的背景下，较高的社会收入水平代表着较高的社会消费水平，较低的社会收入水平意味着较低的社会消费水平。当社会成员购买商品或服务时，其身份就转变成了消费者，社会收入水平也就转变成了社会消费水平。梁嘉骅等学者认为，社会收入水平要重点把握国民生产总值、人均国民收入、个人可支配收入、个人可任意支配收入、家庭收入等方面。[①]

作为最重要的宏观经济指标，国民生产总值是指一定时期内某个国家或地区的国民经济货币表现的产品价值总和，是综合体现国家或地区经济发展水平、发展速度、发展质量、发展实力的有效指标。计算国民生产总值，可以采取生产法、支出法和收入法等方式。生产法也称为部门法，是总产值去除中间产品和劳动消耗得到的增加值，国民生产总值就是社会各部门增加值的总和。支出法也称为最终产品法，是由政府消费支出、个人消费支出、国内资产形成总额、出口与进口的差额等形成的总和。收入法也称为分配法，是各种生产要素创造的增加价值的总和。一般而言，国民生产总值越高，意味着社会成员对高等教育、高校思想政治工作高质量发展的需求就越强，用于高等教育方面的支出也就越大。人均国民收入是指国民收入的平均占有量，不仅体现国家或地区的经济发展水平和发展质量，也反映国家或地区的人民生活水平和富裕程度。人均国民收入的提升往往会带动高等教育高质量消费需求的增加。个人可支配收入是指社会成员个体能够用于个人开支或储蓄的收入，是个人收入减去直接缴纳的税款和非税性负担的余额，它决定着个人消费开支水平。个人可任

---

① 梁嘉骅，范建平，李常洪，等. 企业生态与企业发展：企业竞争对策[M]. 北京：科学出版社，2005：78.

意支配收入是指个人可支配收入中减去维持生活必需的支出和其他固定支出的剩余收入,它由消费者任意支配,具有显著的灵活性。个人可任意支配收入越多意味着人们的消费水平越高,对于高等教育高质量发展需求越高。相应地,高校思想政治工作高质量要求也就越高。家庭收入是一定时期内家庭成员合法取得的货币、实物收入的总和。家庭收入水平直接决定和影响家庭消费水平。通常,家庭收入多,家庭消费需求和消费能力就高,对于各方面的高质量需求也就越高;相反,家庭收入低,家庭消费需求和消费能力也往往较低。

5. 经济制度和经济政策

马克思主义从生产力和生产关系矛盾运动中,揭示了人类社会发展的基本规律。生产力是人们解决社会同自然矛盾的实际能力,是人类改造自然使其适应社会需要的物质力量,体现人和自然的关系;生产关系是人们在物质生产过程中形成的不以人的意志为转移的经济关系。生产力决定生产关系,生产关系反作用于生产力。不同的社会生产力水平,往往会形成不同的生产关系。为了保持生产关系的有序稳定,使其更好地满足和适应生产力的发展要求,政府主要采取制定和实施经济制度的方式,进而不断实现生产关系的制度化。在社会制度体系中,经济制度起着关键性作用,不仅决定政治制度、法律制度、文化制度、科技制度和生态制度,也影响社会意识形态的发展演变。

按照与经济社会的适应程度和匹配水平,经济制度可以分为先进的和落后的两种类型。先进的经济制度有助于经济发展和社会进步,落后的经济制度非但无益于生产力发展,反而会影响社会进步。从落后向先进转变的过程,是经济制度实现升级转换的过程,也是社会经济形态发展演替的过程。人类社会发展至今,社会经济制度大致经历了原始社会经济制度、奴隶制经济制度、封建制经济制度、资本主义经济制度、社会主义经济制度。目前,我国的经济制度是社会主义经济制度,这种经济制度的根本特质主要是以社会主义公有制为主体,多种所有制经济共同发展。实践表明,中国特色社会主义经济制度适应我国经济发展实际,有利于促进社会生产力发展、提升国家实力、增进人民福祉。

就高校发展而言,中国特色社会主义经济制度的建立及其优越性发挥,有助于经济社会资源的有效合理聚集,确保高校办学育人各项工作可持续开展。

同时，对于促进高校思想政治工作高质量发展也具有显著作用。围绕经济制度，实现经济目标，制定策略举措，形成了经济政策。经济政策包含丰富内容，主要有国家经济发展战略、国民收入分配政策、财政政策、货币政策、价格政策、贸易政策等。要合理制定经济政策，确保经济政策的科学性、合理性和时效性。积极稳妥的经济政策是实现经济持续发展目标的重要保证，消极滞后的经济政策不利于经济发展和社会进步，如果不及时采取措施予以纠正会严重破坏经济发展稳态，制约社会生产力正常发展。此外，还要注重经济政策的连续性、系统性和灵活性。连续性突出经济政策的时间跨度，系统性突出经济政策的内容完善，灵活性突出经济政策的动态适应。

二、政治环境

政治环境是一个国家或地区政治局势、政治体制、政治关系、公共政策、国际关系等组成的环境体系。政治环境的有序稳定，直接决定和深度影响国家或地区的和平稳定。如果一个国家或地区拥有良好的政治环境，该国家或地区会拥有稳定的发展环境；如果一个国家或地区的政治环境动荡不安，该国家或地区会面临变动的发展环境。在政治环境体系中，政治局势是国家或地区政治稳定状态的集中表征，它关系着整个国家或地区的社会稳定发展，对政治环境的影响力和作用力最直接、最明显。稳定的政治局势是经济发展、社会进步和国家强盛的基础和前提，是高等教育、高校思想政治工作高质量发展的关键和保证；政治局势陷入动乱，极易诱发社会问题、社会矛盾和社会冲突，引起社会秩序失衡紊乱，必然会影响到高等教育的正常发展，同时对于高校思想政治工作高质量发展也会产生不利的影响。

政治体制是政府的组织构架、管理结构、运作机制以及相关的法律制度，具体包括领导体制、组织体制、行政体制、人事体制、选举体制、政治参与体制等内容。政治体制是政府施政治国、管理社会的基础，是政府行为规范确立、工作方式选择、施政成效评价的依据。不同的国家具有不同的发展历史，其政治体制也会有所不同。政治关系是社会成员在社会生活中形成的社会关系，是构成政治环境的要素，主要以特定的利益要求为基础，以政治强制力量和权利分配为特征。作为社会关系的特殊形式，政治关系实际上反映了政治角色之间在政治活动中形成的相互关系，是社会政治活动的产物，其确定以后会形成强大效应，不断制约和影响政治活动开展、政治环境稳定。公共政策是政府为了实现经济社会可持续发展制定的政策制度，这些制度主要包括财政政策、金融政策、货币政策、物价政策、能源政策、人口政策、环境政策、教育政策、科技政策、文化政策、卫生政策等诸多方面。不同的政策聚焦不同的领域，发挥不同的作用，彼此之间相互关联、相互促进，不同程度地影响经济社会发展。从高等教育发展来看，近年来国家出台了一系列高等教育规划、文件、政策等，有力地保证和促进了高等教育快速稳定发展。同时，面向高等教育的公共政策，也有助于推动高校思想政治工作高质量发展。

随着国际社会交往互动的日趋紧密，不同国家、地区之间的往来互动不断呈现紧密性、频繁性等特征，由此形成了一种跨越国家界限的特殊社会关系——国际关系。从内容上来看，国际关系覆盖国家政治、经济、科技、文化、教育、军事等方面。改革开放以来，我国国际关系不断建立完善，与世界上很多国家和地区建立了良好的经贸关系。党的十八大以来，我国积极推动对外开放，取得了一系列的显著成就，集中表现在我国开放事业取得了历史性成就、制度型开放方面加快推进、自贸试验区和自由贸易港开放建设开创了新局面、自由贸易区提升战略实现了新突破、参与全球经济治理作出了新贡献。在此背景下，高等教育的对外合作和交流也取得了新成绩，由此为高校思想政治工作高质量发展提供了有利的条件支持和环境保障。

三、教育环境

教育环境是社会环境的重要组成部分，是人才培养、科学研究、文化创新与传承、个体成长的基础环境。教育环境的优劣在很大程度上影响经济社会发展速度的快慢。优质的教育环境有助于高素质人才的系统培养、健康成长和大量涌现，不断为经济社会发展提供必要的智力支持。同时，也有助于深化科学研究、促进文化创新与传承、助力个体成长，这无疑都是经济社会发展所依附的有效条件。从高等教育层面来看，良好的教育环境一方面为高校提供源源不

第三章 新时代高校思想政治工作高质量发展的环境条件

断的优质生源,为高校接续开展人才培养奠定坚实基础;另一方面为高校与高中、初中、小学阶段的学校建立协同育人的体制机制,为高校办学育人提供动力支持。此外,良好的教育环境也是高校管理者、教师成长成才的基础条件,它通过塑造管理者和教师的理论视野、知识基础、技能水平、素质能力,进而影响高等教育发展乃至高校思想政治工作高质量发展。在不同的教育环境和教育条件背景下,高校思想政治工作者会形成不同的工作思路、模式和方式。特别是高等教育环境的差异,对于高校思想政治工作的影响更直接、更具体和更深入。客观而言,高等教育环境条件成熟的地区,高校思想政治工作机制相对完善、工作方法较为丰富、工作模式比较可行,高校思想政治工作者对于高质量发展的本质认识也全面深刻。高校思想政治工作者能够精准把握高质量发展的内在要求,合理制定高质量发展的对策举措,逐渐实现高质量发展的预期目标。因此,教育环境特别是高等教育环境,其状态不仅深度影响高校思想政治工作者的思想观念、认知水平和实践操作,也直接影响高校思想政治工作高质量发展的目标设置、内容确定、方法选择和绩效水平。从高校微观层面来看,如果高校具备良好的教育环境,那么高校思想政治工作高质量发展的基础条件也较为成熟,高校思想政治工作高质量发展也能够得到普遍关注和广泛支持。推动高校思想政治工作高质量发展,并不仅仅是高校思政课教师、辅导员、政工干部等主体的工作职责,也离不开高校其他教职工的积极参与。因此,除了提升高校思政课教师、辅导员、政工干部等主体的理论水平和工作能力之外,还应该提升高校其他教职工的整体素质,避免因高校教师理论素养不足、业务能力不强,导致思想政治工作高质量发展目标无法实现。近年来,我国高等教育发展态势迅猛,特别是在国家"双一流"大学等重点建设项目的有力推动下,高校办学育人水平和综合实力得到显著提升,中国特色高等教育制度体系、发展道路日趋完善和成熟,不断引领世界高等教育的改革发展。从20世纪90年代末开始,在高校扩招的积极带动下,我国高等教育逐步实现了从精英教育到大众化发展再到普及化发展。1998年我国高等教育的毛入学率为9.8%,2005年我国高等教育的毛入学率为21%,2015年我国高等教育的毛入学率为40%,2019年我国高等教育的毛入学率为51.6%,2021年我国高等教育的毛入学率为57.8%。进入高等教育普及化时代，高等教育将会发挥两个方面作用："第一个作用是战略重器，要成为立足当下、赢得未来的国之重器；第二个作用是战略引擎，要成为国家硬实力、软实力、巧实力、锐实力的战略引擎。"[①]随着普及化阶段高等教育功能作用的日渐突出，我国高等教育会更好地融入和服务社会主义现代化强国建设、中华民族伟大复兴中国梦实现，不仅拓展了高等教育的功能角色、作用表现和发展空间，也为高等教育带来了理念创新、结构整合、定位重构、功能提升。对于高校思想政治工作而言，必须客观面对高等教育普及化带来的高校学生的类型多元、规模扩大和数量增多等多重影响，从工作内容、模式、方法、途径、举措等方面展开整体创新，深入实施高质量发展路径，全面提升工作质量和水平。

四、科技环境

人类发展史是人类认识客观世界、改造客观世界的过程。认识客观世界的过程是科学发展的过程，改造客观世界的过程是技术进步的过程。人类认识客观世界的能力越强，改造客观世界的能力就越强。因此，人类发展史也是人类不断探索科学原理并将科学原理转化为技术应用的过程。事实上，科学和技术辩证统一于人类认识客观世界、改造客观世界的动态过程中。科学技术的发展进步演绎着人类科技活动的持续变化，改变着人类社会科技环境的内容结构。不同的时代具有不同的科技活动，拥有不同的科技水平。科技活动及其相关因素组成的环境体系就是科技环境。科技活动是人类实践活动的特殊形式，其相关因素包括语言表述、文字符号、信息资源、知识产权、规章制度、道德伦理等，这些因素交织并存、相互关联，在不断向科技活动提供物质基础和条件保障的过程中，也向科技活动提供了价值导向和行为准则，确保了科技活动的正常有序开展。在多数学者看来，科技环境主要由科技体系、科技政策、科技水平、科技力量、科技成果、科技知识、科技产品、科技市场等结合而成。科技体系是指国家科技系统的结构体系、运作方式及其与国民经济其他部门之间的

---

① 越来越多的家庭实现大学生"零的突破"，我国高等教育进入普及化时代[N]. 中国青年报，2020-10-13（1）.

第三章 新时代高校思想政治工作高质量发展的环境条件

关系态势。科技政策是指国家制定和实施关于科技发展进步方面的政策制度、政策举措和法律法规，是科技工作持续有效深入开展的重要保障。科技水平是指国家科技研究实力、科技成果先进程度、科技成果应用转化效果的集中体现，是评价和考核国家科技环境优劣与否的重要指标。科技力量是国家科技研究、开发、推广和应用的能力体现，是决定国家科技水平的重要因素。科技成果是国家科技研究、开发、推广、应用的成果表现，是国家科技力量和科技水平的外在表现。科技知识属于科技成果的范畴，是国家相关科技研究部门发明创造的科技知识信息的总称。科技产品是国家科技知识、科技成果转化为现实生产力、获得推广应用的产品，例如工业科技产品、国防科技产品、农业科技产品等。科技市场是科技知识、科技产品进行交易的时空场所，科技市场的活跃程度高低代表着科技环境的优劣状态，其有序有效运转离不开特定条件的支持，例如科技产品交易法规、知识产权保护、信息咨询服务、创业投资引导等。[1]

随着人类社会的不断进步和科学技术的持续发展，二者之间的协调互动态势将日渐明显，一方面人类社会进步会不断促进科学技术发展，另一方面科学技术发展又会进一步加快人类社会进步。同时，科学技术会广泛渗透到人类社会发展进步的各个方面，成为推动人类社会发展进步的引擎动力。作为人类社会发展进步的重要方面，高等教育也越来越受到科学技术的影响。概括而言，科学技术对于高校思想政治工作的影响主要体现在三个方面：

一是科学技术发展进步有助于创新高校思想政治工作理念。尊重实践、崇尚理性、开拓创新是科学技术的灵魂。[2]将先进的科学技术应用于高校思想政治工作实践，能够切实推动高校思想政治工作者创新工作理念和思维方式，增强高校思想政治工作针对性和吸引力。例如北京理工大学建成全国首个沉浸式虚拟仿真思政课体验教学中心，该中心运用虚拟现实、人工智能、全息显示等技术，打造了集交互性、沉浸性、时代性和趣味性于一体的教学环境，可以中班教学开展 VR 思政教学体验，为大学生思政课教学质量提升提供有效支撑，

---

[1] 田先钰. 论科技生态系统、结构、动力机制与干预[J]. 科技管理研究，2007（1）：52-55.
[2] 教育部社会科学研究与思想政治工作司. 马克思主义哲学原理[M]. 北京：高等教育出版社，2003：185.

并为课程思政、学生党史学习、校史学习，以及新文科等思想政治教育和人才培养提供支持。

二是科学技术发展进步有助于创新高校思想政治工作方式。现代科学技术手段能够有效整合高校思想政治工作要素，促进高校思想政治工作方式变革，提高高校思想政治工作水平。例如微博、微信等新媒体技术在高校思想政治工作领域的应用，一方面发挥了新媒体技术丰富的资源要素、快速的传播速度、多元的交互平台等优势，另一方面提高了高校思想政治工作的时效性和实效性，备受大学生关注和青睐。

三是科学技术发展进步有助于创新高校思想政治工作模式。高校思想政治工作传统模式侧重于特定空间内主体对客体进行面对面的理论教育、思想引导、价值观培育等，可以称为线下工作模式。科学技术的发展应用，能够有效构建起线上线下相结合的高校思想政治工作模式，不仅打破了传统的线下工作模式，也利用了现代的线上工作模式，实现传统线下、现代线上两种工作模式的有机结合，发挥两种工作模式的优势。例如高校线上线下混合式思想政治工作模式、高校思政课翻转课堂教学模式等，都是现代科学技术在高校思想政治工作中充分应用的集中体现。

五、文化环境

作为人类意识性、能动性和主体性的集中表现，人类社会实践活动实际上体现了人们增强利用和改造自然界、实现自身持续发展的价值指向，它是人们价值意志、主体能动性发挥的生动体现。从原始社会到奴隶社会，再到资本主义社会、社会主义，直至实现共产主义社会，正是人类不断揭示和遵循社会发展规律，推动和实现自我发展解放的动态过程。同时，也是各个国家和地区确立价值观、培育文化以及价值观和文化不断释能的结果反映。随着人类社会的不断发展进步，人类命运共同体的理念、意识必将得到广泛认知和普遍遵循，社会主义先进文化也必将代替资本主义落后文化。从文化层面上来看，人类社会发展进步具有特定的历史规律和文化基础，它是社会主义先进文化逐步代替资本主义落后文化的长期过程。尽管人类社会发展进步受到诸多环境因素和条

第三章　新时代高校思想政治工作高质量发展的环境条件

件的影响,但是人类的主动适应首先表现为对人类社会发展科学规律的价值认同和选择遵循,而先进文化对于深化和促进社会发展规律认同,规范和协调人类社会发展行为,具有十分重要的意义和作用。

在很多学者看来,文化是指人类社会发展过程中形成的理想信念、思维模式、价值取向、行为方式、风俗习惯以及创造的物质文化产品。在国内学者南佐民看来,文化的核心是人们对于世界的认识、理解和观念,其内层是社会组织根据社会运作目标对人的思想、观念进行规范和调整形成的法律制度和道德规范,其外层是社会化价值观念引导下的个体的行为及其效果。[①]作为一个动态概念,文化的形成、运作和发展更多地表现为一个系统化的文化环境的客观存在,其复杂的构成层面大致可以划分为两个方面:一是社会成员所共有的基本核心文化;二是随着时间变化和外界因子影响而容易改变的社会次文化或亚文化。[②]不同的社会环境,会产生不同的文化形态、形成不同的文化环境。不同的文化形态、文化环境,又会产生不同的功能效应和作用表现。对于人类社会而言,各个国家和地区丰富的文化形态组成了人类社会多样的文化形态,各个国家和地区各异的文化环境构成了人类社会多样的文化环境。从某个国家和地区来看,不同区域的文化形态、文化环境紧密结合、关联互动,形成了结构稳定的文化环境体系,对经济社会发展各领域产生多层面的作用影响。

高等教育是组成经济社会发展领域的重要内容,也是推动文化环境形成发展的关键力量。不同的国家和地区,具有不同的经济社会发展条件和文化环境氛围,相应的对于高等教育的影响也有所不同。一般而言,经济社会发展水平高、文化环境氛围好的地区,其高等教育发展态势也比较迅猛。经济社会发展为高等教育发展提供必要的条件保障,文化环境为高等教育发展提供良好的文化基础。事实上,文化环境主要是通过影响主体的思想、行为来影响高等教育的办学过程及其育人质量,它要求高等学校在立德树人过程中,要深入研究和统筹考虑文化环境的内容、特点和要求,进而合理选择人才培养模式。从这个

[①] 南佐民. 区域创新文化环境建设中的层次机制[J]. 宁波大学学报(人文科学版),2003(4):37-40.
[②] 梁嘉骅,范建平,李常洪,等. 企业生态与企业发展:企业竞争对策[M]. 北京:科学出版社,2005:83.

层面来看，文化环境对于高校思想政治工作也具有不容忽视的影响力和作用力。较之其他环境，文化环境的影响更为持久和深入。这是因为文化环境的构成因素之间具有相对复杂的关系形态，有的因素不容易被精准识别和有效把握。因此，高校思想政治工作者要认真研究和科学识别文化环境内容体系的构成因素，重点关注文化环境内容体系中的关键因素，例如价值观念。在文化环境内容体系中，价值观念的影响最为突出和明显。价值观念是人们对于社会事物、现象和问题的价值判断和价值态度，是影响人们价值选择和行为方式的重要基础。正确的价值观念有利于人们形成合理的价值选择和良好的行为方式，特别是被全社会共同认可和遵循的核心价值观。翻开人类社会发展历史，我们不难发现，维系一个民族和国家持续发展的最深层、最持久力量是核心价值观。在我国，社会主义核心价值观是中国特色社会主义的价值表达，是中国特色社会主义文化的精神要义，彰显着全体中国人民共同的价值夙愿和追求。当前，高校思想政治工作必须要积极培育大学生的社会主义核心价值观，引导大学生扣好人生的"第一粒扣子"，注重日常点滴和细微之处，不断成为社会主义核心价值观的坚定信仰者、积极传播者和模范践行者。与此同时，高校思想政治工作在实现高质量发展过程中，还应该把握好文化环境日益多元化、动态化和复杂化的态势，不断发挥社会主义核心价值观的统领作用。

事实上，高校思想政治工作高质量发展实践会孕育和催生高质量文化。随着高校思想政治工作高质量发展实践的不断深入，高质量文化的形态、内容和特点等也会不断变化。也就是说，高校思想政治工作高质量文化的发展创新离不开高校思想政治工作高质量发展的持续推进。在高校思想政治工作高质量发展初期，高校的注意力主要集中在思想政治工作高质量发展资源的整合利用和高质量发展目标的推进实现上，对于培育高质量文化的关注和思考相对有限。当高校思想政治工作高质量发展进入推动期和成熟期，高校思想政治工作高质量发展通常拥有合理的发展模式、具体的发展内容、稳定的发展机制和显著的发展优势。这一方面为高校思想政治工作高质量发展提供坚实基础和重要保障，另一方面为高校思想政治工作高质量发展升级提出了更高要求。如果高校思想政治工作高质量发展徘徊不动，忽视更高级的升级提高，往往会造成高校思想政治工作高质量发展动力弱化和功能衰退。相反，如果高校对于思想政治工作高质量发展具有前瞻性认识，不断创新优化发展模式和管理机制，不断拓展高质量发展新空间，往往会实现持续发展，而这又有赖于广大高校思想政治工作者的普遍认知和积极参与。因此，要重视高质量发展文化培育，关注高质量发展新目标认知，达成高质量发展价值观认同，实现高质量发展支持参与协同。

六、社会心理环境

人类社会发展过程不仅创造了丰富多样的物质财富，也创造了思想深邃的精神财富，这个过程既离不开人们的创新创造和团结奋斗，也离不开人们的价值认同和心理契约。在社会生活中，个体或群体之间除了形成一定的地缘关系、血缘关系、业缘关系、家庭关系、经济关系和政治关系等之外，还会在相互影响、相互作用过程中形成一定的心理关系，这种心理关系被心理学家定义为社会心理环境[1]。社会心理环境是人类社会发展的必然产物，其产生离不开个体心理和群体心理，其发展变化还会对个体心理和群体心理产生不容忽视的作用，进而对社会经济发展的有序运行产生影响。这个过程实际上是社会心理向个体心理、群体心理的转化过程，也是个体心理、群体心理发生变化的过程。社会心理环境首先表现为一种社会存在，这种社会存在具有客观性，是社会个体与社会个体之间、社会个体与社会环境之间、社会群体与社会环境之间的主观和客观的有机统一，其产生和发展要依附于社会发展、物质环境、社会条件等客观存在。其次表现为一种社会意识形态，是对社会存在的集中体现。在与社会个体、社会群体相互影响、相互作用的过程中，社会心理环境表现为一种具有隐蔽性、弥漫性、普遍性和持久性的心理活动、心理效应和心理态势。

社会心理环境在生成、发展和演变过程中，体现出了整体性、导向性、多元性和演变性等多维特点。整体性表现为社会心理环境不是单独的个体心理的简单相加，而是特定社会群体对于某种事物、现象等社会存在共同的心理认知。因此，群体性也可理解为集体性或者集合性。导向性表现为社会心理环境会对社会个体、社会群体的心理活动、行为表现产生一定的导向作用。现实中，社

---

[1] 邱柏生.高校思想政治教育的生态分析[M].上海：上海人民出版社，2009：65-68.

会个体、社会群体等对于某种事物、现象等社会存在的心理认知越一致，他们往往会形成共同的行为表现，彼此之间的行为协同和配合也就越紧密，由此形成强大的凝聚力、吸引力、向心力和团结力，进而产生强大的实践力。与此同时，强大的社会心理效应还会吸引更多的社会个体或社会群体等。多元性表现为社会个体、社会群体之间心理的差异和不同。这是因为随着经济社会的快速发展和社会结构的不断调整，社会个体、社会群体之间的利益关系不断被打破、重组和调整，由此引发社会心理的多元化、动态性等特征也就在所难免。演变性是指社会心理环境不会长期处于或者停止于某种状态，它会随着经济社会的不断发展而变化。在社会主义核心价值观的引导下，社会心理环境变化会始终处于一个相对稳定的状态。健康稳定的社会心理环境有助于社会环境的稳定发展，多变的社会心理环境往往会导致或诱发社会环境的不稳定。

从概念内涵和特征表现可以看出，社会心理环境是一个内涵丰富、特征多元的有机系统，其复杂多样的构成要素相互影响、相互作用，使得社会心理环境在不断体现和适应社会发展变化过程中得到演化。从组成上来看，社会心理环境一方面由社会个体或社会群体之外的心理环境组成，另一方面由社会个体或社会群体内部的心理环境组成。前者主要指社会思潮、社会风气、社会传统、社会习惯、社会风俗等，后者主要指社会群体的目标追求、价值共识、规范遵循、约定俗成等。内外心理环境关联结合、相互催化，共同组成社会心理环境。

按照影响范围，社会心理环境还可以划分为整个社会的心理环境、某个地区的心理环境、某个行业的心理环境或某个企业的心理环境。不同层面的社会心理环境实际上体现和反映不同的社会群体对于某种事物价值认知和判断的差异。按照表现不同，社会心理环境表现为社会感知、社会知觉、社会感觉、社会情绪、社会情感、社会需要、社会动机、社会态度、社会愿望、社会风气、社会思潮等。多层面的表现形式使得社会心理环境呈现出复杂多样的态势，这就要求高校思想政治工作者必须密切关注社会心理环境的变化状态，把握和利用积极健康的社会心理环境，有效开展思想政治工作，不断实现思想政治工作高质量发展。同时，也要规避和弱化消极不利的社会心理环境的影响，积极引导大学生培育和践行社会主义核心价值观，在实现社会主义现代化强国建设和中华民族伟大复兴中国梦的过程中放飞理想、成就梦想、创造价值。

七、制度环境

制度是指社会成员共同遵守的规程或准则，这些规程和准则往往基于一定的历史条件而形成发展。邓小平曾经说过，好的制度使坏人不敢做坏事，坏的制度使好人没法干好事，甚至还会使好人也变坏。1992 年，邓小平设想，恐怕再有 30 年的时间，我们才会在各方面形成一整套更加成熟、更加定型的制度。2007 年，党的十七大把各方面制度完善列入全面建设小康社会的新的要求之中。2011 年，时任中共中央总书记的胡锦涛同志在"七一"讲话中第一次提出了"中国特色社会主义制度"的概念。从内容上看，中国特色社会主义制度是包括人民代表大会制度的根本政治制度、中国共产党领导的多党合作和政治协商制度、民族区域自治制度以及基层群众自治制度等基本政治制度，中国特色社会主义法律体系，公有制为主体、多种所有制经济共同发展，按劳分配为主体、多种分配方式并存，社会主义市场经济体制的基本经济制度，以及建立在这些制度基础上的经济体制、政治体制、文化体制、社会体制等各项具体制度。党的十八大以来，以习近平同志为核心的党中央特别重视我们党和国家的制度建设，把制度建设放在更加突出的位置，明确提出要构建系统完备、科学规范、运行有效的制度体系，使得各方面制度更加成熟、更加定型。党的十八届三中全会把完善和发展中国特色社会主义制度确立为全面深化改革的总目标，即完善和发展中国特色社会主义制度，推进国家治理体系和治理能力现代化，确立为全面深化改革的总目标。党的十八届五中全会又强调"十三五"时期要推动各方面制度更加成熟、更加定型。党的十九届四中全会第一次以全会的形式研究中国特色社会主义制度的成熟发展以及国家治理体系和治理能力现代化的问题，提出建党 100 周年的时候各方面制度更加成熟更加定型的基础上，取得明显成效；到 2035 年基本实现国家治理体系和治理能力现代化，到新中国成立 100 周年的时候，全面实现国家治理体系和治理能力现代化，使得中国特色社会主义制度更加巩固、优越性充分展现。

在中国特色社会主义制度体系中，中国特色社会主义法律是其重要的组成部分，是由国家制定认可并由国家强制力保证实施的各种制度的总称。中国特色社会主义各层面的法律制度相互支撑、有机结合，形成了中国特色社会主义法律体系。法律不仅是国家实现持续有序运转的根本保障，也是社会个体融入社会发展、实现成长成才的重要基础。对于高校思想政治工作及其高质量发展而言，其工作开展不仅要遵循高等教育规律、高校思想政治工作规律、高校思想政治工作高质量发展规律和大学生思想道德素质成长规律，还要遵循教育法、高等教育法以及相关的法律规定。随着高校思想政治工作高质量发展实践的深入推进，高校思想政治工作不仅要系统掌握中国特色社会主义法律体系的发展变化，也要全面了解国家关于高校思想政治工作发布的最新文件。当前，高校思想政治工作高质量发展尤其要跟进习近平新时代中国特色社会主义思想的深度学习。同时，也要聚焦高校思想政治工作高质量发展，在机制构建、内容完善、手段创新、师资建设、资源配置等方面出台相应的政策举措。目前高质量发展已经成为高校思想政治工作发展的重要方向，如何培育高质量特色，提高高质量水平，需要完善相应的政策制度。要尽快出台高校思想政治工作高质量发展的五年规划，强化高质量发展绩效评价，建立高校思想政治工作高质量发展年度报告；组建高校思想政治工作高质量发展研究团队，研制与发布高校思想政治工作高质量发展标准；深入探索"政行企校"多方联动的高校思想政治工作高质量发展机制，确保高校思想政治工作高质量发展目标顺利实现；加快高校思想政治工作高质量发展投入政策，为高校思想政治工作高质量发展提供经费保障和支持力度。

八、自然环境

除了上述环境之外，自然环境对于高校思想政治工作高质量发展的影响也是不容低估或者忽视的。作为人类社会发展的基础条件，自然环境不仅是人类诞生的源泉，也是人类演化的保障，在宏观层面上主要包括大气圈、岩石圈、水圈和生物圈。大气圈主要指地球外围的空气层；岩石圈主要指地壳，是由固态无机的岩石所构成；水圈主要指存在于地球表面的海洋、湖泊、河川及冰川等；生物圈主要指存在于地球的各种生物，是由人、动物、植物及各种微生物

第三章 新时代高校思想政治工作高质量发展的环境条件

组成。这四个圈层关联结合、相互影响，形成有机系统，使得自然环境表现为系统化的运作态势。任何一个圈层的运作都会影响到其他圈层运作和整个自然环境稳定，一旦发生或出现圈层结构紊乱和功能失范，其他圈层乃至自然环境都会不同程度地受到影响。

在微观层面上，自然环境主要是指特定时空背景下某个地方的地形地貌、气候水文、地理方位和自然资源等，如表 3.1 所列塞罕坝的自然环境。高校在选择和实施思想政治工作高质量发展过程中，也要紧密关注与合理利用微观层面上的自然环境资源和条件，一方面要正确认识自然环境的客观影响，发现和发掘自然环境中的有利因素，千方百计地利用自然环境的有利条件，不断提高高质量发展的内生动力；另一方面要弱化规避自然环境的不利影响，采取有效举措将不利因素转化为有利条件，切实增强高质量发展的保障力度。从高校思想政治工作高质量发展层面来看，自然环境可以理解为高校外部对于思想政治工作高质量发展具有影响作用的具有自然性质的因素或条件等的有机结合。这些具有自然性质的自然因素可以视为自然资源，主要指高校思想政治工作高质量发展开展所必需的物质环境，例如高校所在地区拥有的森林资源、矿产资源、水资源、土地资源等。具有资源性质的自然条件可以理解为高校所在地区的地形地貌、气候条件等，它们从不同层面影响高校思想政治工作高质量发展。

国内一些高校立足立德树人根本任务，利用地域环境资源，结合办学特色优势，大胆探索思想政治工作高质量发展的新思路新方法新举措，着力培养德智体美劳全面发展的社会主义现代化建设者和接班人。例如河北省承德市 6 所高校毗邻塞罕坝机械农场，这些高校积极利用塞罕坝独特的资源优势开展思想政治工作，通过走出去、引进来等方式，不断创新思想政治工作模式，促进高校思想政治工作高质量发展。

表 3.1 塞罕坝的自然环境

位置境域	塞罕坝位于河北省承德市围场满族蒙古族自治县境内最北部,位于内蒙古高原浑善达克沙地南缘,北、西与内蒙古自治区克什克腾旗和多伦县接壤；南、东分别与河北省御道口牧场和围场县的四个乡相连。地理坐标为东经 116°53′～117°39′，北纬 42°4′～42°36′，总面积约 933.33 平方千米（140 万亩）

(续表)

地形地貌	塞罕坝地处典型的森林—草原交错带和高原 丘陵—曼甸—接坝山地移行地段，既有森林，又有草原；既有河流，又有湖泊；既有山地，又有高原；既有丘陵，又有曼甸。塞罕坝位于内蒙古高原南缘，阴山山脉与大兴安岭余脉交汇处，以丘陵、曼甸为主，海拔1500～1939.6米
土壤	塞罕坝机械林场的土壤类型比较多，有黑土、草甸土、棕壤、褐土、风砂土这五大类，亚类多达15种。土壤母质类型种类也不单一，土壤母质层的主要成分包括花岗岩、石英岩。该地区的土壤中含有丰富的有机质，并且土层很深。御道口牧场地区土壤类型有灰色森林土、草甸土、沼泽土、风沙土4个类型
气候	塞罕坝地区属寒温带大陆季风性气候，常年气温偏低。夏季最高气温一般不超过25℃。其中塞罕坝机械林场年均气温零下1.3℃，年均积雪7个月，年均无霜期64天，年均降水量479毫米
水文	塞罕坝机械林场河流多，且均位于围场满族蒙古族自治县县境内，水浅流急，受雨水补给影响，流量变化大

如表3.2所示，立足塞罕坝地理环境，发挥塞罕坝资源优势，在塞罕坝机械林场几代人的接续努力和持续奋斗过程中，不断培育出"勤俭建场，艰苦创业，科学求实，无私奉献"的塞罕坝精神。2017年8月，习近平总书记对塞罕坝林场建设者的感人事迹作出重要指示，盛赞他们"用实际行动诠释了绿水青山就是金山银山的理念，铸就了牢记使命、艰苦创业、绿色发展的塞罕坝精神"。2021年8月23日，在河北省承德市考察的习近平总书记，首先考察了塞罕坝机械林场，指出塞罕坝精神是中国共产党精神谱系的组成部分，强调要传承好塞罕坝精神，深刻理解和落实生态文明理念，再接再厉、二次创业，在实现第二个百年奋斗目标新征程上再建功立业。近年来，河北民族师范学院等驻承高校认识到塞罕坝精神是塞罕坝机械林场孕育而生的显著精神标识，是鼓励大学生成长成才的强大精神力量，坚持从塞罕坝精神中汲取守正创新力量，通过创排歌舞剧《情系塞罕坝》等，将塞罕坝精神学习好弘扬好传承好，不仅打造了塞罕坝精神的"精神高地"，也让塞罕坝精神焕发出新的时代光芒。

第三章　新时代高校思想政治工作高质量发展的环境条件

表 3.2　塞罕坝的历史沿革

名字意蕴	塞罕坝特指河北省承德市围场满族蒙古族自治县坝上区域，广义包括塞罕坝机械林场、御道口牧场、红山军马场、红松洼自然保护区、乌兰布统自然保护区，分属不同行政系统。塞罕坝位于内蒙古高原的东南缘，地跨蒙古高原的南部边缘，处于阴山山脉东端、大兴安岭山脉南端、燕山山脉西北端汇合处，主要是高原台地。"塞罕"是蒙古语，意为美丽；"坝"是汉语，意为高岭，全名可译为"美丽的高岭"
植被茂密	历史上的塞罕坝是一处水草丰沛、森林茂密、禽兽繁集的地方，在辽、金时期被称作"千里松林"，曾作为皇帝狩猎之所，被誉为"水的源头、云的故乡、花的世界、林的海洋"
退化沙丘	近代以来，随着清王朝历史的推移，因吏治腐败和财政颓废，内忧外患的清政府在清同治二年（1863年）开围放垦，随之森林植被被破坏。抗日战争时期，塞罕坝遭遇日本侵略者的掠夺采伐和连年山火。到解放初期，原始森林已荡然无存，当年"山川秀美、林壑幽深"的太古圣境和"猎士五更行""千骑列云涯"的壮观场面已不复存在。塞罕坝地区退化为高原荒丘，呈现"飞鸟无栖树，黄沙遮天日"的荒凉景象
植树造林	新中国成立之后，塞罕坝地区开始建立国营林场负责荒山、荒地植树造林工作。20世纪50年代，塞罕坝草木不见，黄沙弥漫，风起沙涌，肆虐地扑向北京城。1962年，林业部在塞罕坝机械林场、大唤起林场、阴河林场的基础上组建塞罕坝机械林场总场，塞罕坝定名。从1962年到1982年，塞罕坝人在沙地荒原上造林96万亩，其中机械造林10.5万亩，人工造林85.5万亩。1993年5月，林业部批准，在河北省塞罕坝机械林场的基础上建立塞罕坝国家森林公园。2002年，河北塞罕坝自然保护区是经河北省人民政府批准建立的森林生态系统类型自然保护区。2007年5月，塞罕坝自然保护区通过国务院审定被批准为国家级自然保护区。自2011年开始，塞罕坝林场在土壤贫瘠的石质山地和荒丘沙地上实施攻坚造林
荣誉称号	1993年5月，塞罕坝森林公园被林业部批准为国家级森林公园。2001年，御道口草原风景区被评为国家风景区。2002年，塞罕坝被国家旅游局评定为国家4A级旅游区。2005年，御道口草原风景区被评为国家4A级景区。2007年5月，塞罕坝自然保护区通过国务院审定，被批准为国家级自然保护区。2017年12月5日，联合国环境规划署宣布,中国塞罕坝林场建设者获得2017年联合国环保最高荣誉——地球卫士奖。2021年2月，塞罕坝机械林场获得全国脱贫攻坚楷模荣誉称号

77

第四章　新时代高校思想政治工作高质量发展的机制系统

促进高校思想政治工作高质量发展是习近平总书记关于高等教育发展重要论述中一项具有重大理论意义和实践价值的现代性课题，它以更好地满足人民日益增长的优质高等教育需要、探索中国特色社会主义高等教育发展道路为旨归。高质量发展为高校思想政治工作发展构建了全新的理念论、价值论和动力论，提供了一个适应新时代要求、体现新发展格局的模式选择。这种构建和提供本质上是高校思想政治工作发展战略目标的现代性设计和整体性安排，新发展理念在其中发挥了底蕴性支撑和重要的指导作用。高校思想政治工作高质量发展并非对经济领域高质量发展概念的简单移植，而是着眼于解决高校思想政治工作面临的现实问题，其生成为高校思想政治工作持续发展的动态过程，彰显了高校思想政治工作从量积累转向质提升的发展规律，由此也决定了高校思想政治工作高质量发展研究的复杂性和多维性。也就是说，高校思想政治工作高质量发展研究不能仅仅停留或局限在某个视角，而应该突破单一分析视角的理论限度和研究局限，多维度、多层次地展开探讨。立足新时代高校思想政治工作实际，借鉴系统科学的基本思想和方法原则，探索构建高校思想政治工作高质量发展的机制系统，持续推进高校思想政治工作高质量发展。

第一节　基 本 内 涵

发展质量是高等教育发展的生命线，提高发展质量是高等教育发展的永恒主题。伴随着时代变迁、技术革新和文化更迭[①]，高等教育追求发展质量的脚步从未停止过。可以说，一部高等教育发展史就是高等教育不断探寻和提高

---

① 翟小宁，吴绮迪. 变革与创新：重塑学习新生态[J]. 中国教育学刊，2021（12）：41.

发展质量的历史，始终"贯穿于高等教育从精英化到普及化的各个阶段，具有深刻的内在必然性"[1]。从中世纪大学摆脱教会与世俗势力困扰实施内部质量管理，到20世纪80年代世界范围内高等教育质量保障运动快速兴起，再到21世纪高等教育质量评估深入实践，都充分体现了高等教育对发展质量孜孜不倦的持续追求，生动反映了高等教育发展质量提升的演变规律。在我国，肇始于1999年的高校大规模扩招，使得高等教育发展质量受到了空前关注[2]，并逐渐成为高等教育政策文本、理论研究、学术探讨中广泛使用的高频词。随着高等教育内涵式发展的加快推进，高等教育发展水平的层次表现与经济社会发展的整体走向日趋紧密，对新时代经济社会发展的历史方位转变和战略目标安排的精准把握构成了新时代高等教育改革和发展的时代课题。当前，我国发展已经进入高质量发展阶段，经济、社会、文化、生态等各领域要体现高质量发展的目标要求，其中也不乏教育领域。在这个前提下，逐渐形成涵盖经济、社会、文化、生态、教育高质量发展思想等内容的新理念，为新时代高等教育高质量发展思想出场注入了时代背景和理论渊源。

新时代高等教育高质量发展是高等教育服务国家战略发展、融入经济社会进步、创造民族美好未来的客观需要，也是高等教育践行为国育才、为党育才重要使命的必然选择。作为新时代高等教育高质量发展的重要内容和表现形式，高校思想政治工作高质量发展"既是一个重大理论命题，更是一个重大实践课题，需要从理论与实践的结合上进行深入探讨"[3]。面对高质量发展转向带来的深层次变革以及适应和把握这一时代特征转变的新要求，高校思想政治工作要聚焦立德树人根本任务，把握"新时代新阶段的发展必须贯彻新发展理念，必须是高质量发展"[4]的科学判断，坚持有效解决发展不平衡不充分问题的目标导向，切实构建起高校思想政治工作高质量发展的"方向标识"；扎实推进工作模式改革，不断提高教育质量，更好地满足新时代大学生成长成才新

---

[1] 张大良. 在首届中国城市与高校发展论坛上的致辞[EB/OL].（2020-11-09）[2022-10-20]. https://baijiahao.baidu.com/s?id=1683128772626363 2034&wfr=spider&for=pc.
[2] 王瑞. 论我国大众化高等教育发展质量观[J]. 教育研究，2007（5）：377.
[3] 习近平. 习近平谈治国理政：第三卷[M]. 北京：外文出版社，2020：240.
[4] 习近平. 关于《中共中央关于制定国民经济和社会发展第十四个五年规划和二〇三五年远景目标的建议》的说明[N]. 人民日报，2020-11-04（2）.

需要新期待，切实构建起高校思想政治工作高质量发展的"价值旨趣"；全面增强提供高质量的人力资源保障、基础研究、应用技术研究、技术创新服务、文化传承交流等方面的功能作用，切实构建起高校思想政治工作高质量发展的"功能体系"；充分发挥和挖掘高校内外环境条件、资源要素的优势效能，持续增强高校思想政治工作发展动力，不断推动实现高校思想政治工作规模、结构、质量、效益协调统一，切实构建起高校思想政治工作高质量发展的"实践理路"。这些内容之间紧密关联、相辅相成，在彼此相互支撑、相得益彰、交互共融过程中获得了更为完整的现实意义，勾勒出新时代高校思想政治工作高质量发展的"行动图谱"，确证了新时代高校思想政治工作高质量发展的系统性特质和整体性要求，也形塑成一个具有多维结构、表现特定功能的有机体，即新时代高校思想政治工作高质量发展机制系统。

新时代高校思想政治工作高质量发展机制系统是由高校思想政治工作高质量发展过程各环节、各层面、各要素的相互关系和内在联系组成的统一整体，其内部层面不仅表现为高校思想政治工作高质量发展规划制定、实施、保障、评价等环节紧密相扣，也体现为高校思想政治工作高质量发展目标、主体、内容、方式、手段、模式、机制、途径等层面关联融合，同时它们又与外部环境存在复杂多元的物质循环、能量流动和信息传递，内外环境条件、资源要素同向同行，形成有效合力，催生高校思想政治工作质量提档升级的内在动力和持续改进的生态活力。作为反映新时代高校思想政治工作高质量发展过程特定关系形式的重要范畴和基本观点，高校思想政治工作高质量发展机制系统为我们以整体的分析视野管窥高校思想政治工作高质量发展问题提供了全新的思维启迪，但其作为高校思想政治工作高质量发展实践内蕴的系统性本质表征，它又必然服务于高校思想政治工作高质量发展实践的推进要求。因此，紧扣新时代高校思想政治工作高质量发展实践，是正确理解高校思想政治工作高质量发展机制系统概念本质的精要所在。在新时代高校思想政治工作高质量发展的实践境遇中，高校思想政治工作高质量发展机制系统概念衍生出目标维度、要素维度、结构维度和功能维度等不同层面构成的内涵体系。

新时代高校思想政治工作高质量发展机制系统是一个具有显著育人目标

第四章　新时代高校思想政治工作高质量发展的机制系统

的有机系统。习近平总书记指出，高校的立身之本在于立德树人。推动立德树人教育目标，实现人的全面发展是高校思想政治工作的实质价值，脱离、游离或低估这个实质价值，高校思想政治工作价值将无法得到真正体现和提升。[①]高校思想政治工作既立足于立德树人根本任务所实现的目标要求，又面临各方面物能条件、信息资源等供给有限的现实问题。实践表明，没有充足的条件支撑和资源保障，高校立德树人根本任务的推进落实必然止步不前，人的有效培养与全面发展会受到多重制约，高校思想政治工作价值也会出现弱化。高校思想政治工作高质量发展机制系统通过优化整合高校思想政治工作内外环境条件、资源要素，充分发挥和挖掘诸条件、要素的优势作用，持续强固多元稳定的条件支撑和丰富有效的要素保障，不断深化对人的高质量培养与全面发展的理性认知，凝聚各方思想共识和实践力量，全面提高人才培养能力，逐渐实现"对先前阶段的超越，它唤醒了高速发展之下人们对于教育本真透视的自觉"[②]，将高校思想政治工作目标聚焦于立德树人质量本身，回归到促进人的全面发展的价值选择和目标指向上，持续提升高校思想政治工作质量。

新时代高校思想政治工作高质量发展机制系统是一个具有多元构成要素的有机系统。高等教育与其高质量发展所依赖的外部环境存在相互影响、相互作用的内在关系，彼此之间循环往复的物能流动和信息传递，有效地将高校思想政治工作内外环境条件、资源要素等联结统一起来，促使高校思想政治工作高质量发展机制系统具有稳定的结构体系和完整的功能表现。作为高校思想政治工作高质量发展机制系统的组成要素，各种环境条件、资源要素并非随意组合和任意搭配，而是具有特定的排列、组合和结合方式。各条件、要素之间能否形成合理稳定的关系结构，是否与高校思想政治工作高质量发展目标相适应，是制约高校思想政治工作高质量发展机制系统正常运转的重要因素。在高校思想政治工作高质量发展机制系统运作过程中，人们往往过多注意构成要素的数量、规模、类型等，忽视要素之间的科学排列、有序组合和最优结合。事

---

① 王智超，朱太龙. 高等教育高质量发展的价值逻辑探寻[J]. 中国电化教育，2021（9）：3.
② 陈亮，杨娟. 新时代高等教育高质量发展的逻辑构架与实践路径[J]. 中国电化教育，2021（9）：10.

实上，高校思想政治工作能够根据高质量发展实际设计合理的要素关系，实现最佳配置和优势互补，从根本上保证高校思想政治工作高质量发展机制系统持续运作。高校思想政治工作高质量发展机制系统既不是单纯某个构成要素的高质量，也不是各构成要素高质量的简单相加，而是各组成要素"在各自合理定位及分工的基础上实现最优化发展和质量最大化，进而实现整个系统对内外价值功能的最优化最大化"[①]。

新时代高校思想政治工作高质量发展机制系统是一个具有稳定结构体系的有机系统。结构是维持系统稳定发展的关键。准确把握系统的运作特点和规律，不能单纯依靠构成要素的分析，还必须借助结构关系的梳理。从高校思想政治工作高质量发展实践过程来看，各种构成要素并不是高校思想政治工作高质量发展机制系统形成的逻辑缘由，而是构成要素之间在目标、价值、运行、结合等方面相互结合、有机互动所导出的结果表征。也就是说，高校思想政治工作高质量发展机制系统的"秘密不在于单个元素或要素，而在于不同元素或要素之间的结构关系"[②]。高校思想政治工作对"高质量全面发展、充分发展和长远发展"[③]的目标探求，使得构成要素实现了时空范围的有机结合，并在彼此错综复杂的非线性相互作用关系中，构建起高校思想政治工作高质量发展机制系统的结构体系。结构体系主要由内部结构和外部结构共同组成，前者主要指高校思想政治工作拥有的高质量层次结构、区域结构、学科结构、专业结构、师资结构等交错结合形成的关系形式；后者主要体现在高校思想政治工作高质量发展与经济环境、政治环境、科技环境、教育环境、文化环境和自然环境等外部环境之间关联耦合形成的关系形式。内外结构相互联系、相互作用，共同塑造高校思想政治工作高质量发展机制系统的结构形态，有效奠定了高校思想政治工作高质量机制系统正常运转的坚实基础。

新时代高校思想政治工作高质量发展机制系统是一个具有完整功能表现的有机系统。功能是系统的本质属性，其释放与表现除了取决于系统结构之外，

---

① 刘振天. 把握高质量高等教育体系的本质特征[J]. 大学教育科学，2021（6）：5.
② 李枭鹰. 系统科学视野中的高等教育强国[J]. 复旦教育论坛，2008（6）：24.
③ 张晋，王嘉毅. 高等教育高质量发展的时代内涵与实践路径[J]. 中国高教研究，2021（9）：26.

还有赖于与外部环境的适应性互动,因此也被理解为系统的外在规定性。[①]深刻认识和把握外部规定性,应该将高校思想政治工作高质量发展的功能价值置于国家发展和社会进步的宏大背景中加以分析。只有立足党和国家事业发展实际需要,才能真正找到高校思想政治工作高质量发展机制系统的功能之源和意义所在。在"百年未有之大变局"、全面开启第二个百年奋斗目标的时代背景下,构建和优化高校思想政治工作高质量发展机制系统,有助于发挥其服务"双循环"新发展格局、增强创新发展新动能、推进高等教育强国战略、满足高质量高等教育需求、培育大学特色和竞争优势等方面的作用,对新时代高校思想政治工作发展方向予以明确和定向,以强固的高校思想政治工作高质量发展价值持续助推中华民族伟大复兴中国梦的实现。由于高校思想政治工作高质量发展机制系统所彰显的作用和意义始终与国家富强、民族振兴、人民幸福密切相关和紧紧相连,其构建具有紧迫性和重要性。因此,要全面提升高校思想政治工作高质量人才培养、知识生产、科学研究、文化创新水平,不断实现其与经济、政治、文化等社会环境之间的功能耦合,进而更好地肩负起党和人民交给的重要使命任务。

第二节 主 要 特 征

随着高校思想政治工作高质量发展的持续演进,高校思想政治工作高质量发展机制系统不断受到外部环境多重影响以及系统内部构成要素关系的互动作用,其运作过程呈现出方向主导性、实践生成性、示范引领性、协同演替性等特征。这些特征交织叠加、相互催化,不断彰显高校思想政治工作高质量发展机制系统运作演化的本质规律。

一、方向主导性

高校思想政治工作高质量发展是高等教育基于"培养什么人、怎样培养人、为谁培养人"这个根本问题进行发展理念、发展模式、发展理路的整体设计和

---

① 李枭鹰. 系统科学视野中的高等教育强国[J]. 复旦教育论坛,2008(6):25.

战略谋划，其实践和推进过程生成的有机系统具有明确的方向性——社会主义办学方向。实现高校思想政治工作高质量发展机制系统正常有序运作，依赖于高校思想政治工作对社会主义办学方向所明确的根本任务、根本要求、根本特征、根本依靠等方面内容的有效把握。具体而言，高校思想政治工作高质量发展要坚决落实培养德智体美劳全面发展的社会主义建设者和接班人的根本任务；认真遵循为人民服务、为中国共产党治国理政服务、为巩固和发展中国特色社会主义制度服务、为改革开放和社会主义现代化建设服务的"四个服务"根本要求；全面体现坚持社会主义意识形态的根本特征；切实加强师资队伍建设的根本依靠。[①]坚持社会主义办学方向，最重要的就是必须坚持党的领导。只有坚持党对高校思想政治工作高质量发展的根本领导，才能够切实保证高校思想政治工作高质量发展的正确方向。可以说，高校思想政治工作高质量发展的持续推进和高校思想政治工作高质量发展机制系统的高效运转，在根本上应归因于党的正确领导和社会主义办学方向的正确指引。因此，党的领导和社会主义办学方向在高校思想政治工作高质量发展机制系统运作过程中发挥精准定向作用，直接关系到高校思想政治工作高质量发展机制系统的运作方向、运作状态和运作成效，是高校思想政治工作高质量发展机制系统得以持续健康演化的根因所在。坚持党的领导，坚持社会主义办学方向与其说是高校思想政治工作高质量发展机制系统的根本性方向标识，不如说是对高校思想政治工作高质量发展机制系统最本质特征和最大优势的高度概括。

二、实践生成性

聚焦高校思想政治工作高质量发展主题，构建高校思想政治工作高质量发展机制系统，有助于推动高校思想政治工作内部环境与外部环境合理衔接、有机互动，这种衔接和互动不仅深化了对高校思想政治工作高质量发展生态规律的认知理解，更为重要的是拓展了高校思想政治工作高质量发展的生态空间，增强了高校思想政治工作高质量发展的动能支撑，提升了高校思想政治工作高

---

① 教育部课题组. 深入学习习近平关于教育的重要论述[M]. 北京：人民出版社，2019：72-79.

质量发展的整体水平。同时，也会促进高校思想政治工作高质量发展机制系统"由成熟定型走向完善巩固"[①]，进而走向制度性、常态化建设。可见，高校思想政治工作高质量发展机制系统并非脱离高校思想政治工作高质量发展实际凭空构想或随意构建的一个功能体，而是蕴生于高校思想政治工作高质量发展实践的"逻辑后承"，是系统科学理论视域下高校思想政治工作高质量发展机制系统化运作本质特性的集中彰显，它从结构和功能双重维度表现了高校思想政治工作高质量发展环境条件、资源要素以及相互之间关系的整体性、协同性和交互性特征。也就是说，通过把握高校思想政治工作内外环境的关联协同和双向互动关系，有助于准确认识高校思想政治工作高质量发展机制系统从构建确立到优化完善再到常态演进的动态过程及其规律。根据这种透视高校思想政治工作高质量发展实践过程的理解方式，就会突破仅仅对高校思想政治工作高质量发展机制系统进行概念层面描述界定的局限，采用实践生成的思维方式来全面把握高校思想政治工作高质量发展机制系统的演变过程，不断探索高校思想政治工作高质量发展机制系统的构建原则和优化策略，以求结构更加完善、功能更加健全的高校思想政治工作高质量发展机制系统发挥辐射带动作用。

三、示范引领性

随着高校思想政治工作高质量发展的深入推进，高校思想政治工作高质量发展机制系统的功能作用日益呈现新特点，这种新特点表现为高质量发展机制系统成为推动高校与经济社会关系有机融合的关键载体或中介力量。在深层次上，新特点实际指向了高校思想政治工作高质量发展与经济社会发展之间双向互动关系、彼此耦合机理的演变趋势。一方面，经济社会对于高校思想政治工作高质量发展的关注度、支持度以及依附度逐渐增大，向高校思想政治工作高质量发展机制系统提出具体的目标要求、提供必要的物能保障和充分的信息支持，切实保障了高校思想政治工作高质量发展机制系统的平稳有序运转；另一方面，高校思想政治工作面对新时代经济社会发展新要求新挑战，通过实施高

---

① 马陆亭. 新时代高等教育的结构体系[J]. 中国高教研究, 2021（9）: 24.

质量发展予以正确回应和根本求解。高校思想政治工作通过高质量的人才培养、知识生产、学科建设、科学研究、文化成果等价值表征的现实交汇，构筑起高校思想政治工作高质量发展机制系统的功能图景。正是在有效供给人才资源的过程中，高校思想政治工作高质量发展机制系统不断发挥引领经济发展、促进社会进步的作用。因此，合理构建和及时优化高校思想政治工作高质量发展机制系统，使得"高等教育对于经济社会的地位与价值发生了质的变化和跃迁，从以往处于经济社会的边缘到走进经济社会的中心，从过去的适应社会发展转移到引领社会发展和进步"[①]。此外，高校思想政治工作高质量发展机制系统的目标导向及其蕴含理念、内容、方法、手段、举措等方面的综合协同创新，也会激发资源要素活力，挖掘环境条件潜力，引导各类要素、条件在整个教育领域思想政治工作体系内实现最优化配置，这无疑会促进教育领域思想政治工作"规模、影响力、覆盖面的扩大，实现其效果的提升和质量的提高，从而超越以往的发展水平"[②]，带动教育领域思想政治工作体系转型升级，引领思想政治工作高质量发展。

四、协同演替性

在与社会环境建立广泛深入、高效稳定的互动机理的前提下，高校思想政治工作高质量发展机制系统获得了社会环境的全面支持，发挥了示范引领的强大功能，展现了持续演化的发展规律。在这一动态过程中，高校思想政治工作高质量发展机制系统作为体现高校思想政治工作高质量发展实践性本质和整体性逻辑的有机体，促使高校思想政治工作高质量发展所依附要素、条件之间的排列次序、组合方式、结合模式等发生变革重组，更有针对性地回应和解决高校思想政治工作面临的实际问题。开放是系统稳定和良序发展的基础，也是系统实现知识创新、制度创新和模式创新的活力源泉[③]。尽管高校思想政治工作高质量发展机制系统从构建运行到制度性建设需要经过长时期的实践积累和稳步推进，但由于其本质上是对高校思想政治工作理念、目标、内容、方法、

---

① 刘振天. 把握高质量高等教育体系的本质特征[J]. 大学教育科学，2021（6）：5.
② 刘建军，邱安琪. 论新时代思想政治教育的高质量发展[J]. 思想理论教育，2021（4）：51.
③ 刘振天. 把握高质量高等教育体系的本质特征[J].大学教育科学，2021（6）：6.

手段、制度进行立体式的改造升级与全面性的协调整合，充分体现高校思想政治工作主动适应经济社会高质量发展需求、不断探索高质量发展模式的价值取向，因而它的基本着眼点或落脚点必然是面向社会环境开放，适应社会环境变化。这就决定了高校思想政治工作高质量发展机制系统能够以开放的姿态精准把握社会环境变化脉搏，合理选择高质量发展的目标方向、机制手段和路径举措，不断实现与社会环境发展的协同演进。此外，在高等教育国际化、全球化发展的意义上，通过学习借鉴世界各国有益做法、总结推广中国特色模式经验，也会建构起范围更大、联系更广、影响更深的结构空间和功能格局，有助于提升我国高校思想政治工作高质量发展水平。

第三节 构建途径

高质量发展无疑是新时代高校思想政治工作最显著的特征标志之一，其推进过程的整体性和持续性要求，揭示了高校思想政治工作高质量发展机制系统的运作本质，它所探究的实践举措也为高校思想政治工作高质量发展机制系统构建提供了参考依据。然而，构建高校思想政治工作高质量发展机制系统并不在于单纯分解高质量发展过程，而在于协调优化高质量发展所涉及的环境条件、资源要素、流程环节之间的内在关系，使其形成稳定的结构体系，表现特定的功能作用。因此，只有深入探讨高校思想政治工作高质量发展机制系统的形成基础，才能切中高校思想政治工作高质量发展机制系统的构建要害。根据高校思想政治工作高质量发展实际，可以采取培树正确理念、凝聚多方合力、把握基本原则、强化过程管理、突出理论研究等途径，来推动高校思想政治工作高质量发展机制系统建设。

一、培树正确理念

立足于新时代高校思想政治工作改革发展面临的新形势新任务以及人民对优质高校思想政治工作需求的新增长新特点，高校思想政治工作选择了高质量发展战略的安排部署，逐渐形成了新的发展理念和实践认知，不断丰富了高校思想政治工作内涵式发展路径。习近平总书记指出，理念是行动的先导，一定的发展实践都是由一定的发展理念来引领的。发展理念是否对头，从根本上决定着发展成效乃至成败。①构建高校思想政治工作高质量发展机制系统，首先要培树正确理念，坚持以创新、协调、绿色、开放、共享的发展理念为引领，突出五个更加注重，不断凝聚共识。一是更加注重高校思想政治工作发展目标、机制、模式、方式、举措、制度等方面的综合创新，让创新成为高校思想政治工作高质量发展机制系统的第一动力。二是更加注重高校思想政治工作发展环境条件、要素、力量的有机结合；政府、高校、社会和行业企业的多方联动；高校思想政治工作高质量人才培养、科学研究、社会服务、文化创新的融通并举；高校思想政治工作高质量发展计划、组织、实施、评价的有效协同，让协调成为高校思想政治工作高质量发展机制系统的行动自觉。三是更加注重可持续理念在高校思想政治工作高质量发展过程各领域、各环节和各内容的广泛渗透，节约高效利用高校思想政治工作高质量发展资源，让绿色成为高校思想政治工作高质量发展机制系统的鲜明底色。四是更加注重高校思想政治工作高质量发展机制系统的开放交流，推动系统内外环境协调联动、内外资源综合利用，促进系统结构优化和功能升级，让开放成为高校思想政治工作高质量发展机制系统的应有样态。五是更加注重高校思想政治工作高质量发展成果的共建共享，充分调动和激发各方的积极性、主动性、创造性，切实提高系统运作成效，扩大成效辐射范围，让共享成为高校思想政治工作高质量发展机制系统的价值指向。这五大发展理念相互融通、相互促进，是具有内在联系的集合体，要统一贯彻，不能顾此失彼，也不能相互替代。②任何一个发展理念贯彻不到位，都会影响高校思想政治工作高质量发展机制系统的正常有序构建。因此，要提升贯彻发展理念的能力，不断开拓高校思想政治工作高质量发展机制系统构建新格局。

二、凝聚多方合力

构建高校思想政治工作高质量发展机制系统，有助于加速推进高校思想政

---

① 习近平. 习近平谈治国理政：第二卷[M]. 北京：外文出版社，2017：197.
② 习近平. 习近平谈治国理政：第二卷[M]. 北京：外文出版社，2017：200.

第四章　新时代高校思想政治工作高质量发展的机制系统

治工作高质量发展，其实质是高校思想政治工作高质量发展环境条件、资源要素等聚合方式和互动机理的优化重构，为政府、高校、社会、行业企业等主体的关联结合提供全新的模式选择。这些主体基于共同的目标愿景和价值导向，会"形成一种追求群体共同目标共同发力的正向效应"[①]，从根本上支撑和推动高校思想政治工作高质量发展机制系统构建实践的开展。然而，不同的主体具有不同的利益诉求，一方面塑造了高校思想政治工作高质量发展机制系统构建主体的多元化特征，另一方面也使得高校思想政治工作高质量发展机制系统构建面临利益诉求多样交织、叠加并存的现实问题。如果不采取有针对性的举措予以协调解决，必然会影响主体聚合性力量的正常形成和充分发挥，制约高校思想政治工作高质量发展机制系统建构路向的合理确定和有序推进。

高校思想政治工作高质量发展机制系统建构还是一项复杂的综合性工程，牵扯范围广、涉及领域多、持续时间长，其有效推进必须坚持党的领导。只有依靠党的领导这个最大政治优势，才能广聚各方力量，形成最大合力，真正构建起适应经济社会发展要求和现代化经济体系转型升级需求的高校思想政治工作高质量发展机制系统，进而持续深化高校思想政治工作改革创新，提高高校思想政治工作质量，满足人民群众不断提高的高校思想政治工作期盼，推动高校思想政治工作改革成果更多更公平地惠及全体人民。坚持党的领导，发挥党总揽全局、协调各方的领导核心作用，可以重点做好四方面工作。一是提高思想认识，全面把握思想政治工作高质量发展机制系统构建的历史方位、时代背景和重要作用，将思想政治工作高质量发展机制系统构建纳入党委工作总体布局；二是聚焦目标方向，牢牢抓住制约思想政治工作高质量发展机制系统构建的重点难点问题，建立党委统一领导、党政齐抓共管、各方协同配合的工作格局，推动形成全社会密切关注、高校认真落实、行业企业积极支持、广大师生热情参与的良好氛围；三是强化政策支持，坚持把深植实践和政策创新结合起来，加快建立思想政治工作高质量发展制度体系、政策体系，为思想政治工作高质量发展机制系统构建提供完善的制度保障和政策支持；四是树立全周期

---

① 陈亮，杨娟. 新时代高等教育高质量发展的逻辑构架与实践路径[J]. 中国电化教育，2021（9）：14.

管理意识,加快推动思想政治工作高质量发展治理体系和治理能力现代化,着力防范和有效应对思想政治工作高质量发展各类风险挑战,不断提高思想政治工作高质量发展机制系统的发展能力。

三、把握基本原则

构建高校思想政治工作高质量发展机制系统内嵌于高校思想政治工作对高质量发展战略目标的价值追求中,蕴含超越以往发展水平趋向更高质量效果的价值旨趣,在推进中对多元主体之间的协同融合关系具有明显要求。实现不同主体之间形成广泛的价值共识和统一的行动自觉,确保高校思想政治工作高质量发展机制系统构建平稳有序推进,至少要把握好六个基本原则。一是适应性。高校思想政治工作高质量发展机制系统是高校思想政治工作适应经济社会高质量发展的结果表征,其构建要从党和国家事业全局出发,着眼于全面建设社会主义现代化强国、顺应高校思想政治工作高质量发展新时代要求,促进高校思想政治工作开展与经济社会发展有机契合。二是时代性。高质量发展机制系统体现新时代高校思想政治工作高质量发展的实践特征,具有高校思想政治工作改革发展的时代烙印。只有同时代休戚与共、紧密依存,高校思想政治工作高质量发展机制系统才能更好地把握时代脉搏,承担时代使命,适应时代要求。三是人本性。高校思想政治工作高质量发展机制系统是以人为中心的系统,把人作为高质量发展的认识主体、实践主体和价值主体,始终关注人的生命质量提高、生命价值提升,因而其构建也要突出人的全面发展,满足人的全面发展需求。四是规律性。高校思想政治工作发展"是一个螺旋式上升的过程,上升不是线性的,量积累到一定阶段,必须转向质的提升"[①],走向高质量发展。高校思想政治工作高质量发展越深入,其关联的要素及其关系越复杂,发展系统构建越紧迫,越需要遵循高校思想政治工作高质量发展规律和人的成长成才规律。五是有序性。内部结构是维系高校思想政治工作高质量发展机制系统平稳运行和持续发展的物质基础,也是影响高校思想政治工作规模、质量和效益协调性的关键因素。系统构建过程既要注重高校思想政治工作形式、内容、手

---

① 习近平. 习近平谈治国理政:第三卷[M]. 北京:外文出版社,2020:238.

段、方法等方面的结构优化，也要强调与外部经济、社会、科技、文化等环境的关系协调。通过增强内外关系结构的合理性和有序性，提升高校思想政治工作高质量发展机制系统的稳定性和整体性。六是动态性。高校思想政治工作高质量发展机制系统不是孤立存在、自成一体的封闭系统，其发展演化离不开外部环境的物能支持和信息保障。彼此之间物能交换的量度、质度和效度复杂多变，要求它必须相机调整内部结构，适时完善功能机理，主动适应外部变化，有效推动环境发展。因此，系统构建也要在不断适应和推动环境发展的动态过程中加以实现。既以每个原则的要求把准高校思想政治工作高质量发展机制系统构建的关注点，又统筹这六个基本原则相互作用、相互促进，发挥其整体效应和导引功能，形成新时代高校思想政治工作高质量发展机制系统构建的基本遵循。

四、强化过程管理

在高校思想政治工作高质量发展机制系统的构建视野中，构建实践的推进及其产生的目标理想、行动过程和结果表征等，总是展开于系统与外部环境之间全面开放与广泛互动的关系框架中。在复杂多变的环境条件下，高校思想政治工作高质量发展机制系统不断保持自身有序稳定，并通过内部结构调整和功能机制优化逐渐实现价值性的释放与提升，在总体上表现为系统构建与环境变化相互影响、相互作用、相互推进的动态过程。因此，必须要提升视野范围、强化整体思维、增强系统观念，从高校思想政治工作内部和外部环境相关联、结构和功能相结合、高质量发展和持续演化相贯通的宽广视角，对高校思想政治工作高质量发展机制系统构建规划、管控、评价等重大理论和实践问题进行思考和把握，做到合理制定构建规划、有效开展构建管理、全面实施构建评价，切实推动系统构建的任务落地见效、过程稳步推进、目标顺利实现，不断开创高校思想政治工作高质量发展机制系统构建新格局。制定构建规划是一个系统工程，构建思想、构建目标、构建主体、构建内容、构建方法、构建举措有机结合、彼此支撑，共同组成规划体系，不能只关注一个或几个方面，必须统筹考虑，并根据高校思想政治工作高质量发展形势，集思广益，科学合理编制。

构建规划是高校思想政治工作高质量发展机制系统构建实践的行动指南，其生命力和价值意义在于实施，构建规划实施越到位，构建实践越有效。然而，高校思想政治工作高质量发展机制系统构建实践会面临系统内外各种不确定性因素和诸多矛盾风险挑战的交织影响，更多表现为"非程序化"的动态过程。要赢得优势、赢得主动、赢得未来[①]，必须不断增强矛盾化解能力、风险预判能力、挑战应对能力，不断增强高校思想政治工作高质量发展能力，加快推进高校思想政治工作高质量发展机制系统构建步伐。除了注重制定规划、管控过程之外，高校思想政治工作高质量发展机制系统构建还要建立成效评价制度，建立以构建投入、过程、绩效为导向的评价体系，正确评价构建成效的教育价值、人本价值、社会价值、文化价值。同时，强化评价反馈和整改，促使反馈目标导向和整改问题聚焦相互衔接，形成以评促建、以评促改新模式，不断提升高校思想政治工作高质量发展机制系统构建水平。

五、突出理论研究

动态演化是高校思想政治工作高质量发展机制系统的显著特征，其构建、运作和演化过程必然伴随着新情况、新问题的大量涌现，往往需要运用新思想、新观点、新方法来应对和解决。根植高校思想政治工作高质量发展实际，开展专门理论研究，提出具有针对性、指导性、创新性的思想观点和方法原则就尤为迫切和重要。理论研究的思维起点决定理论探索的结果表征。理论探索从来都是起源于现实问题。高校思想政治工作高质量发展机制系统研究可以从系统要素配置、结构优化、功能提升、环境协调等重点领域、关键环节面临的主要问题入手，分析其产生缘由，提出解决思路，研判发展趋势，揭示演化规律，为选择各项构建举措、制订各项优化方案、推进各项工作任务提供有益借鉴和科学指导。从某种意义上说，高校思想政治工作高质量发展机制系统的研究过程就是不断发现问题、分析问题，进而解决问题、回应问题的过程。构建高校思想政治工作高质量发展机制系统，不是简单延续以往高校思想政治工作发展的路径，不是简单套用我国经济社会高质量发展的做法，不是对高校思想政治

---

① 习近平. 习近平谈治国理政：第三卷[M]. 北京：外文出版社，2020：74.

第四章　新时代高校思想政治工作高质量发展的机制系统

工作高质量发展过程的"修辞粉饰",也不是对高校思想政治工作高质量发展模式的"美化包装",不能够盲目沿用老思路、老办法、老经验。因此,除了坚持问题导向、聚焦现实问题之外,还要以新时代高校思想政治工作高质量发展为中心,从高校思想政治工作高质量发展机制系统生成运转的实践中认真提炼高校思想政治工作高质量发展模式、发展特色、发展优势和发展经验,分析研究高校思想政治工作高质量发展机制系统内外环境互动机理,阐释探讨高校思想政治工作高质量发展机制系统构建新理念新举措、新战略,总结符合高校思想政治工作高质量发展机制系统运作实际的新理论,概括符合新时代高校思想政治工作高质量发展机制系统演化规律的新实践。这些方面都是高校思想政治工作高质量发展机制系统研究的着力点、着重点。同时也要针对不同时期、不同阶段高校思想政治工作高质量发展机制系统运作演化的不同内容、不同特点,设计不同的研究内容和方案,聚焦不同层面问题的合理解决,提出有针对性、合理化的对策建议,不断促进高校思想政治工作高质量发展机制系统优化升级。

第五章　新时代高校思想政治工作高质量发展的动力模式

新时代高校思想政治工作高质量发展涉及诸多内外环境条件和资源要素，各种条件要素关联结合，使得新时代高校思想政治工作高质量发展体现出显著育人目标、多元构成要素、稳定结构体系、完整功能表现等特征，由此推动和形成了高校思想政治工作高质量发展的机制系统。随着高校思想政治工作高质量发展的持续深入，依托高校思想政治工作高质量发展系统，协调促进多方联动模式、生态引导模式、协同融合模式、实践转向模式等，着力构建高校思想政治工作高质量发展的动力模型，不断增强高校思想政治工作高质量发展的动力支持。多方联动模式突出强调高校、政府、行业和企业之间的四方联动，合力推动高校思想政治工作高质量发展，全面提高高校思想政治工作高质量发展水平。生态引导模式突出强调整合高校思想政治教育生态要素及相互间关系，优化高校思想政治工作内外生态环境，保证高校思想政治工作过程物质循环、能量流动和信息传递的正常有效运转，促进高校思想政治工作高质量发展。协同融合模式突出强调高校思想政治教育与创新创业教育的深度融合，增强二者之间关联结合、协调互动的关系态势，不断为新时代高校思想政治工作高质量发展提供动力支持。实践转向模式突出强调高校思想政治工作高质量发展过程中思政课实践教学方式的转变，发挥思政课实践教学的育人作用，持续增强高校思想政治工作高质量发展的内生动力。

第一节　多方联动模式

一、意义和作用

目前，我国高等教育进入了快速发展的历史阶段，持续增强高校办学活力

第五章　新时代高校思想政治工作高质量发展的动力模式

的重要性日渐突出，越来越多的高校通过有效利用政府、行业、企业等社会力量，构建"政行企校"四方联动办学机制，取得了显著的办学育人成效。"政行企校"四方联动合作育人机制构建是高校根据外部环境和内部条件实际，适应经济社会发展和产业结构转型升级需要，以提高人才培养质量为根本目的，优化办学体制机制，增强办学功能活力的组织行为。深入探讨"政行企校"四方联动合作育人机制，有助于提高人才培养质量，提升高校办学水平，推动高校内涵建设和创新发展。同样，"政行企校"四方联动合作育人机制对于推动高校思想政治工作高质量发展也具有重要作用。

1. 创新高校思想政治工作高质量发展模式

模式通常被理解为样式或范式，是一种具有理论性的简化结构和可操作性的知识系统。办学模式是高校办学活动系统中各要素最优化配置的设计思路和框架，对于高校办学活动具有规范化意义和结构式引导作用。在实践中，高校办学模式具有广义和狭义之分。广义上主要指国家或某个地区选择确立的高等教育组织领导体系、管理治理结构等；狭义上主要指高校根据地方经济发展和人才培养实际建立的人才培养格式或规范。由于地方经济发展和人才培养实际始终处于动变状态，因而高校办学模式应具有明显的时代特征，更多地表现为随着现代高等教育观念更新、改革实践深化不断作出新的改造和构建。可见，不断向多样化方向发展是高校办学模式的内在本质。①

目前，我国高等教育的主流办学模式是校企合作办学模式。围绕如何更好地构建校企合作办学模式，多数高校积极探索新方法新路径，形成了各具特色的校企合作办学模式。特别是国家"985""211""双一流"高校，大力推进校企合作办学模式改革，积极发挥示范带动引领作用。事实上，校企合作办学模式也有助于创新高校思想政治工作高质量发展模式，促进高校思想政治工作高质量发展实践，提升高校思想政治工作高质量发展水平。从整体来看，现有的高校思想政治工作高质量发展模式还没有充分发挥"政行企校"四方联动合作育人作用，"政行企校"各方在思想政治工作高质量发展资源供给、优势互补、合力营造等方面尚未形成常态化态势，难免会影响到高校思想政治工作高质量

---

① 蔡福洪，陈年友. 高等职业教育名词研究[M]. 北京：高等教育出版社，2012：18-19.

发展水平提升和效应发挥。因此，构建"政行企校"四方联动合作育人机制对于创新高校思想政治工作高质量发展模式具有重要的意义和作用。

2. 增强高校思想政治工作高质量发展活力

办学活力是高校办学实践过程中形成和体现的能力。办学活力与办学实践之间相互影响、相互促进。办学活力生成于办学实践过程，又在很大程度上影响办学实践。高校办学实践涵盖专业建设、课程建设、人才培养模式建设、师资队伍建设、实习实训基地建设和社会服务能力建设等内容。因此，高校办学活力也应该是一个能力体系。高校办学实践各方面能力的合力水平，共同决定和影响高校办学活力的整体水平。目前，我国高等教育正处于深化内涵建设、全面质量提升的发展阶段，尽管享有比以往任何时期更多的发展机遇，但也面临更为复杂的发展挑战，例如精神失落、思想泛滥、观念陈旧、制度僵化、形象扭曲、使命钝化、文化缺失、目标偏移等。[①]这些问题归根结底是高校办学活力不足的集中体现。如何增强办学活力、实现持续健康发展始终备受高校的普遍关注。

作为高校办学活力的微观体现，高校思想政治工作也表现一定的发展活力，这种活力更多反映在高校思想政治工作质量和水平上。从这个意义上来看，选择和实施高质量发展无疑是提升高校思想政治工作发展活力的必由之路和内在选择。目前，很多高校在推进思想政治工作高质量发展过程中，一方面加强发展机制建设，另一方面也充分吸收行业企业、博物馆、文化馆、劳动模范等力量参与思想政治工作，不断取得思想政治工作高质量发展新成绩。为了更好地推进"政行企校"四方联动合作育人，实现高校思想政治工作高质量发展，应该依托高校建立的紧密型校企合作办学体制机制，强化校企双方在思想政治工作高质量发展方面的深度合作，不断增强高校思想政治工作高质量发展活力。

3. 提高高校思想政治工作高质量发展水平

人才培养是高等教育的根本任务，也是高校办学育人的基本目标。人才培养质量直接体现和反映高校办学质量。没有一流优质的人才培养质量作基础，很难实现高等教育质量整体提升，高校办学质量也将失去保障。在人才培养过

---

① 贺祖斌. 高等教育生态论[M]. 桂林：广西师范大学出版社，2006：5.

程中，培养学生的思想品质、道德素质等尤为关键和重要。选择和实施思想政治工作高质量发展，其目的就是更好地提高高校立德树人水平，不断为社会主义现代化建设培养德智体美劳全面发展的建设者和接班人。随着我国经济社会的不断发展和实体经济的迅猛崛起，用人单位越来越关注高校毕业生的操作能力、实践能力和创新能力。这方面可以通过近年来一些高职院校毕业生就业率和薪资持续上升，并且有的专业超过了本科毕业生就业率得到充分印证。在此背景下，工学结合人才培养模式不断引起本科高校的普遍关注，一些地方高校开始推进应用型大学转型，突出强调学生的实践能力、创新能力等。这就为高校采取多方联动的育人方式来实现思想政治工作高质量发展提供了重要基础和保障。

党中央始终重视高校思想政治工作，出台相关政策举措，着力推动高校思想政治工作创新发展，切实取得显著成效。特别是党的十八大以来，习近平总书记围绕高校思想政治工作发展提出了一系列新理念新思想新观点新论断，为新时代高校思想政治工作高质量发展提供了根本遵循。近年来，尽管高校思想政治工作取得了显著成绩，然而距离高质量发展的目标要求还存在一定差距，仍然面临高质量发展意识不强、高质量发展动力不足、高质量发展成效不显等问题。这些问题的存在有着多方面的原因，其主要原因在于高校对于思想政治工作高质量发展的主体责任认识不到位，没有真正将思想政治工作高质量发展摆在应有的战略高度。在此背景下，高校不仅要充分发挥自身办学育人、立德树人的主体力量，还应该有效借助政府、行业、企业等力量，构建高校思想政治工作高质量发展的多方联动机制。通过多方联动育人机制，在宏观层面上实现高校人才培养规格、目标、要求等，与经济社会发展、产业结构转型升级的有效对接；在中观层面推进高校与政府、行业、企业等的合作办学、合作育人、合作就业和合作发展；在微观层面实现思想政治内容与人才标准对接、思想政治教育与专业学习对接、思想政治教育过程与学生成长成才过程对接，不断提高思想政治工作高质量发展水平。

4. 提升高校思想政治工作高质量发展特色

高校在长期办学实践中会逐渐形成有别于其他高校的办学优势和育人特

点，即办学特色。作为高校办学育人的品牌表现，办学特色主要体现在办学模式特色、人才培养模式特色、教学模式特色、管理模式特色、校园文化特色等诸多方面。办学模式特色是高校办学特色的前提和关键，没有办学模式特色的培育和构建，高校很难形成长期有效的办学特色。同时，也会影响到高校人才培养模式、教学模式、管理模式等方面特色的培树和提高。高校人才培养模式、教学模式、管理模式等方面特色的形成发展，反过来会促进高校办学模式特色乃至办学特色的提升发展。当下，校企合作是高校办学模式的主要特色，尽管不同高校之间在校企合作机制、校企合作方式、校企合作途径、校企合作手段等方面存有差异，但都表现出校企合作内容的丰富性、合作形式的灵活性、合作程度的紧密性和合作过程的规范性。

人才培养模式是基于现代高等教育理念、思想、理论、观点和方法，按照特定的人才培养目标和规格，进行人才培养实践的教育规范。在突出大学生实践能力和创新能力培养的背景下，工学结合的人才培养模式备受高等教育界关注。教学模式是构成人才培养模式的关键，也是实现人才培养过程的核心。教学模式能否合理选择直接影响课程体系落实和人才培养目标实现。管理模式是高校管理方法、管理制度、管理手段等组成的管理实践体系。管理模式的科学性、合理性和先进性，也会影响到高校办学育人实践推进和目标实现。高校思想政治工作贯穿于高校办学育人的各个方面，因此高校思想政治工作特色是学校办学特色的题中应有之义，也是学校办学特色发展的有效支撑。从这个层面来看，选择和构建"政行企校"四方联动合作育人机制，有助于提升高校思想政治工作高质量发展特色，增强高校办学特色。

二、内在机理

主体构成的多元性，决定了主体之间复杂多变的结构关系。多元主体协同配合是"政行企校"联动合作育人机制的显著特征和优势所在。"政行企校"各主体之间关联互动的作用态势，在促进联动合作育人机制持续有效运转的同时，也增加了联动合作育人机制的管理难度。梳理各主体之间的关系机理，保证各主体的利益诉求是构建"政行企校"联动合作育人机制的首要前提。

第五章　新时代高校思想政治工作高质量发展的动力模式

1. 细化共同利益

"政行企校"属于不同性质的组织形态，彼此关注的利益点也有所差异，如何准确识别各方的合作共赢点是联动合作育人机制构建运作的首要前提。稳固的合作共赢点是"政行企校"四方深度合作的基础。合作共赢点越多越有助于"政行企校"四方联动合作育人的有效开展。根据"政行企校"组织特点，结合高校思想政治工作高质量发展实际和高校人才培养实际，可以将合作共赢点总结为经济利益、政策利益、社会利益、人才利益和文化利益五个方面。[①]

经济利益是指基于"政行企校"四方联动合作育人机制的思想政治工作高质量发展，能够给行业企业培养思想进步、品德良好、素质过硬的优秀人才，这些人才会给行业企业带来技术创新、人力资源保障、场地供给等方面的利益，这些利益又可通过产品价值提升得到充分体现，这也是吸引行业企业参与高校思想政治工作高质量发展的主要原因。依托"政行企校"四方联动合作育人机制，不断促进高校思想政治工作高质量发展，或多或少、或轻或重地会增加行业企业的经济利益，而经济利益的不断增加又会促进高校思想政治工作高质量的持续发展。

政策利益是指行业、企业和高校在依托"政行企校"四方联动合作育人机制实现高校思想政治工作高质量发展过程中，能够获得政府的鼓励性、支持性方面的有利政策。通过政府政策的有力支持，会实现"政行企校"四方在高校思想政治工作高质量发展方面联动合作育人的最大化效应。

社会利益是指在高校思想政治工作高质量发展过程中，选择和实施"政行企校"四方联动合作育人，有助于培养思想进步、品德良好、素质过硬的高素质人才，为地方经济社会发展和产业结构转型升级提供重要的智力源泉。

人才利益是指"政行企校"四方联动推动高校思想政治工作高质量发展，有助于培养大量高素质人才，使得社会主义现代化强国建设和伟大复兴中国梦实现得到必要的人才支撑和人才保证。

文化利益是指通过"政行企校"四方联动合力推动高校思想政治工作高质

---

① 王振洪. 校企利益共同体：实现校企利益诉求的有效载体[J]. 中国高教研究，2011（8）：83-85.

量发展，有助于促进社会文化、企业文化、高校文化之间融合渗透，进而催生新文化形态和文化基因。[①]实现这五个方面的利益共赢，是"政行企校"四方联动促进高校思想政治工作高质量发展能否顺利推进的重要前提，也是"政行企校"四方联动促进高校思想政治工作高质量发展实现深入运作的关键所在。

2. 明确合作内容

提高高校思想政治工作水平，提升高校人才培养质量，是在高校思想政治工作高质量发展过程中，构建高校"政行企校"四方联动合作育人机制的主要目的。近年来，我国高校思想政治工作取得了显著成绩，但借力行业企业等社会力量开展思想政治工作的态势尚未真正形成。同时，"政行企校"四方联动合作育人水平也有待进一步提高，这难免会影响到高校思想政治工作高质量发展。造成这一情况有多方面的原因，其中不乏缺少专门理论研究的原因，即对于如何有效实施"政行企校"四方联动，合作开展高校思想政治工作，推动高校思想政治工作高质量发展没有进行深入的探讨。同时，对于"政行企校"四方联动的内容、方式和举措还不十分明确，致使高校思想政治工作高质量发展过程中"政行企校"四方联动合作带有一定的盲目性、随意性，甚至有的高校认为思想政治工作高质量发展只能依靠高校自身的力量，借助外力会影响到思想政治工作高质量发展。不仅如此，也有的行业企业将与高校在思想政治工作高质量发展方面的合作看成一种负担，认为没有合作的必要和意义，致使"政行企校"四方联动合作在高校思想政治工作高质量发展过程中的作用逐渐式微。高校思想政治工作高质量发展是一个由发展方案制订、发展方案实施、发展方案保障和发展方案评价等环节组成的动态过程，其运作更多表现出系统化的特征。每个环节的实施状态都会影响到高校思想政治工作高质量发展目标的顺利实现。稳步有序推动高校思想政治工作高质量发展，不仅要发挥高校的主体能动作用，还要充分调动政府、行业和企业等社会力量的积极性。然而，联动合作推进高校思想政治工作高质量发展并不是高校、政府、行业和企业等力量的简单叠加和随意组合，而是有着内在规程和要求的。这种规程和要求首先表现为科学设计联动合作框架，明确联动合作目标和各方职责，确保"政行企

---

① 刘志峰. 紧密型校企合作特征、类型和机制研究[J]. 职业技术教育，2012（23）：52-56.

校"各方能够科学规范合理地推动高校思想政治工作高质量发展。具体而言，地方政府要着力营造提供良好的政策环境、基础环境和舆论环境，最大范围地支持高校思想政治工作高质量发展；行业企业要发挥自身在技术创新、实习实训基地建设、企业专家提供、顶岗实习等方面的优势，为高校思想政治工作高质量发展提供必要的支持；高校要立足立德树人根本任务，以提升高校思想政治工作高质量发展水平为导向，以提高学生思想政治素质和道德品质为目标，为行业企业输送大量优秀合格的人才，切实满足经济社会发展的人才需求。[①]只有明确"政行企校"四方联动合作内容，才能真正实现高校思想政治工作高质量发展过程中的资源最优化利用和优势最优化互补。

3. 注重联动保障

在合作推进高校思想政治工作高质量发展过程中，"政行企校"是平等合作的主体，各自肩负着不同的职责，发挥不同的作用。其中政府发挥引导作用，行业发挥指导作用，企业发挥参与作用，高校发挥关键作用。不同的组织性质决定了彼此管理模式和决策机制的不同。在有效促进联动合作、推动高校思想政治工作高质量发展过程中，如何实现各主体之间的同向同力至关重要。具体而言：一是通过尊重和利用各主体"纵向"决策与执行机制，强化彼此"横向"融通互动，保障合作项目确立、合作资源调动、合作问题解决、合作互信增强、合作进度监控和合作成果共享。同时，"横向"融通互动又有助于主体之间的信息往来，为主体之间"纵向"决策与执行机制运作提供信息支持。[②]二是密切关注联动合作育人机制构建及运作成本。组织变革成本理论揭示，现实中，如果组织变革仅仅重视组织产出而不考虑组织成员为此付出的代价，显然是不全面的。对于高校这样一种生产准公共产品的非物质生产部门，在"政行企校"四方联动合作育人机制构建及运作过程中只关注产出更显片面。[③]因此，要聚焦高校思想政治工作高质量发展目标，定期组织开展"政行企校"四方联动合作绩效评价，提高"政行企校"主体的成本意识，避免彼此之间的利益摩擦和

---

① 刘志峰. 紧密型校企合作特征、类型和机制研究[J]. 职业技术教育，2012（23）：52-56.
② 郭文莉，刘红琳，孟波. "共赢共生、融通自为"的产学合作育人机制研究[J]. 高等工程教育研究，2014（3）：37-43.
③ 李桂荣. 大学组织变革成本分析[J]. 高等教育，2006（5）：17-23.

冲突，确保联动推进高校思想政治工作高质量发展过程的有序进行。三是围绕高校思想政治工作高质量发展，完善相关管理制度，切实发挥制度的激励、规范和保障作用。聚焦高校思想政治工作高质量发展这个关键主题，"政行企校"各方可开展深入交流研讨，共同商量确定例会制度、议事决策制度、管理办法等合作制度。[1]

4. 突出机制创新

尽管围绕高校思想政治工作高质量发展，"政行企校"各主体之间具有广泛的共同利益，然而这些主体在组织性质、利益追求、价值目标上存在明显的差异，具有"理性经济人"特征。实现成本投入最小化和高校思想政治工作高质量发展成效最大化是"政行企校"各方的普遍共识。一般而言，在合作现状和预期收益一定的情况下，合作成本越小，越容易推进联动合作育人；合作成本越大，越不容易实施联动合作育人。因此，要合理控制"政行企校"四方合作成本，也要细致分析联动合作推进高校思想政治工作高质量发展给"政行企校"各方带来的预期收益。实践表明，"政行企校"各方认识到联动推进高校思想政治工作高质量发展有助于增进彼此利益，则各方会积极支持和投身合作育人实践；如果认识到联动推进高校思想政治工作高质量发展会影响到自身的既得利益，或者认为联动推进高校思想政治工作高质量发展利益分配不公平，则会产生抵触或反对行为。[2]一方面是控制联动合作推进高校思想政治工作高质量发展的现实要求，另一方面是提高联动推进高校思想政治工作高质量发展效益的价值追求。如果处理不好二者之间的关系，必然会影响到"政行企校"四方联动推进高校思想政治工作高质量发展的正常开展及其目标的实现。在此背景下，要增强"政行企校"各方的创新意识，明确创新目标，实施创新行动计划，提升创新能力，整合创新资源，推动创新实践，促进创新成果转化，切实提高创新收益，最大限度满足各方利益诉求，不断实现"政行企校"四方联动推进高校思想政治工作高质量发展目标。

---

[1] 郭文莉，刘红琳，孟波. "共赢共生、融通自为"的产学合作育人机制研究[J]. 高等工程教育研究，2014（3）：37-43.
[2] 李桂荣. 大学组织变革成本分析[J]. 高等教育，2006（5）：17-23.

三、策略举措

"政行企校"四方联动推进高校思想政治工作高质量发展具有十分明显的重要意义，其有效运作离不开对内在机理的深入探讨，也离不开相应的策略举措。借鉴高校校企合作理论的基本思想、观点和方法，可以合理选择"政行企校"四方联动推进高校思想政治工作高质量发展的策略体系。

1. 增进思想认同

共同利益是构建"政行企校"四方联动合作育人机制、推进高校思想政治工作高质量发展的重要基础和内在动力。然而，如果仅仅关注共同利益，没有达成思想文化认同，"政行企校"各方难以围绕高校思想政治工作高质量发展，形成联动协同、合作育人的良好态势。基于一定的共同利益，"政行企校"各方的思想认同和价值认同越高，彼此联动合作推进高校思想政治工作高质量发展的动力越明显、过程越深入、成效越显著。事实上，聚焦高校思想政治工作高质量发展目标，"政行企校"四方联动合作育人机制，不仅是"政行企校"四方主体相互结合的功能体，也是政府文化、行业文化、企业文化和高校文化交织融合的有机体。多种文化的交织并存和互碰冲击将给"政行企校"四方联动合作育人、推动高校思想政治工作高质量发展带来不容忽视的难度和问题。应通过增进思想认同、弱化文化差异影响、提升联动合作水平，确保高校思想政治工作高质量发展。

2. 确立目标方向

基于思想认同形成的目标方向是构建"政行企校"四方联动合作育人机制、推进高校思想政治工作高质量发展的先导。目标方向不明确，"政行企校"各方难以形成联动合作契约，机制构建过程必然盲目无序，实现高校思想政治工作高质量发展也只能成为一句空话。这就要求"政行企校"各方在对比分析联动合作"实然状态"和"应然状态"的基础上，确立联动合作育人的目标方向。地方政府要营造有助于高校思想政治工作高质量发展的社会氛围，鼓励高校探索校企合作推进思想政治工作高质量发展的做法，合理引导行业企业参与思想政治工作高质量发展过程。高校要坚持开放办学理念，制定学校章程，加大校企合作办学模式改革力度，将更多精力集中在"政行企校"四方深度合作、培养高素质专业人才、增强学生实践创新创业能力上来，探索总结联动合作推进思想政治工作高质量发展的新思路、新经验、新方法，不断增强思想政治工作高质量发展活力，提高思想政治工作高质量发展水平。行业企业要广泛参与高校思想政治工作高质量发展，积极融入高校思想政治工作高质量发展过程，助力学生成长成才。

3. 加强过程管理

构建"政行企校"四方联动合作育人机制，实现高校思想政治工作高质量发展是一项系统工程，涉及的环境条件、资源要素和领域环节较为复杂，迫切需要加强构建过程管理。构建过程管理主要包括三个关键内容：一是过程正常运作的常规管理；二是过程出现问题的应急管理；三是过程持续推进的前瞻管理。在常规管理上，成立专门机构，配备管理队伍，加强联动合作育人机制构建，加大高校思想政治工作高质量发展计划、组织、领导和控制等方面的管理力度。破除影响联动合作育人、实现高校思想政治工作高质量发展的观念束缚和政策障碍，树立"创新、协调、绿色、开放、共享"五大发展理念，解决联动合作育人机制构建、实现高校思想政治工作高质量发展过程的各种问题，强化构建计划执行力和经费支持，厚植构建基础和育人优势，不断创新联动合作育人新思路。在应急管理上，坚持亲诚惠容，注重利益协调，赋予各方更加充分的参与权利和表达渠道，强调意见、建议之间的有效沟通和交流，协商共议，妥善处理各种应急问题，确保"政行企校"四方联动合作育人机制的有序构建，实现高校思想政治工作高质量发展。在前瞻管理上，密切关注经济社会发展动向，及时把握实现高校思想政治工作高质量发展变化的特点，灵活调整联动合作育人机制构建的思路，探索联动合作推动高校思想政治工作高质量发展的新机制。

4. 突出绩效评价

构建联动合作育人机制，实现高校思想政治工作高质量发展离不开长期的成本投入。失去丰富优质的人财物资源作支撑，联动合作育人机制难以实现合理构建和高校思想政治工作高质量发展。按照利益契约理论，各方都是为了获取某方面的利益而加入联动合作育人的。[①]成本投入不合理、责任划分不明确、任务分配不合理以及利益共享不平等，都会不同程度地影响到各方参与联动合作、实现高校思想政治工作高质量发展的积极性和主动性。因此，在联动合作育人机制构建初期就要重视高校思想政治工作高质量发展绩效评价。一是加强绩效评价规划，提高"政行企校"各方的绩效意识，增强绩效评价的针对性和实效性。二是委托第三方评价机构，定期开展专项绩效评价，及时发现解决构建过程中存在的问题，不断总结构建经验和成功案例，引导各方更有效地开展联动合作育人，增进合作各方的协同性，不断推动高校思想政治工作高质量发展。三是优化管理机制，加强绩效评价导向，鼓励"政行企校"各方更新合作理念，创新合作方式，强化以育人绩效为主线的联动合作模式改革。四是推进绩效评价信息公开，提高联动合作育人机制构建、运作和评价信息的透明度，建立联动合作育人质量报告制度，公开发布质量报告内容，接受社会各方监督，增强联动合作育人的主动权，最大限度实现高校思想政治工作高质量发展。

5. 优化环境条件

营造宽松和谐、公正透明的教育改革环境是教育可持续发展的重要基础和条件。[②]作为高校思想政治工作改革创新的表现形式，"政行企校"四方联动合作育人机制构建，实现高校思想政治工作高质量发展同样需要优化环境条件。一是完善相关制度体系，合理调整政府与高校之间的行政法律关系，扩大高校办学自主权，鼓励高校依法依规灵活自主办学，落实高校在构建联动合作育人机制、实现高校思想政治工作高质量发展方面的主体地位。同时，在税收、投融资等方面出台支持行业企业参与高校思想政治工作高质量发展的鼓励性政策。二是探索建立改革试点区，加强试点跟踪，适时扩大试点覆盖面，打造特色试点，推动不同高校之间的协同改革创新，全面提升联动合作育人整体水平，着力培育联动合作推进高校思想政治工作高质量发展的优势效应。三是利用现代网络媒体手段，加强联动合作育人，促进高校思想政治工作高质量发展的改

---

① 夏美武，徐月红. 地方本科高校联盟的理论、问题与对策分析[J]. 中国高教研究，2016（5）：81-85.
② 钟秉林. 深化综合改革 坚持依法治教 提高教育质量[J]. 教育研究，2016（2）：30-36.

革经验和成效宣传，扩大和提高联动合作育人辐射范围和引领能力，提升社会关注度和支持力，积极回应社会对联动合作育人的关切期盼。四是优化资源配置结构，提高资源配置效率，建立联动合作育人资源保障机制和管理制度，确保联动合作推进高校思想政治工作高质量发展所需资源充足供给、配置到位。制定完善相关制度，吸引国内外优质资源支持联动合作育人，不断提高实现高校思想政治工作高质量发展水平。

第二节 生态引导模式

高校思想政治工作高质量发展是一个以个体生存发展价值为目标导向的动态过程，其影响因素的多样性、参与主体的复杂性和评价标准的模糊性，决定了高校思想政治工作高质量发展研究工作的艰巨性和研究视野的多维性特点。生态学作为研究生物之间以及生物与其生存环境之间关系的学科，其理论思想、方法和观点越来越受到学术界的广泛重视，并成为解决社会科学领域问题的一种新的分析工具。同样，生态学对于揭示高校思想政治工作高质量发展生态现象和规律的合理性方面有着重要的理论意义与实践价值。从生态学角度来看，高校思想政治工作高质量发展的生态本质和特色就在于涉及生态要素、环境及相互间作用过程的系统性和发展性。前者意味着生态要素、环境之间的关联适应、互动共生和有机协同是实现高校思想政治工作高质量发展的前提和基础；后者意味着生态要素、环境之间的不协调可能会造成高校思想政治工作高质量发展系统的不平衡，影响高校思想政治工作高质量发展绩效及其管理与考评。高校思想政治工作高质量发展只有根植于特定的生态环境中，借助丰富的生态关系和健全的生态机制，通过构建有利于内外环境之间物质循环、能量流动和信息传递的生态通道，才能实现个体思想道德品质的生态养成与发展。[①]

一、高校思想政治工作高质量发展的生态意蕴及其实现依据

第二次世界大战以后，随着全球经济的迅猛发展，国家之间的竞争态势日

---

① 刘志峰. 大学生思想政治教育生态论研究[R]. 中国高等教育学会学生工作分会高校学生工作研究重点课题研究报告，2013.

第五章 新时代高校思想政治工作高质量发展的动力模式

渐激烈,基于工业化模式的经济增长成为多数国家发展优先考虑的目标。工业化释放出的活力有力地推动了社会财富的急剧增长,然而财富的增长却没有带来人类社会生存和发展境遇的安静与和谐。在宏观层面上,环境恶化、生态失衡、生物圈不协调等问题日益严重;在中观层面上,地区之间的战争、冲突、摩擦不断凸显;在微观层面上,人们的生活方式、价值观念和审美情趣逐渐趋向多元化和个性化。与此同时,也使得作为社会子系统的教育系统,尤其是大学教育系统备受外部社会环境、经济环境和自然环境的多重影响,这种影响集中表现为发展机遇与挑战的交织叠加与复合并存。审视当前大学教育活动的情景图式,很容易发现其所面临的诸多危机和问题,作为大学教育内核的高校思想政治工作也经受着前所未有的巨大冲击。某一学科或研究方法往往难以为复杂社会背景下高校思想政治工作涌现出的各类矛盾问题的有效化解提供理论引导和措施支撑。由此,跨学科对话与交流必将走向高校思想政治工作的实践场域和研究前台。高校思想政治工作必将发生新的视角转轨和内容调整,因而实现高质量发展也就成为必然趋向。

邱柏生教授在其《高校思想政治教育的生态分析》中就曾指出:"思想政治教育是一个有机的系统,这种'系统'具有明显的动态特征,还具有循环往复的秉性。它与生态学原理方面存在着某种程度上的共同特性。"[1]根据邱柏生教授的理解,思想政治工作的生态本质性主要体现在两个方面:一是思想政治工作的存在方式,即有机的系统功能体;二是思想政治工作的存在方式与外部环境之间的生态关系,突出思想政治工作是一个动态变化的复杂过程。可见,思想政治工作与外部环境存在着广泛多元的物质循环、能量流动和信息传递,彼此之间是一种协同共生、催化互动的关系。高校思想政治工作既表现为动态复杂的过程,也表现为有机综合的结果,而不是个别要素和成分的简单堆积与杂糅拼凑,由于高校思想政治工作涉及的成分较多,其关系总量和形式也较为复杂,是系统化的过程和结果体现。从这个意义上讲,高校思想政治工作的存在和运作是以教育者、受教育者和社会要求为过程条件,以教育目标、教育内容、教育方法与教育评估为过程成分,以过程条件和成分之间生态关系为纽带

---

[1] 邱柏生. 高校思想政治教育的生态分析[M]. 上海:上海人民出版社,2009:277.

的系统过程。

作为高校思想政治工作的本质体现或一种存在方式，系统性是高校思想政治工作的动态过程体现和静态结果表征。在生态学理论视域中，系统性作为高校思想政治工作功能体的重要特征，是高校思想政治工作内部构成要素之间相互影响、相互作用过程的解析。作为人们认识和把握高校思想政治工作本质规律的切入点，系统性更能充分说明和有效阐释高校思想政治工作内外环境之间物质循环、能量流动和信息传递的生态平衡要求。系统性首先是对高校思想政治工作时空存在条件要求的能动反映，是"事物以系统作为存在方式"在高校思想政治工作方面的特殊表现。传统的格式化思维和定式化倾向常常导致问题分析和解决的简单化、粗略化，不利于高校思想政治工作的有效开展和绩效取得。系统化的思维路径更有助于高校思想政治工作方法的灵活应用和各类矛盾、问题的合理化解决，它是在格式化思维与动态化思维、定式化思维与态势化思维有机结合的基础上形成的。传统的高校思想政治工作偏重于教育目标的社会性，大学生通常按照一定的社会要求和标准来接受教育，而在一定程度上忽视了教育目标的人本性，即大学生身心成长、智力养成和技能培养的规律要求，加之教育模式应用不灵活、影响因素考虑不全面，使得多数高校的思想政治工作成效不明显，因此，就需要从高校思想政治工作的外在社会性和内在人本性的有机统一方面进行相关活动的开展。系统化思维之所以成为研究和分析高校思想政治工作的思维指向，是由社会发展要求、大学生成长要求以及传统教育模式在新的时代环境下出现诸多不适症状共同决定的。可以说，系统化模式既是高校思想政治工作的一种新的思维方式，更是高校思想政治工作高质量发展的必然价值取向。

高校思想政治工作生态运作是一个长期复杂的过程，其目标实现离不开生态要素的合理选择、生态环境的有效营造和生态关系的科学构建，即高校思想政治工作生态运作主要以生态要素选择、生态环境营造和生态关系构建为基本内容和手段。生态文明时代背景下高校思想政治工作生态发展趋势，不仅是"社会-经济-自然"复合生态系统运作的内在要求，也是高校思想政治工作从社会效应、教育效应和人本效应的"三维型"效应转向社会效应、教育效应、人本

第五章　新时代高校思想政治工作高质量发展的动力模式

效应和生态效应的"四维型"效应的集中表现。忽视了生态要素选择、生态环境营造和生态关系构建，高校思想政治工作就难以实现有效发展，偏离了生态运作模式，高校思想政治工作就难以实现持续发展。可见，生态要素、生态环境和生态关系是支撑和推动高校思想政治工作生态发展必不可少的三个方面，三者之间相互作用、相互促进，共同促进高校思想政治工作生态运作模式的演化，进而为高校思想政治工作高质量发展提供有效支撑。

传统的高校思想政治工作虽然采取了一些与大学生生活、学习实际紧密联系的模式，诸如调研考察、社会实践、爱国主义基地参观、英雄事迹学习等，取得了明显成效，但是这些模式缺乏实施的持久性和普遍性[1]，与大学生个体价值提升的结合度不强，尽管在一定程度上满足了大学生追求思想上进的要求，却难以长期促进大学生正确行为习惯的养成。这种模式的内在逻辑，就是将高校思想政治工作仅仅视作一个特殊的教育形态，或者将高校思想政治工作简单地理解为提高大学生思想素质、道德品质的一种教育手段。事实上，高校思想政治工作及其高质量发展不是孤立、封闭的教育活动，而是基于社会发展需求、个体成长需求和高校管理需求形成的"综合教育实践"[2]，能够形成多层面、立体化和综合性的效应。可见，无论是作为一种教育形式，还是作为一种教育手段，高校思想政治工作及其高质量发展都内含着一定的生态属性和环境属性，其本质上是一个涉及诸多要素、要素关系和要素环境的教育活动。从这个意义上讲，高校思想政治工作高质量发展并不只是特定教育目标和任务的实现、完成过程，而应该是满足并体现一定社会环境、教育环境和个体环境发展变化要求的教育实践。

从生态学角度看，高校思想政治工作高质量发展首先离不开一定的构成要素，构成要素是高校思想政治工作高质量发展的基础和根本条件。按照类型，这些构成要素可分为主体要素、客体要素、内容要素、手段要素和管理要素等，不同构成要素之间形成稳定的结构关系，构建内外环境之间进行物质循环、能

---

[1] 刘世华，吴绍禹. 思想政治教育理论课实践教学的认识局限及对策论析[J]. 教学与研究，2008（4）：87-90.
[2] 陈秉公. 思想政治教育学原理[M]. 沈阳：辽宁人民出版社，2001：3.

量流动和信息传递的通道和平台，促使高校思想政治工作高质量发展过程有序运转并实现绩效最优化。高校思想政治工作高质量发展就是在特定构成要素的基础上，通过构建内容丰富和形式多样的要素关系，一方面不断实现既定的教育目标和任务，另一方面不断促进自身与外部环境的互动和融合。正如安徽师范大学的戴锐教授所指出的："在思想政治教育生态中，教育过程是一个教育对象、内部条件、外部环境共同作用的生态过程，教育者、教育内容既是维持并改善这一生态、促进受教育者全面发展的主要作用力，也是构成教育生态的基本要素。"[①]在戴锐教授看来，思想政治教育生态强调宏观性与整体性，它既肯定了思想政治教育在不同组织、单位的微观价值，也突出了思想政治教育作为社会大系统重要组成部分的宏观意义。同样，高校思想政治工作高质量发展也是一个由内外环境因素相互影响、相互作用、相互协调和相互适应形成的动态平衡过程。然而，内外环境具有动变性，并不是始终处于一种态势之中，各类环境要素也会发生质量、数量、丰度和效度的改变，这些变化直接引起要素关系的变化进而导致高校思想政治工作高质量发展生态结构的变化，使得高校思想政治工作高质量发展表现出不同的功能形态。从另一个层面上讲，高校思想政治工作高质量发展也只有适应和融合了内外环境的变化要求，并不断寻求新的要素因子和环境空间，才能达到自身生态的良性运行。所以，高校思想政治工作高质量发展在本质上是其与外部环境之间生态关系的改变、协调、互动和优化，即都是生态关系平衡的动态表现。正是借助构成要素及要素关系，高校思想政治工作才实现了有序稳定的高质量发展。

高校思想政治工作高质量发展的生态运作过程中，仅仅依靠一定的构成要素和要素关系是难以有效完成的，它往往还需要借助一定的环境条件。由于不同构成要素和要素关系本身具有多层次性，所以对环境条件的要求和适应也是多层面的，包括高校思想政治工作高质量发展对其赖以生存和发展的外部环境的适应、作为高校思想政治工作高质量发展主体的高校对周围具体生态环境的适应，以及高校思想政治工作高质量发展系统中不断成长的大学生对社会环境

---

① 戴锐. 思想政治教育生态论[J]. 理论与改革，2007（2）：150.

与学校生态环境的适应。[①]与此同时，高校思想政治工作高质量发展也通过大学生的思想、道德和心理的综合教育、培养来实现对社会环境的影响。如果忽视外部社会环境实际和要求，高校思想政治工作高质量发展的开展就无从谈起，综合效应的取得也只能落空。事实上，在高校思想政治工作高质量发展生态运作过程开展以前，外部社会环境就已经对高校思想政治工作高质量发展产生作用力和影响力。外部社会环境的变化影响着高校思想政治工作高质量发展的计划制订和过程组织，这是由高校思想政治工作高质量发展与社会环境之间的生态关联性所决定的，即高校思想政治工作高质量发展必须依附于一定环境条件和资源因子。正是在不断适应、利用外部环境的过程中，高校思想政治工作高质量发展才实现了有序稳定和持续生态的发展。当然，高校思想政治工作高质量发展在适应和利用外部环境的同时，也在不断发挥着其功能地位和价值作用，改变和影响着外部环境。可见，一定环境条件是高校思想政治工作高质量发展生态运作的重要支撑和关键基础。特定的构成要素、要素关系和环境条件相互联系、相互作用、形成合力，共同支撑和推动着高校思想政治工作高质量发展的生态化运作。各类构成要素的丰度、效度和数量的变化，不断调整和更新要素之间的关系形式、类型，使得高校思想政治工作高质量发展与外部环境之间的关联性日渐紧密，要求高校思想政治工作高质量发展必须要不断适应外部环境的变化要求，实现与外部环境之间的互动平衡。

二、高校思想政治工作高质量发展生态的形成条件

从静态层面上看，高校思想政治工作高质量发展生态具有丰富的内涵体系，它既强调高校思想政治工作高质量发展内部构成要素之间相互影响、相互作用的协同共生关系，也突出高校思想政治工作高质量发展与外部环境之间相互依存、相互促进的催化协调关系。从动态层面上看，高校思想政治工作高质量发展生态是高校思想政治工作不断适应内外环境变化、实现高质量发展演化的复杂过程。随着社会生态文明的不断兴起和高校思想政治教育生态意识、理念的逐渐提高，高校思想政治工作高质量发展越来越趋向于生态化组织、实施、

---

① 贺祖斌. 高等教育生态论[M]. 桂林：广西师范大学出版社，2006：37.

评价和优化。早在 2004 年，邱柏生教授就从政治哲学的发展观视野对思想政治教育生态问题进行了研究，并在《要重视思想政治教育的生态环境》《高校政治理论课建设要有生态观点》等文章中明确提出了思想政治教育生态理论建设的观点，并阐述了思想政治教育生态理论的内容框架和结构体系，为高校思想政治工作高质量发展功能优化和作用提升提供了价值指导。然而，这并不意味着高校思想政治工作高质量发展生态就能够真正付诸实践并取得良好绩效，如果高校思想政治工作高质量发展生态在本质上具有实践性和时代性特征的认识仅仅停留在意识形态层面，而忽视了高校思想政治工作高质量发展生态实施的影响因素、环境条件和制约因子，就会出现高校思想政治工作高质量发展生态意蕴与生态实践之间相背离的情况，进而有碍于高校思想政治工作高质量发展的持续推进。

事实上，只有将意识形态层面突出高校思想政治工作高质量发展生态的重要性与实践形态层面强调高校思想政治工作高质量发展生态的现实性有机结合起来，才能真正实现高校思想政治工作高质量发展生态价值的释放、超越和提升，促进高校思想政治工作高质量发展与外部环境的互动融合，以及高校思想政治工作高质量发展的生态化运作。高校思想政治工作高质量发展生态只有产生有别于传统思想政治教育的效应，才能够体现出其特有的价值所在。高校思想政治工作高质量发展生态实践的深入递进，一方面使得高校思想政治工作高质量发展生态不断呈现出整体性、交互性和共生性特征，另一方面也使得高校思想政治工作高质量发展生态不断生成人本效应、教育效应和社会效应。可见，高校思想政治工作高质量发展生态是人本效应、教育效应和社会效应有机综合与协调发展的动态过程，而不是单纯的要素组合、环节设置和手段选择的过程。只有深入了解高校思想政治工作高质量发展生态的形成机制，才能从根本上掌握高校思想政治工作高质量发展生态化运作的特点、内容、过程和规律。

（1）人类社会从农业文明和工业文明向更先进、更高级、更有生命力的生态文明的发展转型，使得生态可持续发展观成为指导人类实践活动的根本理念和哲学思想，为高校思想政治工作高质量发展生态化运作提供了历史条件。

第五章　新时代高校思想政治工作高质量发展的动力模式

人类源于自然，归属于自然。自然界孕育了人类，人类依托自然创造了辉煌灿烂的社会文明。渔猎时代结束以来，人类先后经历了农业文明和工业文明两大基本文明形态，目前正在从工业文明向生态文明迈进。在以自然经济为基础的农业社会，人们改造自然的能力仍然有限，自然仍居支配地位，人类还没有能力对自然生态系统施加强有力的影响，人的欲望及其满足也仅局限于人的最基本的生存需要的范围之内。蒸汽机的发明和使用把人类推进到工业文明时代，人类凭借手中的科学技术在人与自然的关系中逐渐占据了主导地位，由此也逐渐衍生了一系列的环境问题，诸如大气污染、噪声污染、水污染、城市生活垃圾污染以及固体废弃物的污染等，严重影响了人类社会的健康生存和可持续发展。在此背景下，人们"征服自然""主宰世界"的冲动逐渐冷静下来，并开始不断反思以牺牲环境为代价来发展经济的错误途径，逐渐把追求人与自然的和谐作为自己的行为准则。正是人类在由错误发展方式向正确途径的不断转变过程中，现代环境科学与生态科学得到了快速发展，生态学理论在社会领域中也得到了广泛应用，进而为高校思想政治工作高质量发展生态化运作提供了历史条件和理论基础。

（2）不同区域社会之间日渐紧密的沟通联系促进了社会发展的系统化进程，社会系统内部不同生态因子、结构层面之间相互影响、相互作用态势的不断明显，为高校思想政治工作高质量发展生态化运作提供了现实依据。在区域之间经济、政治、文化、科技和教育等方面沟通联系日渐紧密的背景下，社会系统内部的生态因子不断突破时空条件和范围的约束限制，基于彼此之间结构、功能方面的互补支撑实现了多层面的排列组合，形成合力，促进了社会系统的发展演化。社会系统的一体化及其所导致的各生态因子和结构层面之间的互动关联特点和趋势，使得社会活动发生了一系列变化，从而也面临了许多有别于以往社会的难题，诸如社会环境复杂多变、极不稳定，具有很强的不确定性，社会环境管理越来越重要也越来越难。这就要求人们在认识和把握社会系统本质时，要更多关注社会环境内部生态因子、结构层面之间的生态关联性、整体性和共生性。

社会生态学理论认为，社会系统在不断实现发展演化的过程中，即在实现优化升级的过程中，同时也提高了生态因子的功能地位和价值作用，增强了生态因子之间相互影响、相互制约和相互融合的关系。对于高校思想政治工作高质量发展而言，这些变化是高校思想政治工作高质量发展有序开展的必要条件，也是高校思想政治工作高质量发展持续演化的重要基础。同时，也使得高校思想政治工作高质量发展必须提高自身对社会环境变化的适应能力，高校思想政治工作高质量发展都要增强适应性，在运作过程中借助这种适应性来应对外界条件的刺激和影响。高校思想政治工作高质量发展不仅通过与社会系统进行物质循环、能量流动和信息传递来实现新陈代谢，也通过提高自身的免疫能力和适应能力来实现遗传演进。只有当高校思想政治工作高质量发展的抵御能力和水平与社会环境压力取得协调平衡时，高校思想政治工作高质量发展才能实现生态化运作。

（3）教育生态已经成为现代教育经营管理的新思维、新模式，并逐渐渗透到教育实践活动的计划制订、组织实施、控制评价和优化提升等各个环节，为高校思想政治工作高质量发展生态化运作提供了理念指导。现代社会的快速发展以及市场竞争环境的复杂多变使得世界范围内的教育都面临着生存风险和发展抉择。对于我国教育而言，由于社会转型和经济转轨交织并存，国内环境转变和国际环境接轨同步进行，加之传统教育模式、观念的羁绊和禁锢，使得我国的教育既要在继承传统优良教育模式过程中获得创新，也要在适应国际环境变化过程中获得发展，这无疑是摆在我们面前亟待思考和切实解决的现实难题。因此，就需要在冷静应对复杂环境过程中，不断树立新的教育经营管理理念——教育生态理念。教育生态理念的提出及其广泛渗透不仅改变了高校思想政治工作高质量发展方式，也使得生态化带动持续化成为高校思想政治工作高质量发展实践活动的基本路径，使得高校思想政治工作高质量发展的结构、模式、方法和途径都发生了深刻变化，尤其是在高校思想政治工作高质量发展的运作机制方面。一是运作机制构成要素的明确化。由于高校思想政治工作高质量发展运作机制的构成要素得到合理确定，主体要素、基础要素和补充要素各安其位，各尽其力，可以有效避免因要素角色错位带来的功能妨害和成本浪费，提高了构成要素的使用水平。二是运作机制内部关系的网络化。高校思想

第五章 新时代高校思想政治工作高质量发展的动力模式

政治工作高质量发展的生态化意味着内部构成要素之间关系的生态适应性、共生性和平衡性，既稳定了高校思想政治工作高质量发展运作机制的结构体系，又提高了高校思想政治工作高质量发展运作机制的功能机理。三是运作机制外部关系的有序化。构建与外部环境有序稳定的关系，既有助于扩大高校思想政治工作高质量发展的辐射和影响范围，也有助于增强高校思想政治工作高质量发展的物能支撑，还有助于促进高校思想政治工作高质量发展的优化升级，并使得高校思想政治工作与社会环境之间的关系日渐紧密，从而推动高校思想政治工作高质量发展不断融入教育生态化、社会生态化发展的轨迹之中。

（4）高校思想政治工作存在的问题和高质量发展困境要求高校思想政治工作高质量发展必须作出发展轨迹和方向的重大转变，为高校思想政治工作高质量发展生态化运作提供了动力支持。高校思想政治工作高质量发展是推进人才实施战略的内在要求，是提高大学生素质能力的有效途径，也是促进高校和谐有序发展的现实选择。目前，我国正处于社会急剧转型的历史时期，经济社会的快速发展和改革进程的稳步推进是这一时期面临的主要问题。在经济社会发展维度上，已经由单纯追求 GDP 转变到人文 GDP、绿色 GDP，旨在实现人口、资源和环境的统筹协调发展；在改革进程推进上，已经由单纯的经济领域改革波及政治、文化、教育和科技等领域，旨在实现社会各个领域的协同发展和平衡发展。然而，这一时期也是经济利益复杂化、价值取向多元化和生活方式多样化的时期，对大学生的意识形态、价值观念和行为选择造成了多重影响，增加了高校思想政治工作的难度，并诱发了一系列高校思想政治工作的生态危机和生态困境，在内部层面上表现为教育理念落后、教育内容单一、教育手段单调、教育主体关系紧张等，在外部层面上表现为与社会环境沟通不畅、与家庭环境联系不足、与文化环境结合不紧等。[①]于是，倡导高质量发展理念，创新工作方法，摸索复杂社会条件下的工作新思路、新模式和新规律，就成为高校思想政治工作摆脱危机、走出困境、实现发展的必然选择，而生态学观点则为我们提供了新的思维模式和工作方法。

可以说，生态式发展方向的轨迹是今后高校思想政治工作的一个重要目

---

① 李立娟. 生态论视角下的高校思想政治教育研究[D]. 大连：大连海事大学，2009：15-19.

标，也是高校思想政治工作高质量发展取得良好绩效的有效保障。目前一些高校在开展思想政治工作高质量发展过程中，特别注重构建全方位的教育模式、设置立体化的教育情境、选择合理化的教育方法等，其价值指向就是通过优化思想政治工作高质量发展的内外生态因子、生态关系和生态环境，来提高高校思想政治工作高质量发展的绩效水平，这从根本上促进了高校思想政治工作高质量发展的生态化转轨和发展。

三、高校思想政治工作高质量发展生态的引导机制

高校思想政治工作高质量发展能够表现出多种生存和发展形态，各种形态都会产生范围不同、程度有别的效应。在诸多生存和发展形态中，高校思想政治工作高质量发展生态是最能体现高校思想政治工作高质量发展价值和意义的环境状态，是各类影响高校思想政治工作高质量发展环境因素实现有机结合和协同共生状态的集中体现，因而具有较强的辐射性和影响性。高校思想政治工作高质量发展生态的构建就是高校思想政治工作高质量发展环境的构建，是高校思想政治工作高质量发展价值显现和超越的过程，是高校思想政治工作高质量发展过程出现的矛盾和冲突的扬弃与化解过程，是高校思想政治工作高质量发展环境实现生态平衡的过程，也是高校思想政治工作高质量发展具有内在关联性、和谐共生性、视角融合性和多元渗透性的过程。[1]可见，高校思想政治工作高质量发展生态作为一种特殊的生存和发展形态，既具有适应力、生命力和竞争力，也具有协调性、整合性和导控性，使得它成为目前高校思想政治工作解决生存危机和高质量发展困境的致思取向。

高校思想政治工作高质量发展并非一个包含要素及要素关系简单、运作规律清晰且能够借助线性方程进行精确控制的过程。由于思想政治教育主体——人不是完全可控的对象，将思想政治教育视为一个普通教育过程是对思想政治教育现实管理状况的扭曲[2]，单纯采用某个理论的思想、方法和原则很有可能会无益于问题的合理解决。当所依存的外部环境变得复杂多变时，高校思想政

---

[1] 卢岚. 现代思想政治教育社会生态论[J]. 理论与改革，2008（1）：126.
[2] 冯德雄. 企业适应性成长研究[D]. 武汉：武汉理工大学，2008：5.

第五章 新时代高校思想政治工作高质量发展的动力模式

治工作高质量发展系统的平衡机制就会受到强有力的影响而被推向不稳定的边缘，呈现出传统管理方式难以应付的复杂格局，通常需要借助整体性、非线性、不确定性和复杂性的思维模式来加以描述，可以根据高校思想政治工作高质量发展生态的内在要求和形成条件，构建高校思想政治工作高质量发展生态的引导机制，充分挖掘高校思想政治工作高质量发展生态的多层面效应，切实增强高校思想政治工作高质量发展生态的辐射性，有效化解高校思想政治工作高质量发展过程出现的各种危机、问题和困境，为高校思想政治工作高质量发展提供有益借鉴和指导。

1. 社会层面的引导

改革开放以来，经济转型、政治转型和文化转型的并驾齐驱、辩证互动，成为我国社会发展的重要特征，经济发展快速化、社会竞争激烈化、人际关系复杂化和思想观念多元化的态势日趋明显，增加了大学生思想政治教育工作的难度。分配差距的拉大、腐败现象的蔓延、阶层分化的复杂等社会现象随之而生，极易造成大学生频繁转换价值尺度，调整价值取向力。全球化背景下不同国家间经济、政治、文化互动频繁，各种异质文化在社会与历史的交界处激烈碰撞。西方一些有害的文化垃圾和腐朽的意识形态借助着传播媒体的更新和互联网技术的升级悄然向全球蔓延，冲击着社会主义的主流意识形态。享乐主义、拜金主义、个人至上观念、暴力、恐怖、色情等西方社会的毒瘤，随着商品贸易、文化交流、国际旅游、跨国公司和互联网等形式流入我国，对大学生的生活方式、价值观念、审美情趣、伦理道德等诸多方面产生了很大的消极影响。[1]忽视外部社会环境对高校思想政治工作的影响，会造成高校思想政治工作绩效的弱化，导致大学生思想观念和价值立场的误区和偏差。

从复杂性理论角度看，高校思想政治工作高质量发展是一个复杂的非线性系统，它嵌套在复杂的社会环境系统中，同其他社会子系统诸如经济、政治、文化以及各种社会因素存在着密切的联系，其运行发展要受到经济、政治、文化等社会因素的制约。但是，"制约"并不等于"决定"，经济、政治、文化以及各种社会因素都不能单独地决定高校思想政治工作生态系统的运行和发展

---

[1] 李景春，刘志峰. 研究生党建创新的 SWOT 分析[J]. 学位与研究生教育，2006（8）：49.

状态,它们通常以合力或组合的形式影响或制约高校思想政治工作高质量发展生态运作和发展。[①]所以,既不能将高校思想政治工作高质量发展生态简单地归结为社会环境系统中的某个要素或者某个系统,也不能将高校思想政治工作高质量发展生态视为一个与外部社会环境系统毫无联系的封闭过程。可以说,社会环境系统与高校思想政治工作高质量发展生态之间的关系是一种复杂的非线性因果关系,高校思想政治教育生态危机和困境的出现都可以归因于多种环境因素共同作用的结果体现。因此,在高校思想政治工作高质量发展过程中,要充分考虑社会环境与高校思想政治工作高质量发展生态之间的互动问题,从社会环境变化来布置安排高校思想政治工作高质量发展生态;需要积极引导和推动社会环境转型,促使社会环境朝向有利于高校思想政治工作高质量发展生态的方向演变。

2. 学校层面的引导

高校思想政治工作高质量发展生态是伴随着高校的发展而逐渐形成的,其生成一个动态复杂的历史过程。高校思想政治工作高质量发展生态既是高校发展生态化和学生个体成长生态化需求的推动结果,也是高校思想政治工作适应外部环境,不断提高及其与外部环境互动联系平衡化、协同化的集中表现。高校的生态发展推动了高校思想政治工作高质量发展生态的生成发展,大学生个体健康成长的素质能力要求促进了高校思想政治工作高质量发展生态的持续演化。高校思想政治工作高质量发展生态的形成发展是在高校生存发展的环境背景中进行的,是社会生态发展、高校生态发展和个体生态成长交织催化、相互促进的能动体现。以创新高校发展模式、增强高校竞争优势、丰富高校校园文化为主要切入点,从高校思想政治工作高质量发展生态理念确立、计划制订、组织设置、评价实施和优化开展等方面创设条件,为高校思想政治工作高质量发展生态运作提供了重要保障。以创新思想政治教育理念、模式和方法为突破口,提高思想政治教育的辐射力和影响力,是引导高校思想政治工作高质量发展生态运作的有效前提。

随着不同区域之间高校竞争与合作态势的日渐明显,借助外部环境力量来

---

① 李枭鹰. 复杂性视域中的高等教育研究思维[J]. 中国高教研究,2010(4):23.

实现快速发展的战略思维和模式逐渐被多数高校所认同,只有基于平稳有序的生存发展环境才能实现高校的健康发展和高校思想政治工作的高质量发展。当高校发展过程出现的各种问题外化为制约高校思想政治工作高质量发展的瓶颈,并与高校思想政治工作高质量发展生态运作目标和方向相违背时,需要树立高校发展的生态理念和思维,采取积极稳妥、切实有效的生态策略,进而为高校思想政治工作高质量发展生态提供环境条件,在推进高校思想政治工作高质量发展生态过程中不断积累经验、提升理论。

3. 教师层面的引导

高校思想政治工作高质量发展的推进,都需要借助思想政治教育教师的积极参与,肯定思想政治教育教师的地位作用,提高思想政治教育教师的主体能动性,探索思想政治教育教师成长的培育机制,这也是思想政治教育教师队伍的建设重要方面。无论是传统的思想政治教育工作,还是现代的思想政治教育工作,思想政治教育教师队伍建设对于保证思想政治教育顺利开展、增强思想政治教育实际效果都起到了重要作用。但从现实情况来看,高校思想政治教育教师队伍数量不足、教学水平参差不齐,已经成为制约大学思想政治工作实效弱化的主要因素。究其原因,思想政治教育教师与专业课教师、思想政治工作者等主体之间没有形成有效合力、优势不互补和作用不协调,是导致这一问题出现的症结所在。作为高校思想政治工作的重要主体,教师群体如果形不成协调统一的合力,就不可能产生良好的思想政治工作实效。同样,高校思想政治工作高质量发展生态的构建和发展也离不开教师素质能力的提高培养。

首先要培育教师的教育理念特别是教育生态理念,改变过去形式化、抽象化的教育模式,让多数教师明确思想政治工作既不是单纯的思想教育和政治教育,也不是简单的教育模式的构建与运作,而是基于大学生素质能力全面发展的人本教育;其次要注重教师的教育生态方法养成,面对错综复杂的思想政治工作生态环境,教师要改变过去就事论事、追求平稳、避免问题的短视化工作方法,着力从大学生目前关注的社会问题和现象入手,综合应用各种教育方法来开创思想政治工作高质量发展新局面;最后要提高教师对教育生态规律的认识,将高校思想政治工作高质量发展生态嵌入高校生态发展实践过程中,使得高校思想政治工作高质量发展生态更加富有主体性和科学性。

4. 学生层面的引导

高校思想政治工作高质量发展生态之所以能够产生积极的能动效应，是因为高校思想政治工作高质量发展生态以立德树人为根本任务，以学生成长成才为价值旨归。具有主观能动性的大学生不仅是高校思想政治工作高质量发展生态演化的重要力量，也是高校思想政治工作高质量发展生态价值的聚焦对象。高校思想政治工作高质量发展生态的基本内容在很大程度上都与大学生学习、生活及所处环境有着密切关系，往往反映大学生群体或个体最为关心的社会问题和现象，体现大学生在成长过程中出现的各种心理、思想和品德等方面的问题，表达所处社会时代对大学生思想政治、道德品质、个性心理的要求。从本质上讲，高校思想政治工作高质量发展生态的目标就是更好地促进大学生思想品德、道德素质和能力水平的全面发展，任何试图脱离和超越大学生成长发展实际的教育理念、教育方法和教育措施都是不切实际的。相对学生层面的引导，社会层面的引导、学校层面的引导和教师层面的引导都属于外在因素，尽管都对高校思想政治工作高质量发展生态演化起着不可忽视的作用，但大学生却是高校思想政治工作高质量发展生态演化的核心主体，也是高校思想政治工作高质量发展成效的体验者和检验者。正是如此，大学生主体构成了高校思想政治工作高质量发展生态演化的动力保障和内在支持。

面对复杂的大学生群体及其可能出现的各种思想、心理和行为问题，通过对高校思想政治工作高质量发展生态演化目标、内容、结构、方法和措施等的设置、选择和安排，既要充分调动大学生的积极性和主体性，也要保证社会价值的完整性和系统性，以个人价值和社会价值的有机统一为基础，以制约和影响高校思想政治工作高质量发展生态的各类问题为重点，构建一个包括学生心理引导、思想引导和行为引导的能动机制，进而端正学生心理、培育学生对高校思想政治工作高质量发展的情怀，养成学生正确的行为取向，提高高校思想政治工作高质量发展生态演化的内在推动力，真正实现高校思想政治工作高质量发展生态演化的终极价值目标和方向。

四、高校思想政治工作高质量发展生态的优化方略

高校思想政治工作高质量发展生态不论作为一个动态过程还是作为一个结果表征，其本身是高校思想政治工作高质量发展的内在需求的推动体现。尽管高校思想政治工作高质量发展生态极大地改善了传统思想政治工作的问题和不足，提高了思想政治工作水平，增强了思想政治工作辐射力和影响力，但高校思想政治工作高质量发展生态的构建需要基于一定的环境条件和生态因子，如果忽视了高校思想政治工作高质量发展生态的时空条件性，不仅会加剧思想政治教育与外部环境、大学生群体或个体之间的对立和分化，在实际中造成思想政治教育效应不足，相应地也会影响到思想政治教育的持续发展。正是绩效性及其实现的条件性的相互制约、相互影响，要求必须采取相应的措施来进行高校思想政治工作高质量发展生态的优化。结合优化的生态学概念，可以将高校思想政治工作高质量发展生态优化理解为对高校思想政治工作高质量发展要素、环节或结构进行调整组合，使其接近最佳状态或最佳性能，产生最大化效能。高校思想政治工作高质量发展生态优化不仅体现教育主体的能动性选择，也表现一系列的调整、控制、重组等活动，它往往涉及优化的基本原则、社会环境、文化氛围、运作机制、物能供给和制度体系等多方面内容。

1. 明确高校思想政治工作高质量发展生态优化的基本原则

高校思想政治工作高质量发展生态优化是主体按照合规律性与合目的性相统一的要求，对高校思想政治工作高质量发展生态优化要素、环境和活动进行最优化管理、引导和选择的实践活动。优化主体具有多层面内涵，既包括大学教师、思想政治教育教师、教育管理者，也包括政府、相关社会团体、组织和人员。合规律性就是要求主体采取和实施的相关措施、策略和方法必须符合高校思想政治工作高质量发展以及学生成长的规律；合目的性是指采取和实施的相关措施、策略和方法必须有利于高校思想政治工作高质量发展水平的提高、学生的健康成长和高校思想政治教育理论的总结提升。只有实现合规律性与合目的性的有机统一，才能保证优化活动的科学性和措施的有效性。[①]高校

---

① 兰云贵. 生态学视野下硕士研究生学术生态的优化[J]. 中国高教研究，2010（4）：44.

思想政治工作高质量发展生态优化的基本原则主要包括：一是关联性原则。高校思想政治工作高质量发展生态涉及诸多内外环境要素，这些要素相互联系、相互影响，形成错综复杂的关系结构。关联性原则要求从内外环境要素之间的关联性入手进行优化行为的选择。二是整体性原则。摆脱孤立、封闭的思维模式，将优化所涉及的影响因素和行为活动置于更为广阔的整体视野内加以审视，并采取积极行动进行多层面优化。三是动态性原则。用动态的观点看待高校思想政治工作高质量发展生态优化，并将其置于教育生态发展和社会生态发展的背景中去考虑和实施。

2. 创设高校思想政治工作高质量发展生态优化的社会环境

高校思想政治工作高质量发展生态演化是诸多环境因素和环境条件交织催化的动态过程。任何环境因素和环境条件的缺失、不足或残次都有可能影响到高校思想政治工作高质量发展生态演化的过程演进及其实效水平。没有一定环境因素和环境条件的支持就不可能实现高校思想政治工作高质量发展生态演化的顺利推进，没有丰富的环境因素和健全的环境条件就没有高校思想政治工作高质量发展生态演化的根本动力。在环境因素和环境条件体系中，社会环境因素和环境条件是高校思想政治工作高质量发展生态演化的关键。高校思想政治工作高质量发展生态演化通常需要良好的社会环境因素和环境条件。创设社会环境首先要充分认识高校思想政治工作高质量发展生态优化在社会生态发展中的作用，营造积极向上的舆论氛围，形成高校思想政治工作高质量发展生态优化的社会认知；其次要鼓励和支持高校进行思想政治工作高质量发展生态优化活动，倡导文明、和谐、健康的高校思想政治工作高质量发展生态优化风尚，对一些基础条件和实力偏弱的高校适当进行政策倾斜和资金支持；再次要加快建立高校思想政治工作高质量发展生态优化实施、评价的制度体系，既要保证生态优化的正常实施，也要降低生态优化的成本投入，通过全面的生态优化评价来发现生态优化过程存在的问题和不足，提高生态优化的整体水平；最后要合理引导社会资源的流动和配置，注重社会资源与优化能力的结合，使得优质的社会资源流向最能取得优化绩效的高校中，注重社会资源与优化重点的结合，使得优质的社会资源配置到优化重点层面或部分，实现优质社会资源利用的最优化。

3. 培育高校思想政治工作高质量发展生态优化的文化氛围

高校思想政治工作高质量发展生态优化离不开一定的文化氛围。文化氛围的不足或者缺失不利于外部社会环境中各种优质资源因子的合理流入和有效配置，不利于高校思想政治工作高质量发展生态演化目标选择、计划制订和组织实施，也不利于高校思想政治工作高质量发展与外部环境之间的物质循环、能量流动和信息传递，进而造成高校思想政治工作高质量发展生态优化不适应于外部环境变化，诱发高校思想政治工作高质量发展绩效偏低的情况。因此，首先要培育开放的文化氛围。一些校园文化丰富的高校要扩大与外部社会环境的沟通联系，不断从外部社会环境中获得优质的资源因子和广阔的环境空间，同时也要开辟和探索新的资源因子和环境空间，提高自身对外部社会环境的适应能力和水平。其次要培育多元的文化氛围。只有汲取不同文化的营养成分，实现不同文化的最优组合，才能保证高校思想政治工作高质量发展生态优化的空间要求。最后要培育竞合的文化氛围。优化的目标就是提高高校思想政治工作高质量发展的绩效水平，增强高校思想政治工作高质量发展的竞争优势，扩大高校思想政治工作高质量发展的影响范围。这些目标的取得离不开主体之间的适度竞争与通力合作。营造竞合的文化氛围既有助于培养主体的竞合意识，也有助于促进主体的竞合行为的养成。可以说，竞合的文化氛围是主体之间形成适度竞争与通力合作关系的重要基础。

4. 构建高校思想政治工作高质量发展生态优化的整合机制

从本质上讲，高校思想政治工作高质量发展生态优化是由众多优化要素相互影响、相互作用形成的具有特定内在结构和外在关系、体现整体协同效应并不断发展演化的复杂自组织系统，这种自组织性质决定了优化过程机制的自组织性和优化结果的不确定性。优化内在结构和外在互动关系的协同适应性，既不是现成的，也不是外在施加的，而是自我生成和自我组织的。由于优化主体具有较强的思维性和主观能动性，在很大程度上决定着优化整体的作用机制和运行、演化的性质，使得优化表现为一种在特定条件下自发产生、自我强化、自组织协同和自组织演化的过程。当内外环境处于相对稳定和近平衡状态时，思想政治教育生态优化具有明确的方向，而当内外环境变化超过生态优化系统的自校稳态机制时，思想政治教育生态优化方向就会发生分岔，表现出不稳定性特征。[①]现实中，由于优化制度不完善，优化主体不明确，优化活动不具体，优化要素利用和配置不合理，在很大程度上延缓了高校思想政治工作高质量发展生态优化过程。基于优化自组织性建立的整合机制对优化主体、优化要素、优化环节和优化过程具有协调性与整合性，能够合理规范优化主体行为，有效促进优化要素组合和优化环节排列，保证优化过程的顺利开展。

5. 保证高校思想政治工作高质量发展生态优化的物能供给

正常的物能供给是实现高校思想政治工作高质量发展生态优化的基本条件。不同时期的高校思想政治工作高质量发展生态优化所需的物能供给具有一定的差异性，这种差异性既体现在物质、能量和信息的类别、丰度和效度等方面，也体现在物质循环、能量流动和信息传递的渠道、平台和方式等方面。从来源上看，优化初期的物能需求主要通过高校内部环境的物能供给来实现，特定阶段内任何高校的物能资源都是有限的，尤其是优质资源，更具有稀缺性特点。然而，优化的物能需求会随着优化实践的递进深入而不断趋于增加。一方面是物能供给的相对有限，一方面是物能需求的不断增加，由此就形成了高校思想政治工作高质量发展生态优化的物能供需矛盾。物能供需矛盾的合理解决与否往往影响着高校思想政治工作高质量发展生态优化的顺利开展，进而影响高校思想政治工作高质量发展绩效水平。为此，要加大高校思想政治工作高质量发展生态优化所需的物能供给，一是加大核心物能资源供给，例如资金、人力资源、技术和信息等；二是加大基础物能资源供给，例如活动场所、图书资料、计算机和网络通信设备等；三是加大补充物能资源供给，例如思想政治教育教师队伍的建设和培养、思想政治教育生态研究基地建设、对外活动和交流等。只有保证了这三个方面的物能资源供给，高校思想政治工作高质量发展生态优化才能实现正常、有序和持续运作。

6. 健全高校思想政治工作高质量发展生态优化的制度体系

制度是社会活动的规则，是规范人们交互关系的各种正式和非正式的约

---

① 康胜. 企业集群可持续发展问题的思考[J]. 未来与发展，2004（2）：5.

束，对于社会稳定和社会行为具有指导意义。[1]作为社会活动的一种特殊形态，高校思想政治工作高质量发展生态优化也需要相关制度体系的支持，以此来规范和约束优化主体、要素的行为，保证和促进生态优化的递进深入。首先，健全生态优化的基本制度。对高校思想政治工作高质量发展生态优化的各个方面进行制度规范，将生态优化涉及的要素、环节和行为都纳入相关的制度体系中。同时，针对目前不利于高校思想政治工作高质量发展生态优化的制度、规定进行适当改革，加快高校思想政治工作高质量发展生态优化。其次，健全生态优化的鼓励制度。高校思想政治工作高质量发展生态优化是一项需要人、财、物资源投入的系统工程，尤其离不开一定的经济支持，它要求在充分利用已有资源和空间的基础上，不断开辟新的资源因子和环境空间。对于目前一些基础条件较差但又急需进行高校思想政治工作高质量发展生态优化的高校给予必要的资源支持和优惠政策，也可以有针对性地选择有实力的社会组织和企业，对它们进行鼓励，由此来解决高校思想政治工作高质量发展生态优化资源不足的问题。最后要健全生态优化的协调制度。协调制度重点解决生态优化偏重于某个高校或某个层面的问题，这种偏向在宏观维度可能导致不同高校、不同区域之间高校思想政治工作高质量发展生态优化水平的参差不齐，在中观维度可能形成不利于新建高校或实力偏弱高校的高校思想政治工作高质量发展生态优化的情况，在微观维度可能造成高校思想政治工作高质量发展生态优化问题得不到及时解决。通过协调制度来合理调整和梳理各高校之间、各优化层面之间和各优化问题之间的关系，进而提高高校思想政治工作高质量发展生态优化的整体水平和实效性。

第三节　协同融合模式

中国特色社会主义进入新时代，高校推进思想政治教育与创新创业教育协同融合的态势日渐明显，不仅有助于提高高等教育质量，促进学生全面发展，也有助于推动毕业生创业就业，服务现代化强国建设。在推进高校思想政治工

---

[1] 孙卫，唐树岚，管晓岩. 基于制度的战略观：战略理论的新发展[J]. 科研管理，2008（2）：15.

作高质量发展过程中,依然要立足立德树人根本任务,突出和强调思想政治教育与创新创业教育之间的协同融合。从思想政治教育和创新创业教育产生的时间来看,我国高校创新创业教育起步较晚,目前还存在一些不容忽视的突出问题,集中体现在重视程度不够、实践衔接不紧、师资保障不足、教学改革不深、体系构建不全等方面。这些问题交织并存,严重影响高校创新创业教育质量的稳步提升,同时对于思想政治教育与创新创业教育之间的协同融合也会产生重要影响。近年来,随着思政课程与课程思政建设的协同并进,人们逐渐发现采取有效的方式途径,推动思想政治教育与创新创业教育的深度融合,能够充分激发学生的积极性和主动性,进一步提高学生的思想道德素质和能力水平。本小节主要以新时代思政课程与课程思政协同育人理论为指导,重点探讨高校思想政治工作高质量发展背景下高校思想政治教育与创新创业教育有机融合的主要意义、内在机理和有效对策等。

一、高校思想政治教育与创新创业教育协同融合的重要意义

加快推进高校思想政治教育与创新创业教育相互促进、相互融合的新育人格局,是适应新时代高等教育强国建设、高层次创造性人才培养的内在要求,是着眼于更好地推动和落实高校立德树人根本任务的有效策略选择,也是高校思想政治工作高质量发展的必然要求。

1. 落实立德树人根本任务

立德树人是高校的根本任务和历史使命。当今世界正经历百年未有之大变局。大变局之"变"既表现为生产力层面的新一轮科技革命和产业变革,也表现为生产关系层面的经济全球化调整[①],由此引发了广泛深刻、激烈多变的国际竞争。面对复杂加剧的国际竞争格局,面对我国全面建设社会主义现代化国家新征程的战略安排,只有大力实施创新驱动发展战略,促进经济高质量发展,推动科技快速进步,提升国家综合国力,才能赢得战略主动,抢占竞争先机,立于不败之地。实践表明,创新驱动发展离不开"一大批具有国际水平的战略

---

① 王昌林. 新发展格局:国内大循环为主体 国内国际双循环相互促进[M]. 北京:中信出版社,2021:1.

科技人才、科技领军人才、青年科技人才和高水平创新团队"①的培养造就。作为高校落实立德树人根本任务的重要体现，高素质创新人才的科学培养是一项系统工程，涉及人才培养目标确定、课程体系设置、师资队伍配置、人才培养模式和教学模式选择、质量保障体系构建等诸多方面。各方面内容相互联系、相互支持，形成有效合力，确保创新人才培养的有序有效开展。在人才培养过程中，思想政治教育强调立德，创新创业教育突出强能，立德是前提和基础，强能是关键和重点，二者相互促进、相得益彰，又共同统一于立德树人这个目标之下。因此，在高校思想政治工作高质量发展背景下，将思想政治教育与创新创业教育有机融合起来，无疑有助于高校推动和落实立德树人根本任务。

2. 促进学生健康成长成才

青年兴则国家兴，青年强则国家强。青年一代有理想、有本领、有担当，国家就有前途，民族就有希望。②2023年，我国各种形式的高等教育在学总规模4763.19万人，这些学生正处于人生的"拔节孕穗期"，心智逐渐健全，思维进入最活跃状态，最需要精心引导和栽培。③青年时期最重要的教育是思想教育。通过正确的思想教育，积极引导青年人立大志，明大德，成大才，担大任，"不负时代，不负韶华，努力为新时代贡献青春力量"④，真正成为担当民族复兴大任的时代新人。在思想教育方面，思政课发挥着不可替代的作用，是落实立德树人根本任务的关键课程。除了思想教育，青年时期也是青年人苦练本领、增长才干的黄金时期。把握好黄金时期，"广大青年要坚持面向现代化、面向世界、面向未来，增强知识更新的紧迫感，如饥似渴学习，既扎实打牢基础知识又及时更新知识，既刻苦钻研理论又积极掌握技能，不断提高与时代发展和事业要求相适应的素质和能力"⑤。在青年人素质和能力体系中，创新创

---

① 习近平. 决胜全面建成小康社会 夺取新时代中国特色社会主义伟大胜利：在中国共产党第十九次全国代表大会上的报告[M]. 北京：人民出版社，2017：31.
② 习近平. 决胜全面建成小康社会，夺取新时代中国特色社会主义伟大胜利：在中国共产党第十九次全国代表大会上的报告[M]. 北京：人民出版社，2017：70.
③ 习近平. 思政课是落实立德树人根本任务的关键课程[J]. 求是，2020（17）：1.
④ 本书编写组. 思想道德与法治[M]. 北京：高等教育出版社，2021：1.
⑤ 让青春在奉献中焕发绚丽光彩：习近平总书记关于青年工作重要论述综述[N]. 人民日报，2021-05-04（1）.

业方面的素质和能力占据着核心地位，直接决定和影响青年人的可持续发展。因此，青年人成长离不开思想教育、创新创业教育，只有将二者有机结合起来，开展相关教育活动，才能形成最大化育人合力。

3. 深化人才培养模式改革

人才培养是高校的根本职能，人才培养水平的高低往往反映高校办学实力的强弱，高校竞争也主要表现为人才培养水平竞争。随着高等教育竞争态势的日渐激烈以及与此相适应的高校竞争意识的进一步增强，越来越多的高校不断聚焦人才培养模式改革，重视人才培养模式创新，并在此基础上打造人才培养特色亮点。作为高校教育教学改革的行为表现，人才培养模式改革具有特定的规程性，具体表现为改革目标的指向性、改革主体的确定性、改革过程的科学性和改革结果的成效性。现实中，忽视或无视人才培养模式改革的既定要求，改革实践会变得随意、盲目，改革目标实现也无从谈起。高校人才培养模式改革的规程性特点，规定着高校实施相关改革实践活动必须坚持规律性原则——将规律要求始终贯穿于人才培养模式改革整个过程。讲求规程性或规律性，并不是人为约束或排斥否定高校人才培养模式创新，而是强调改革创新的科学性和规范性，使得高校能够按照既定规律和要求，有效整合相关要素、内容、关键环节和领域等，从根本上确保高校人才培养模式改革合理开展。事实上，将思想政治教育与创新创业教育有效结合起来，不仅是丰富人才培养教育形式和内容的集中体现，也是优化人才培养课程体系的具体表征，有助于高校探索和构建以创新创业为导向的新型人才培养模式，深化高校人才培养模式改革，提升高校人才培养水平。

4. 增强创新创业综合实力

2016年，习近平总书记在全国高校思想政治工作会议上明确指出，要坚持把立德树人作为中心环节，把思想政治工作贯穿教育教学全过程，实现全程育人、全方位育人，努力开创我国高等教育事业发展新局面。2021年，国务院办公厅出台《关于进一步支持大学生创新创业的指导意见》，明确提出将创新创业教育贯穿人才培养全过程，要求高校深化创新创业教育改革，"健全课堂教学、自主学习、结合实践、指导帮扶、文化引领融为一体的高校创新创业教育体系，增强大学生的创新精神、创业意识和创新创业能力"[①]。深入分析"两个贯穿全过程"的具体要求，可以发现思想政治教育、创新创业教育在人才培养过程中都具有不可替代的重要作用。概括而言，思想政治教育发挥思想引领、价值导向的根本作用，创新创业教育发挥素质培育、能力提升的关键作用。尽管思想政治教育、创新创业教育在具体的教育内容、教学资源、课堂组织、活动形式等方面存有差异，但是在立德树人根本目标上并无二致。通过树立整体观、系统观，明确思想政治教育、创新创业教育的功能定位，找准思想政治教育、创新创业教育的结合点，探索思想政治教育、创新创业教育相互融入的方式方法，有助于提升高校学生的创新精神、创业意识和创新创业能力，增强高校学生创新创业综合实力。

二、高校思想政治教育与创新创业教育协同融合的内在机理

思想政治教育与创新创业教育都是高校人才培养的主要内容。前者侧重于对高校学生思想水平、政治觉悟、道德品质和理论素养等方面的培育；后者注重对学生创新精神、创业意识和创新创业能力等方面的培养。二者都是以其对推动和实现立德树人根本目标所具有的作用效度为基本前提，体现高校思想政治工作高质量发展的内在逻辑。偏离或者游离立德树人根本目标，思想政治教育、创新创业教育会失去存在意义和实践价值。为进一步落实高校立德树人根本任务，提升高等教育质量和育人水平，需要从思想政治教育与创新创业教育融合机理中探索融合方略。分析融合机理至少应该把握融合的逻辑基础、作用过程和结果表征等三方面。

1. 协同融合的逻辑基础

立德树人是思想政治教育与创新创业教育实现融合的逻辑起点，是高校协同推进思想政治教育与创新创业教育的目标指向。目前，高校既面临百年未有之大变局的重要发展机遇，也面临高等教育激烈竞争的多重风险挑战，如何抢抓发展机遇、化解风险挑战备受国内高校的普遍关注。聚焦人才培养质量提升，

[①] 国务院办公厅. 关于进一步支持大学生创新创业的指导意见（国办发〔2021〕35号）[EB/OL]. （2021-10-12）[2022-10-20].http://www.gov.cn/zhengce/content/2021/10/12/content_5642037.htm.

实施质量强校战略，是高校应对百年变局、开拓发展格局的有效方略。提升高校人才培养质量涉及人才培养目标确定、方案编制、课程体系设置、教学模式选择、教学方法创新、师资队伍选配、实习实训基地建设、质量保障与评估体系构建等诸多方面，这些方面相互联系、相互作用，构成高校人才培养运作系统。各方面活度、效度的张力表现，不同程度地影响着高校人才培养运作系统的平稳有效运转以及人才培养质量目标的实现。其中，课程体系是落实高校人才培养目标的重要载体，是促进高校学生健康成长成才的重要保证，也是评价高校人才培养质量的重要指标。因此，必须要科学合理设置课程体系，实现各类课程有序排列和最佳组合，充分发挥各类课程的育人功能，切实保证和提高高校人才培养质量，进而更好地推动和落实立德树人根本任务。

在构建和调整课程体系过程中，高校根据人才培养定位、规格和目标要求，合理设置思想政治教育类课程、专业类课程、创新创业类课程和其他公共类课程等，促进思想政治教育、专业教育、创新创业教育等有机融合。可见，推动和实现思想政治教育与创新创业教育融合衔接是高校人才培养理论逻辑、实践逻辑的必然要求，是提高高校人才培养质量、落实立德树人根本任务的必然要求。国内学者陈晓璇、王士宏等人，立足高校人才培养实际，分别提出"三要素"[①] "四要素"[②] 观点，分析和解释了思想政治教育与创新创业教育能够实现融合的主要原因。"三要素"观点认为思想政治教育与创新创业教育在目标、内容和形式上具有一致性；"四要素"观点提出思想政治教育与创新创业教育具有目标一致性、内容融通性、方法相容性和功能相合性。实际上，"三要素" "四要素"等观点提出和说明了思想政治教育与创新创业教育融合的逻辑基础。

借鉴已有思想观点，思想政治教育与创新创业教育融合的逻辑基础体现在三个方面：一是功能性基础。高校肩负着立德树人的使命职责。人才培养质量是高校的生命线。必须坚持育人质量第一，以促进思想政治教育和创新创业教育融合为抓手，构建目标明确、类别丰富、结构合理的课程体系，确保和推动

---

① 陈晓璇. 高校思想政治教育和大学生创新创业教育的协同模式研究[J]. 中州大学学报，2021，38（4）：96.
② 王士宏. 论思想政治教育与创新创业教育的双向建构[J]. 沈阳大学学报（社会科学版），2021，23（4）：377-378.

高校人才培养质量提升。二是人本性基础。思想政治教育与创新创业教育深度融合，不仅是全面贯彻党的教育方针、落实立德树人根本任务的具体体现，也是发展素质教育、实现高校学生德智体美劳全面发展的内在要求。三是实践性基础。高校思想政治教育与创新创业教育在目标、内容、方法等方面存在协调一致，为二者融合实践开展提供了现实依据和基本遵循。融合实践的不断发展，又会进一步增强思想政治教育与创新创业教育之间的关联性、协调性和统一性。

2. 协同融合的作用过程

逻辑基础的客观存在为高校思想政治教育与创新创业教育融合的实践开展具备了基础和前提。彼此在教育目标、内容、方法和功能上，相互联系、相互影响、相互作用的关系态势，构成了思想政治教育和创新创业教育融合的实践过程。关系越紧密，越有助于创新融合形式，深化融合实践，提升融合成效；关系越松散，越不利于融合实践的有效开展和目标实现。因此，围绕思想政治教育与创新创业教育融合这一主题，高校要更加注重目标融合，更加注重内容融合，更加注重方法融合，更加注重功能融合，建立多层面立体式的融合体系机制，实现思想政治教育与创新创业教育融合实践的提档升级。实际上，融合作用过程就是融合实践过程，分析融合作用过程就是探讨融合实践过程。研究融合作用过程不仅有助于把握思想政治教育与创新创业教育融合实践规律，优化思想政治教育与创新创业教育融合资源配置，也有助于提高思想政治教育与创新创业教育融合水平，实现思想政治教育与创新创业教育融合高质量发展。

思想政治教育与创新创业教育融合，源自高校立德树人根本任务的推动落实，形成于二者在教育目标、内容、方法和功能上的协调统一，根植于高校人才培养实践过程的深入递进。促进思想政治教育与创新创业教育融合就是以高素质高层次人才培养为目标，发挥思想政治教育的思想引领、价值导向作用，强化创新创业教育的素质培育、能力提升功能，结合新时代人才需求特点，构建开放多元、功能突出、特色鲜明的融合育人机制，促进高校学生德智体美劳全面发展，助力学生健康成长成才。从过程来看，思想政治教育与创新创业教育融合至少应该关注四方面内容：一是计划制订。坚持育人目标导向，合理制订融合计划，明确融合目标、主体、原则和对象，细化融合重点、难点、举措和安排，确保融合高起点谋划、高标准推进。二是组织实施。聚焦融合目标，调动融合主体积极性、主动性和创造性，全面推动融合各项计划落实。坚持重点突出，强化多主体协作攻关，着力解决融合难点问题，确保融合目标顺利实现。三是质量保障。全面推进融合过程，把质量保障贯穿其中，加强人、财、物和信息等物能保障，不断提高融合质量，让融合成为提升育人水平、增强育人特色的有效抓手。四是效果评价。合理构建融合效果评价体系，全面开展融合效果评价工作，及时发现和解决融合面临的问题，确保融合的正常有序开展。

3.协同融合的结果表征

融合结果是特定时期内高校思想政治教育与创新创业教育融合实践形成的情形或状态，它主要体现融合实施效果情况和融合目标实现程度。融合结果往往与融合效果相关联，结果应该达到或具有怎样的效果，直接决定融合实践过程要素资源应具备的效能以及配置方式的选择。在分析研究融合实践过程中，如果忽视融合效果的综合考量，那么探讨要素丰度、效度、量度以及要素配置就会失去目标指向和价值意义。作为高校思想政治教育与创新创业教育融合过程的效果反映，融合结果具有多层面的内容表现，可以从主结果和副结果两个维度来有效把握。[①]主结果主要指与融合目的实现直接一致的结果反映，集中表现为高校学生思想水平、政治觉悟、道德品质、创新精神、创业意识、创新创业能力等方面的显著提升；高校人才培养质量、水平和特色的显著提升；高校思想政治教育与创新创业教育协同育人效应的显著提升。副结果主要指与融合主结果伴随产生的又有别于主结果的效果状态，集中表现为高校思政课程与课程思政协同育人机制的加快构建；高校思想政治教育队伍与创新创业教育队伍协同育人理念和氛围的不断增强；高校全员、全过程、全方位育人工作体系的不断完善。主结果和副结果相互关联、相互影响，共同决定高校思想政治教育与创新创业教育融合效果的整体态势。

---

① 沈壮海. 思想政治教育有效性研究[M]. 武汉：武汉大学出版社，2008：130.

从类型分析来看，融合结果具有引导性、辐射性和持续性等特征。引导性表现为良好显著的融合效果有助于高校进一步明确思想政治教育与创新创业教育融合的目标方向，激发各相关主体的积极性和能动性，促进要素资源的合理流动和优化配置，提高融合实践水平。辐射性表现为融合效果态势一旦形成，就会产生较强的辐射力和影响力，能够有效带动思想政治教育与创新创业教育融合实践持续深入开展，有力促进高校内部各要素资源有机结合、各构成体系互动协同，加快推进合力育人、协同育人工作格局的形成。国家经济社会、产业结构和人才需求处于发展变化状态，相应的高校人才培养规格、类型、目标、方案、模式和手段等也要随之变化，这就要求高校在抓好融合实践的同时，还应该关注融合长效机制的合理构建。持续性的融合效果态势，有助于增强高校思想政治教育与创新创业教育长效融合的实践张力，促进高校思想政治教育与创新创业教育融合长效化发展。不仅如此，评价融合结果要着眼于增强融合效果水平，提升人才培养质量，强调评价体系的科学构建。评价体系既要体现高等教育教学评价的一般性，也要反映高校思想政治教育与创新创业教育融合的特殊性，使其更好地发挥以评促建、以评促融的积极作用。

三、高校思想政治教育与创新创业教育协同融合的实施对策

在落实立德树人根本任务过程中，高校更加重视人才培养质量提升工作，并将其提升到学校发展的战略高度。作为提高高校思想政治工作高质量发展水平、提升高校人才培养质量的有效途径，思想政治教育与创新创业教育融合具有十分重要的意义作用，应采取有效对策，不断深化实践，助力高校思想政治工作高质量发展。

1. 提高思想认识

思想政治教育与创新创业教育融合既是一项教育创新的实践项目，也是一项长期推进的系统工程。一是要提高思想认识，充分了解高校思想政治工作高质量发展背景下，思想政治教育与创新创业教育融合在高校全面落实立德树人根本任务中的重要意义，全面把握思想政治教育与创新创业教育融合在培育高素质高层次人才方面的积极作用。二是要树立系统观念，加强顶层设计，做好

融合方案编制，不断提高思想政治教育与创新创业教育协同融合的科学性和规范性。制订思想政治教育与创新创业教育协同融合方案应该坚持统一性和个性化相结合，既要反映高校思想政治工作高质量发展、高等教育改革的共性特征，也要体现高校办学实际的个性特点；坚持高标准和可操作性相结合，不仅要符合高校思想政治工作高质量发展的内在规律和高等教育改革的标准要求，也要有利于思想政治教育与创新创业教育协同融合实践的具体操作和目标达成。三是要聚焦融合重点难点，抓好融合关键环节，有效整合教育教学资源，协同式、整体式推进思想政治教育与创新创业教育协同融合实践，落细落小落实思想政治教育与创新创业教育协同融合方案，提高思想政治教育与创新创业教育协同融合实践成效，最大限度提升思想政治教育与创新创业教育协同融合水平，推动高校思想政治工作高质量发展。

2. 把握目标方向

目标方向是实践活动的行动指南，往往决定实践活动的发展走向。深入推进思想政治教育与创新创业教育协同融合，要体现高校思想政治工作高质量发展要求，精准聚焦协同融合的目标方向。没有明确具体的目标指向，思想政治教育与创新创业教育协同融合实践举步维艰。思想政治教育与创新创业教育融合目标具有显著的层次性特征，主要表现为更好地推动落实立德树人根本任务，提升高校办学育人的历史使命和功能价值；深化高校人才培养模式改革创新，提高高校人才培养质量和水平；增强学生创业就业综合实力，助力学生健康成长成才等。其中，立德树人兼具目标性和任务性双重属性，它不仅是思想政治教育与创新创业教育协同融合实践的根本目标，也是思想政治教育与创新创业教育协同融合实践的主要任务，由此也成为评价或判断高校思想政治教育与创新创业教育协同融合实践成效的重要标准。要发挥立德树人目标对思想政治教育与创新创业教育协同融合实践的引领作用，把立德树人贯穿于思想政治教育与创新创业教育协同融合实践的整个过程和各个方面，切实转化为相关主体的教育认知和价值认同。此外，也要准确把握和统筹考虑其他方面的目标要求。不同层面的目标之间相互关联，有机结合，形成层次分明、协调统一的目标体系，为高校思想政治教育与创新创业教育协同融合实践提供基本遵循。

3. 明确融合主体

融合主体是思想政治教育与创新创业教育协同融合实践的组织者和实施者，在整个思想政治教育与创新创业教育协同融合实践过程中占有主导性地位，发挥主导性作用。融合主体的思想认识、能力水平和综合素养，往往会影响其主导性地位的强化和主导性作用的提升。从类型上看，高校思想政治教育与创新创业教育协同融合主体主要包括高校、教师、学生和企业等；从功能上看，高校思想政治教育与创新创业教育协同融合主体主要表现为组织功能、实施功能、调控功能和整合功能等。高校有担当，教师有奉献，学生有热情，企业有支持，融合有成效。校企联合开展高校思想政治教育与创新创业教育协同融合交流研讨，深化高校思想政治教育与创新创业教育协同融合理念引导，宣传高校思想政治教育与创新创业教育协同融合重要作用，引导相关主体树立正确的思想观念。根据融合方案内容和目标要求，明确相关主体职责，细化任务，强化合作，形成有效合力，增强高校思想政治教育与创新创业教育协同融合实践内驱力。注重融合主体沟通联系，发挥各主体的优势作用，定期分析研究融合工作，及时解决高校思想政治教育与创新创业教育协同融合实践面临的问题，确保高校思想政治教育与创新创业教育协同融合实践的有序有效开展。加强和改进高校思想政治教育与创新创业教育协同融合方式，深化高校思想政治教育与创新创业教育协同融合实践规律认识，切实提高高校思想政治教育与创新创业教育协同融合水平。

4. 构建运作机制

融合机制是确保高校思想政治教育与创新创业教育协同融合实践开展、推动高校思想政治教育与创新创业教育协同融合目标实现的关键，也是激发高校思想政治教育与创新创业教育协同融合主体活力、促进高校思想政治教育与创新创业教育协同融合效果提升的保障。没有科学合理的融合机制，高校思想政治教育与创新创业教育协同融合很难正常有效进行。高校党委要高度重视高校思想政治教育与创新创业教育协同融合机制建设，抓住制约高校思想政治教育与创新创业教育协同融合的突出问题和关键瓶颈，在构建工作格局、强化队伍建设、加大支持力度等方面多措并举。建立完善高校党委统一领导、相关职能部门协同配合的工作格局，充分调动广大师生参与高校思想政治教育与创新创业教育协同融合实践的主动性和积极性。坚持立德树人根本目标，突出教育效应、社会效应和人本效应相统一，重点抓好融合主体定位、资源配置、条件保障和制度完善等关键工作，切实增强融合机制运作功能，全面提升融合机制运作成效。加强与相关学校、行业企业、科研机构等的沟通合作，探索校校联合、校企联合协同推进融合的实践格局，推动形成高校思想政治教育与创新创业教育协同融合的强大合力，积极营造各方重视融合、参与融合、支持融合的良好氛围。此外，还要树立治理理念，增强优化意识，强调融合机制要素、结构、功能等方面的整体性优化，推动高校思想政治教育与创新创业教育协同融合机制运作效能持续性提升。

5. 深化理论研究

理论研究是引领实践发展的重要动力，是深化高校思想政治教育与创新创业教育协同融合实践的底蕴性支撑。关注融合实践、贴近融合实践、服务融合实践是高校思想政治教育与创新创业教育协同融合理论研究的基本指向。要关注高校思想政治教育与创新创业教育协同融合实践前沿，强化高校思想政治教育与创新创业教育协同融合理论基础研究，注重高校思想政治教育与创新创业教育协同融合基本原则、本质规律和运作特点等方面的研究，不断增强高校思想政治教育与创新创业教育协同融合实践的科学性、合理性和可持续性。加强高校思想政治教育与创新创业教育协同融合实践应用研究，突出融合机制、方法、举措等方面的研究，不断拓展高校思想政治教育与创新创业教育协同融合的实践范围。加强对融合重点、难点和瓶颈等方面的研究，着力解决高校思想政治教育与创新创业教育协同融合实践过程出现的各种问题，更好地推动高校思想政治教育与创新创业教育协同融合实践深入发展。高度重视理论研究成果转化和创新，提高成果应用力、引导力和影响力，推动融合理论研究和实践发展的相互融通、相互促进。此外，广泛深入的理论研究，还有助于丰富思想政治教育、创新创业教育两大领域的理论研究范畴，催生理论研究的新热点、新观点和新论断；深化对高校思想政治教育与创新创业教育协同融合的思想认识，找到高校思想政治教育与创新创业教育协同融合实践的新方向，实现新突破，做出新成绩。

第四节　实践转向模式

提高思想政治理论课教学水平是新形势下加强和改进高校思想政治工作的切入点。思想政治理论课高质量建设是推动实现高校思想政治工作高质量发展的重要内容和必然要求。党的十八大以来，我国高校思想政治理论课建设取得了显著成绩，思想政治理论课理论教学与实践教学备受社会各界关注。一些高校在抓好理论教学的同时，日渐关注思想政治理论课的实践教学，采取有效措施推动思想政治理论课实践教学方式转变，极大地提高了思想政治理论课实践教学水平，不仅为高校贯彻落实立德树人根本任务提供了坚实基础，也为高校思想政治工作高质量发展注入了内生动力。事实上，加强实践教学方式转变是高校思想政治理论课实践教学的题中应有之义。以高校思想政治工作高质量发展为导向，有效整合高校思想政治理论课实践教学目标、内容、要素和评价方式等内容，探索学校主导型、教师驱动型、学生自发型和理论导向型等方式，明确强化质量意识、树立素质本位、注重师生定位、优化资源配置、加强制度保障等主要任务，实施把握课程性质、提高领导重视、加强资源保障、突出质量监控等措施。

一、内涵特征

厘清概念内涵是有效转变实践教学方式的基础和关键。在思想政治理论课教学语境下，所谓的"实践教学方式"就是实现思想政治理论课实践教学活动目标的基本方法、途径和措施。然而在现实中，实践教学方式更多地表现为一个综合概念体，不仅是指方法、途径和策略等问题，还包括意义、主客体、目标、内容组织、过程推进和成效评价等要素。每个要素被忽视都有可能影响到整个实施过程的顺利推进和预期效果的实现，所以实践教学方式也可理解为一项系统工程。从实施主体层面来看，针对同一个实践教学活动，不同的主体可能选择不同的方式，这既与开展实践教学活动本身要求存在联系，也与实施主体的教育认知、兴趣爱好和价值取向密切相关。因此，实践教学方式的选择从根本上体现实施主体对实践教学本质、属性和意义的认识水平，反映实施主体及所在部门开展实践教学的目标意义，更多的是对实践教学价值内涵判断的一种表征。参照相关理解①，可以将实践教学方式定义为教育教学主体基于一定的思政教育教学理念，根据人才培养实际需要，结合理论教学情况，确立实践教学目标，选择实践教学项目，整合利用实践教学过程构成要素，以实现预期实践教学目标的方法。实践教学方式包含丰富内涵，至少体现在如下几个方面：

1. 实践教学目的的人本性

高校思想政治理论课开展实践教学有着特定的内在原因，对其原因的探究实际上就是哲学层面的追问和反思，这种追问和反思有助于认识实践教学的根本价值、作用意义和功能表现，把握开展实践教学的有效方式。关于思想政治理论课开展实践教学的目的，学术界长期存在着争论，有的学者认为，实践教学是理论教学的有益补充，其目的是更好地开展理论教学，使得理论知识和观点更容易被学生了解和掌握，实践教学必须围绕理论教学实际需要来进行；也有的学者认为，实践教学和理论教学都是思想政治理论课教育教学的组成部分，对于培养高校学生思想政治素质、品德素质和法律素质具有同等重要的作用；还有的学者认为实践教学的根本目的是提高学生的综合素质，实践教学项目的选择、组织、实施和评价应该贴近学生实际，有益于学生综合素质的养成。关于实践教学目的的不同认识，一方面体现了学者们各自的理解，另一方面也会影响到实施方式的具体选择以及各种方式之间的变换使用。如果实施主体能够灵活多样地使用各种方式，则表明实施主体对于实践教学的目的有着深刻认识。高校思想政治理论课实践教学的目的是服务于高素质技术技能型人才培养，这是实践教学的基本价值意义和功能作用。通过开展实践教学活动，提高高校学生自我组织、自我学习和自我管理的能力，促进思想政治理论课基本理论知识的吸收内化，切实提升学生的思想政治、道德和法律素质。

2. 实践教学主体的双向性

作为一项教学活动，实践教学也需要明确教学主体和教学客体。按照一般

---

① 赵应生，钟秉林，洪煜. 转变教育发展方式：教育事业科学发展的必然选择[J]. 教育研究，2012（1）：32.

理解，教学主体就是思想政治理论课实践教学的推动者和主导者；教学客体就是思想政治理论课实践教学目标指向的主要对象。对于高校思想政治理论课而言，其实践教学主体通常是思政课教师，思政课教师是实践教学开展的主要力量，不仅负责实践教学项目的具体设计，也引导实践教学活动的有序开展。随着高校大思政育人机制的逐步构建，学生工作处、团委、组织部、宣传部、各院系、校内社团组织以及校外相关机构都会成为推动思想政治理论课实践教学的重要力量。通常，实践教学的客体主要是学生。然而，在思政课教师主导作用的发挥下，教师借助建构主义理论，能够合理引导学生在鲜活生动的实践教学活动中自我学习，学生在特定的教学情境中成为教学主体。学生参与实践教学活动的范围和程度，直接影响实践教学过程的顺利开展及成效取得。从这个意义上讲，学生也是高校思想政治理论课实践教学活动的主体，所以实践教学主体具有双向性特征。实践教学客体实际上就是实践教学目标的实现、实践教学活动的开展、学生思想政治道德和法律素质的提高、实践教学成效的提高等。如何调动学生参与实践教学的积极性和主动性，需要明确学生在实践教学活动中的作用和位置，有针对性地选择开展实践教学的具体方式。

3. 实践教学过程的综合性

在高校思想政治理论课实践教学中，存在着"明线"和"暗线"两个维度的目标，"明线"目标是完成规定的实践教学任务，"暗线"目标是通过完成实践教学任务提高学生的综合素质和能力。明确"明线"和"暗线"两个维度目标，有助于实践教学方式的合理选择。如果实践教学主体不清楚这两个目标，其选择的实践教学方式也就存在很大的盲目性和随意性，取得预期成效也就无从谈起。需要进一步细化实践教学目标，归纳总结影响实践教学目标确立的主要因素。一是思想政治理论教育教学观念。对思想政治理论教育教学价值功能的不同认识，必然影响到实践教学总体目标、能力目标和素质目标的不同确立。二是思想政治理论教育教学经验。教师拥有的教育教学经验也会对实践教学目标的设定产生影响，这一点尤其体现在老中青教师身上。中青年教师年富力强，通常热衷于实践教学，但通常把握不好实践教学的具体目标。多数老教师认为理论教学是思想政治理论课教育教学的主阵营，尽管不排斥实践教学，但对于实践教学是否有必要开展也存有异议。老教师具备丰富的教育教学经验，在开展实践教学活动时，能够合理科学地设定目标。三是学生思想政治素质状况。不同素质水平的学生对于实践教学的认识不同，通过实践教学活动取得的成效也会不同。在确立实践教学目标的时候，实践教学主体要统筹考虑学生的思想政治素质和能力水平，避免实践教学活动脱离学生的实际能力，既不超出能力范围也不低于能力水平，最优化实现活动项目与能力水平之间的匹配对接。四是高校发展情况。不同的高校具有不同的发展环境和水平，为思想政治理论课实践教学开展提供的各方面支持也会有所不同。发展环境和水平较高的高校，在课程建设方面的投入相对较多，其公共课实践教学改革的力度也较大，对于实践教学目标的研究和设立往往较高。

4. 实践教学资源的多元性

不同的实践教学方式需要不同的实践教学资源，表现出不同的实践教学过程。实践教学方式的转变实际上就是实践教学资源配置方式的转变，而这种转变又集中体现在实践教学的具体过程。按照形态不同，高校思想政治理论课实践教学资源主要包括人力资源、物质资源、财力资源、信息资源等。人力资源是指思政课教师、学生和辅导员；物质资源是指开展思想政治理论课实践教学所必需的场地、设备等；财力资源是指开展思想政治理论课实践教学所必需的经费投入；信息资源是指开展思想政治理论课实践教学的信息条件。这些资源要素之间相互联系、相互组合，形成特定的关系结构，表现为具体的实践教学方式。从这个意义上讲，实践教学方式的选择过程就是各种资源要素的组合和配置过程。有效的实践教学方式就是各种资源要素组合配置的最优化表现，当然，资源要素组合配置还要结合实践教学的具体内容。忽视具体内容组合配置资源要素，其收效往往会不佳。此外，在实践教学过程中，方式选择还要考虑资源要素的组合配置成本，最大限度挖掘和发挥各种资源要素的效益和作用。

5. 实践教学评价的科学性

高校思想政治理论课实践教学是一个具有明确目标、双重主体、综合过程和多元资源的教学组织形态，其运作发展具有特定的目标指引和成本投入。目标实现的程度如何、成本投入的收效如何、过程推进的状况如何，都需要进行科学合理的绩效评价。通过绩效评价发现问题和不足，提出解决思路和对策，为下一步实践教学开展提供有益帮助。如果对每次实践教学都进行及时评价和系统总结，实践教学水平会得到极大提升，实践教学主体和客体的思想观念和行为习惯也会得到快速转变，实践教学资源利用率也会随之提高。要保证实践教学评价的科学合理，首先要明确评价的价值取向，即开展评价的目的是什么，目的不清楚或者不合理会影响到实施主体、实施客体对评价价值的认识以及评价过程的开展。评价价值取向的正确与否往往决定评价行为的合理与否。其次要把握评价的基本原则，即评价过程必须遵循的基本原则，如客观性、公正性、公开性、全面性和及时性等原则。没有一定的评价原则作指导，评价很难收到预期效果。再次要掌握评价的基本方法，实践教学评价不仅是价值取向和评价原则层面的问题，还涉及评价方法方面。高校思想政治理论课的评价方法大致分为结果导向型和行为导向型两种方法，结果导向型方法主要包括目标管理法、关键绩效指标法、业绩评定法；行为导向型方法主要包括关键事件法、行为观察比较法、360度绩效评估法等。对同一个实践教学活动，采用不同的评价方法会得出不同的评价结论。最后要构建评价的指标体系。围绕高校思想政治理论课实践教学过程的关键环节，构建评价指标体系，并根据各指标的重要性设置权重系数。不同的实践教学方式，具有不同的评价取向、评价原则、评价手段和评价体系。实践教学方式的转变通常会引起评价取向、评价原则、评价手段和评价体系的变化。

二、方式类型

实践教学方式具有丰富内涵，各层面之间相互关联、彼此制约，共同影响实践教学方式的选择实施。作为一个复杂的有机过程，高校思想政治理论课教育教学始终处于动变状态，每时期实践教学的主题、内容都不相同，相应的实践教学方式选择也要发生变化。实践教学方式有其合理性和局限性。合理性通常表现为优点，局限性通常表现为缺点，优点要继承发扬而缺点则需规避弥补，甚至要变革创新，唯有此才能适应实践教学的实际要求。正是通过不断创新实践教学方式，高校思想政治理论课实践教学才逐渐取得成效。新形势下，强调实践教学方式转变，目的就是摒弃传统实践教学方式的羁绊，提高思想政治理论课实践教学水平，促进高校学生综合素质和能力的提升。如果禁锢于传统的实践教学方式，实践教学必然受到制约影响。概括而言，思想政治理论课实践教学方式主要包括基地参观、假期社会调研、案例教学、阅读实践、校园文化创建、课题研究、口述史调研、网络实践、人文社科讲座、演讲辩论等。[①]实践教学形式繁多，各形式优缺点并存。如果只是简单的延续，必然会影响思想政治理论课实践教学的可持续发展。概括而言，这些形式大致可划分为如下四种类型。

1. 学校主导型

随着高校内涵建设的不断深入，课程建设逐渐成为专业建设的核心。通过加强课程建设来促进专业建设发展，提升专业建设水平成为多数高校的主要选择。课程建设是一项系统工程，涉及课程观、课程建设途径和开发方式、课程目标、课程内容、课程结构、课程实施、课程质量与评价等诸多内容。每一项内容的完成都需要提前谋划和经费保障。由于建设时间长、收效小，一些高校不愿意在思想政治理论课建设方面进行投入，思想政治理论课实践教学必然会受到影响。近年来，随着高校思想政治工作的不断加强，思想政治理论课建设备受高校的广泛重视，为思想政治理论课实践教学的开展提供了重要保障。但这种保障主要是基于高校强力的行政领导和推进，没有高校行政力量的主导，高校思想政治理论课实践教学就极有可能失去动力。实际上，目前国内多数高校的思想政治理论课开展实践教学，一方面是由于中央和省市各级教育行政部门的政策引导，另一方面是由于高校行政力量在实践教学资源配置方面倾斜的结果表现。虽然这些政策制度和行政力量，极大地保证了思政课教师开展实践教学的持续性，但在一定程度上忽视了思政课教师主体性、能动性和积极性的发挥。

2. 教师驱动型

吸引力不强是思想政治理论课教育教学面临的主要问题。如何提高吸引力成为思想政治理论课教育教学工作者需要冷静面对和切实解决的重要任务。经

---

① 梅进禄. 高校思想政治理论课实践教学方式的比较研究[J]. 集美大学学报，2014（1）：93-96.

过广大教育教学工作者的积极探索,思想政治理论课吸引力不足的问题得到了不同程度的解决。在保证理论教学的基础上,通过积极开展实践教学活动有助于调动学生的学习积极性,提高思想政治理论课的吸引力,为思想政治理论课教育教学持续发展提供强有力的支持。然而,多数高校并没有作出针对思想政治理论课实践教学的战略规划,即便是有也局限于系部层面。由于缺少科学的顶层设计,因而思想政治理论课实践教学显得零散、不成系统。一线的教育教学工作者是推动实践教学的关键力量。由于教师彼此之间存在业务上的竞争,沟通不充分,不利于实践教学开展合力的有效形成和实践教学开展规律的系统概括,这是目前制约思想政治理论课实践教学的主要障碍。尽管驱动型方式有助于发挥思想政治理论课教育教学工作者的积极性和主动性,但是这种方式缺少战略规划的宏观指导,需要高校不断加强引导,形成与实践教学相适应的具有宏观指导、微观操作、成效显著的保障机制。

3. 学生自发型

学生参与是思想政治理论课实践教学的必要条件,但仅有参与也不能够保证实践教学的顺利开展,还需要充分调动和发挥学生的积极性、能动性和聪明才智。主要体现在三个方面:一是意见建议支持方面,学生提出的意见建议有利于实践教学活动进一步贴近学生实际,使得其具有较强的操作性。二是参与支持方面,实践教学活动的开展离不开学生的自我组织、自我学习和自我管理。离开学生的支持参与,实践教学很难有效开展。三是心理支持方面。学生心理支持对于解决实践教学开展过程中出现的问题具有重要作用。学生心理支持往往影响教师开展实践教学积极心理、情绪和情感的调动发挥。近年来,一些学者从老师"教"和学生"学"的关系上重新确立师生的生态位,进一步明确教育教学中学生的主体地位和教师的主导地位。尽管学生的主体地位得到了保证,但必须清楚地认识到学生自发型实践教学的灵活性大,难免会脱离思想政治理论课的主线,造成实践教学应有价值和作用得不到充分发挥,实践教学流于形式,严重影响实践教学的持续性、稳定性和价值性。

4. 理论导向型

用科学理论来引导和帮助学生树立正确的世界观、人生观和价值观是思想政治理论课的核心任务。创新理论教学理念、方式、内容和手段是思想政治理论课建设的重要内容。通过理论教学的形式，思想政治理论课不断在思想政治教育工作中发挥主渠道、主阵地作用。近年来，随着适龄人口的不断下降，高校生源危机开始显现，加上民办院校、三本院校的扩招，单招、对口招生成为高校破解招生难问题的主要途径，由此造成了高校生源质量的下降。面对理论基础相对较差的学生，采取传统的理论教学方式很难激发学生对思想政治理论课的学习兴趣，只有创新理论教学形式才能提高思想政治理论课的吸引力。在此背景下，理论导向型的实践教学逐渐被提出。然而，多数思想政治理论课教育教学工作者重视的仍然是理论教学，认为只有在保证理论教学任务的基础上才能开展实践教学活动，实践教学活动的选择必须与理论教学章节相对应。这样，实践教学就成为理论教学的一种补充。在素质本位教育思想盛行的今天，应该逐渐认识到实践教学对于提高学生思想政治素质的重要性，这种观点难免会影响实践教学作用的发挥，要在今后的教育教学实践中加以改进。

三、转变任务

上述方式对于推动实践教学改革、提升高校思想政治理论课吸引力、提高高校学生的综合素质和能力起着积极作用，但仍存在一定的弊端和不足。新形势下，继续深化高校思想政治理论课教学改革需要转变实践教学方式，创新实践教学手段，不断为实践教学改革注入新的动力和活力。转变实践教学方式，需要从强化质量意识、树立素质本位、注重师生定位、优化资源配置、加强制度保障等方面入手。

1. 强化质量意识

提高教育质量是高等教育的生命线，也是高校内涵建设的核心。2012年，教育部等部门颁布了《关于进一步加强高校实践育人工作的若干意见》（教思政〔2012〕1号），明确指出加强实践育人工作对于深化教育教学改革、提高人才培养质量具有重要而深远的意义。实践教学作为实践育人的主要形式，既要注重具体工作规划的制定，也要注重质量意识的强化。实践教学属于高校实践教学的表现形式，同样需要强化质量意识，这种强化体现在实践教学理念、方式、手段、内容和评价等方面。质量意识贯穿于思想政治理论课实践教学的整个过程，体现在思想政治理论课实践教学过程的各个环节。随着大学生思想政治教育工作评估的逐步推广，高校不断增强教育教学质量意识。然而，实践教学质量不高仍然是目前多数高校思想政治理论课教育教学改革面临的主要问题。转变实践教学方式，首先树立和强化质量意识，使得质量意识渗透在实践教学方式应用过程中，突出实践教学的内涵建设；其次把握质量评价标准，根据教育部制定的思想政治理论课建设标准，细化实践教学质量评价指标，组织力量进行实践教学方式应用及质量表现的常态化评估，积极引导教师学生重视思想政治理论课实践教学的内涵发展；最后研究质量变化规律，深入分析思想政治理论课实践教学规律，研究不同实践教学方式特点，促进各种实践教学方式之间的融合以及综合使用。

2. 树立素质本位

《教育部关于全面提高高等教育质量的若干意见》（教高〔2012〕4号）强调，全面实施素质教育，把促进人的全面发展和适应社会需要作为衡量人才培养水平的根本标准。可见，人才培养的根本目标是学生的全面发展，而这一目标的实现又有赖于素质教育的全面实施。素质本位就是突出素质培养，突出素质培养在人才培养中的地位。它要求人才培养过程、环节和手段都必须服务或服从于素质培养。不管是能力还是理论知识培养，归根结底是学生的素质培养。学生是思想政治理论课实践教学的客体，也是推动思想政治理论课实践教学的主体。学生思想政治素质、道德素质和法律素质的培养效果是开展思想政治理论课实践教学活动目的的集中体现，这是评价思想政治理论课实践教学的核心指标和根本指标。受传统教育思想的影响，一些教师认为实践教学的目的就是使学生更容易理解和接受理论知识，而忽视实践教学过程中学生综合素质的培养提高，因而在具体方式的操作应用中，降低活动难度，一味追求活动的气氛效果，学生素质培养往往流于形式，由此出现思想政治理论课实践教学质量下降、吸引力不强、发展不持续等问题也就在所难免。所以，转变实践教学方式必须坚持以人为本的思想，强调以学生的素质培养为本，促进学生全面发展，使其能够适应社会经济发展的需要。

3. 注重师生定位

教师和学生之间的关系一直备受社会各界的关注，尤其在教育界，从古到今，争论不休。多数人认为教师的作用就是"传道、授业、解惑"，但对于如何传、如何授、如何解的问题没有作出合理解释。目前，关于教师主导作用和学生主体地位的师生观被普遍认可，这一观点明确了教师的作用和学生的地位，阐明了教师主导作用发挥的基本前提是保证学生的主体地位。只有在保证学生主体地位的前提下，教师发挥的主导作用才能获得认可。在高校思想政治理论课实践教学过程中，同样要明确师生关系，注重师生定位，建立和谐有序健康稳定的师生关系，增强师生之间的互动协调性。针对不同实践教学活动的特点，为学生主体地位的发挥创造条件、营设环境。从这个意义上讲，就是通过转变实践教学方式，促进思想政治理论课实践教学过程中教师主导作用和学生主体地位的回归。也可以借助生态位理论来寻求以整体、适应、多元为特点的师生关系。在生态学上，生态位通常是指生物物种在所依存环境中拥有的各种需求总和，其本质能够揭示生物体之间以及生物体与无机世界之间存在的相互关系。在思想政治理论课实践教学情境中，同样存在着教师生态位和学生生态位，教师生态位可理解为教师发展成长的情况，学生生态位可理解为学生成才成长的状态。教师、学生生态位既分别标明了教师（群体）、学生（群体）在实践教学中的空间位置，也标识了教师（群体）、学生（群体）在实践教学中所需求的发展资源尺度和功能发挥大小，更能体现教师在专业思想、情意、知识和能力方面的综合状态，以及学生在思想道德素质、综合能力方面的整体水平。开展实践教学是充分发挥教师生态位的作用，拓展学生生态位发展的空间。在此过程中，不同项目、任务就成为教师生态位与学生生态位之间协调互动的基本媒介。[①]

4. 优化资源配置

从系统论角度看，实践教学方式转变的本质就是实践教学要素结构变化引起功能表现变化的过程。实践教学方式转变有利于实践教学要素结构优化，提升实践教学整体功能水平，促进师生关系和谐运转，推动思想政治理论课实践

---

① 王凯. 教师学习的生态转向及其特征[J]. 教育研究，2010（11）：84.

教学持续发展。实践教学要素结构优化评价维度主要有两个：一是微观维度上构成实践教学各要素、条件之间的协调匹配水平，二是宏观维度上实践教学与学生成才成长、与中央省市相关要求之间的适应水平。功能水平评价维度主要有三个，分别是实践教学过程的高效有序推进、学生综合素质和能力的提高、教师开展实践教学经验的不断丰富和能力的逐渐提升。实际上，结构优化和功能提升的一个重要前提就是要素资源的合理优化配置。不同的实践教学方式选择的要素资源数量和类型是不同的。实践教学过程的有序推进决定要素资源合理配置的必要性；实践教学过程的高效推进决定要素资源优化配置的必要性。忽视合理性必然影响实践教学过程的稳定性；忽视最优化必然影响实践教学过程的绩效性，甚至会造成实践教学资源的浪费和成本的上升。近年来，随着思想政治理论课教学改革的不断深入，多数高校已经意识到开展实践教学改革的重要性，并通过构建大思政育人机制或平台来统筹整合校内资源的利用，使得实践教学开展得到了有效保障。然而，在实践教学项目设置上仍存在重复现象，表现为思想政治教学部开展的实践教学项目与团委、学生处、各系开展的学生活动相近或者相同，缺少学校层面的统一规划和领导。这种问题出现的根源主要在于没有树立大思政育人观念，没有细致研究各部门之间的分工合作，造成了教育资源的浪费，影响了学生对实践教学的正确认识和理解。因此，协调整合与优化配置教育资源成为实践教学方式转变的重要任务。

5. 加强制度保障

除上述四方面条件之外，开展实践教学还要注重制度建设，突出制度的保障作用。制度建设是一项长期任务，由于各种影响因素较多，又往往表现出一定的复杂性特征。目前，尽管思想政治理论课实践教学得到了高校的普遍重视，但多数高校并没有构建起相应的制度体系。事实上，保证实践教学的持续发展，需要尽快建立完善从国家到高校的制度体系。可喜的是，教育部出台了《关于进一步加强高校实践育人工作的若干意见》（教思政〔2012〕1号），为思想政治理论课实践教学发展明确了方向，提供了强有力的政策支持。随着实践教学方式的转变，高校要根据教育部相关文件精神，结合自身办学实际和学生成长成才规律，加快制定思想政治理论课实践教学方面的政策制度，不断深化实践教学改革，提高实践教学水平。政策制度建设须重点处理好三个方面的问题：一是合理制定思想政治理论课实践教学规划，组织力量进行广泛深入研讨，收集整理各方意见建议，规范思想政治理论课实践教学，重点明确实践教学开展的指导思想、基本原则、主要任务和保障措施；二是合理制定思想政治理论课实践教学标准，充分发挥思政课专兼职教师的积极性，重点明确实践教学标准，完善实践教学标准落实的各项规定；三是合理制定思想政治理论课实践教学专项经费，梳理实践教学基本环节，分别确立优先、重点和一般保障环节，坚持节约成本、突出绩效两个原则，保证各环节的经费支持。同时，也要加强对各环节经费使用的监督力度，确保专项经费合理高效使用。

四、转变途径

思想政治理论课实践教学方式转变是一项复杂的系统工程，需要统筹兼顾意识理念更新、师生定位、资源配置、制度保障等方面内容，甚至要对这些方面进行颠覆性反思和创新性设计。每个方面任务的有效推进都不可避免地存在各种问题，尤其是已有方式的思维定式和行为习惯，是实践教学方式转变面临的最大障碍。实现实践教学方式转变必须基于高素质技术技能型人才培养实际，采取有效措施破除各种阻碍因素的影响。

1. 明确课程性质

明确课程性质是有效实施教育教学的基础和前提。课程性质把握不好会影响到教育理念的正确树立。而教育理念又是决定教学方式选择的根本因素。因此，明确课程性质对于选择教学方式起着重要作用。关于思想政治理论课的课程性质，《中共中央宣传部 教育部关于进一步加强和改进高等学校思想政治理论课的意见》（教社政〔2005〕5号）作出了明确界定，即思想政治理论课承担着对大学生进行系统的马克思主义理论教育的任务，是对大学生进行思想政治教育的主渠道。对思想政治理论课课程性质、地位和作用的追问反思，构成教育主体的教育理念，决定教育主体教育心理、教育行为的选择。思想政治理论课主要是马克思主义理论教育，坚定大学生对马克思主义的信仰，增强对改革开放和现代化建设的信心、对党和政府的信任。思想政治理论课具有个体功能、

第五章　新时代高校思想政治工作高质量发展的动力模式

社会功能和政治功能。因此，思想政治理论课教育教学要遵循个体成长成才的规律、经济社会发展规律和思想政治教育教学规律。然而，在具体的操作实践中，这些基本知识往往被忽视，在一定程度上造成了教学方式选择不合理、教学绩效不明显、教学改革不深入。理论教学层面尚存在诸多问题和困惑，更遑论实践教学层面。尽管教社政〔2005〕5号文件强调了思想政治理论课所有课程都要加强实践教学，并明确了开展实践教学的条件保障和方式方法，但各高校的实际执行或多或少地存在偏离文件主旨精神、条件保障不到位、方式方法选择没有经过认真思考、随意性大等问题。有的方式方法既达不到促进理论知识理解吸收的目的，也实现不了提高学生综合素质和能力水平的目的，甚至违背思想政治理论课教育教学的内在规律。应通过认真学习和研究教育部相关文件，不断明确思想政治理论课的课程性质、作用和地位，围绕学生素质培养这个中心问题，创新实践教学方式，提高学生思想政治素质和观察分析社会现象的能力，深化思想政治理论课教育教学的效果。

2. 提高领导重视

目前，加强改进思想政治理论课教育教学已成为各高校党委的一项重要工作。思想政治理论课教学质量被纳入高校党建和思想政治工作、教学工作评估。高校党委把握实践教学的发展方向，党委的工作思路和决策号召，在很大程度上影响思想政治理论课实践教学发展走向，决定实践教学方式的选择创新。近年来，特别是教社政〔2005〕5号文件颁布以后，各高校党委切实负起了政治责任，不断加强对思想政治理论课的领导，加大经费投入，创造良好条件，着力解决思想政治理论课建设与发展中遇到的新情况、新问题，较好地推动了思想政治理论课教育教学改革。但是还存在一些问题：一是高校内部各职能部门之间高效合作的氛围尚未形成。按照教育部文件要求，组织部门、宣传部门和教学部门是思想政治理论课建设的主要力量，但教育教学改革的任务过多集中在教学部门，部分教育教学资源却集中在组织、宣传部门。二是关心和支持思想政治理论课建设的氛围有待于继续营造，真正将思想政治理论课程作为重点课程建设的力度还需要不断加大，对思想政治理论课实践教学改革成绩突出教师的表彰和奖励尚不到位，没有得到落实。精品课程、资源贡献课程建设分布不均衡，在思想政治理论课建设方面的倾斜还不够。三是党委和行政交叉有序管理的机制没有形成，二者之间错位、越位的现象较为普遍，没有真正建立起党委把握政治方向、行政坚持服务管理、部门践行改革创新的运作机制。要么党委行政过度干预实践教学改革，抑制教学部门实践教学改革的积极性；要么党委行政思路不一致、方法不统一、步骤不协调，影响思想政治理论课实践教学改革工作的开展。因此，推进实践教学方式转变必须加强改进高校党委对思想政治理论课的领导，合理划分各职能部门的权责，相互配合，共同做好思想政治理论课教育教学工作。

3. 加强资源保障

思想政治理论课实践教学基于教育学理论是一项由教育主体按照教学规律完成特定教育目标的教学过程，基于教育经济学理论是一项需要教育成本投入的教育经济行为，基于教育生态学理论是一项由教育主体、目标、手段、内容和对象组成的具有特定结构关系并表现一定功能作用的有机系统。不论是作为教学过程还是教育经济行为、有机系统，思想政治理论课实践教学都必须以教学资源为基础。实现实践教学方式转变同样需要教学资源的保障。在高校思想政治教育工作日益强化的背景下，思想政治理论课实践教学资源应处于优先配置的地位，这是保证实践教学开展、提高实践教学水平的必然要求。优先配置教学资源，需要高校从发展战略的高度予以重视，将思想政治理论课建设列入学校发展规划，明确建设目标、内容、经费和成效。同时，作为教学部门也要在年度计划中落实实践教学工作，并优先安排人、财、物资源，重点确保实践教学经费安排。目前，尽管各高校在发展规划、精品课程建设计划中明确提出加强思想政治理论课建设的思路，但在经费保障、资源配置方面并没有真正落实，在一定程度上影响了实践教学的有效开展。对此，各省在思想政治教育工作评估指标体系中专门将"思政理论课经费投入"作为三级指标，并予以一定的权重系数。评估指标的设置有利于思想政治理论课实践教学工作的不断加强，使得开展实践教学的各种资源切实得到保障。同时，也应该清楚地看到目前多数高校制定的思想政治理论课课程标准没有确立实践教学学时，即便有的高校明确了学时但也落实不到位，造成实践教学流于形式。应通过加强领导，加大实践教学资源保障力度，不断促进实践教学方式转变。

4. 突出质量监控

实践教学方式转变实际上是教学资源的重新配置，必然涉及教学理念的更新。如果教育主体习惯传统的教学理念和方式，难免会排斥或抵触实践教学。教学理念不更新，教学资源不按照新的要求进行调整配置，开展实践教学肯定会遇到多重困难和问题。事实上，即便按要求合理配置教学资源，也未必能收到预期效果。这是因为实践教学本身是一个无法完全"预期"的动态过程，随时有情况出现，需要教育主体具备丰富的实践教学经验和较强的教学导控能力。因此，加强实践教学质量监控就显得尤为重要。首先要明确质量监控的意义和作用。充分认识到实践教学方式转变是一个长期复杂的过程，只有树立质量意识和监控理念，才能有效推进实践教学方式转变。其次要把握质量监控的基本原则。能够正确应用基本原则开展质量监控工作，确保质量监控工作不走偏，使得质量监控符合和贴近实践教学实际要求。再次要构建质量监控的指标体系。根据实践教学过程，经过多方集体研讨论证，确定重点环节和关键内容，合理构建监控指标体系，为实践教学质量监控工作开展提供基础。最后要有效推进质量监控的各项工作。合理制订质量监控方案，构建常态化工作机制，成立领导小组，量化工作职责和任务，明确实践教学过程各阶段任务，全过程进行质量监控，及时总结各阶段监控情况，重点做好情况反馈和整改工作，切实提高思想政治理论课实践教学水平。

第六章　新时代高校思想政治工作高质量发展的策略体系

新时代高校思想政治工作高质量发展是一项系统工程，其有序推进离不开高校内外各方面资源和条件的协同发力。各种资源条件相互交织、相互作用，形成有效合力，共同影响新时代高校思想政治工作高质量发展过程及其目标实现。事实上，各种资源条件相互交织、相互作用具有内在的关系形式，特别是关键性资源、有效性条件，在资源条件关系中发挥着举足轻重的作用。认真梳理资源条件关系，不难发现新时代高校思想政治工作高质量发展具有突出协同育人体系建立、注重教学创新团队打造、突出教师能动作用发挥、强调实践教学水平提升、重视教学模式改革创新等方面的规律要求。这五个方面的规律要求，是新时代高校思想政治工作高质量发展实践的本质表征，是新时代高校思想政治工作高质量发展过程的动态体现，也是新时代高校思想政治工作高质量发展目标的实现遵循。

第一节　突出协同育人体系建立

新时代高校思想政治工作高质量发展的重点和关键是思政课的高质量发展。习近平总书记指出，思政课是落实立德树人根本任务的关键课程，思政课作用不可替代。如何发挥好思政课的主渠道主阵地作用，推动各类课程与思政课同向同行，形成协同育人效应，是摆在高校面前亟待思考和切实解决的重大课题。推动和实现新时代高校思想政治工作高质量发展，首先要突出高校思政课协同育人体系建立。高校思政课协同育人体系是一个由主体要素、目标要素、内容要素、方法要素等有机结合组成的有机系统。这些要素相互联系、相互影响，形成有效合力，使得高校思政课协同育人体系表现出动态化、系统化的运作特征。任何一个要素的缺失、不足以及要素之间关系的紊乱等，都会不同程度地影响高校思政课协同育人体系的稳态有效运行。在思政课协同育人常态化背景下，高校要紧扣协同育人目标，聚焦体系结构和优化两个方面，创新思维，精准施策，不断推动协同育人体系健康有效运转。

一、高校思政课协同育人体系的基本结构

稳定的内部结构是高校思政课协同育人体系功能发挥的基础，也是高校思政课协同育人体系持续运转的关键。应理清内部结构，充分认识高校思政课协同育人体系构建的意义，推动落实高校立德树人根本任务。

1. 高校思政课协同育人体系构建的意义

习近平总书记指出，思政课是落实立德树人根本任务的关键课程。在当前形势下，思政课作用不可替代，必须采取行之有效的策略举措来办好。作为一项重大的政治任务，办好思政课必须要把握好定位、关键、活力和保障四个方面的要求。定位主要是明确办好思政课的时代背景和战略意义，关键主要是确定办好思政课的主体力量，活力主要是聚焦办好思政课的内生动力，保障主要是突出办好思政课的组织领导。构建高校思政课协同育人体系是在明确定位的基础上，精准把握办好思政课的核心关键、内在活力和条件保障等，更好地推动和落实高校立德树人根本任务。目前，很多高校认真贯彻落实习近平总书记在学校思想政治理论课教师座谈会上的重要讲话精神，积极探索思政课协同育人的有效方略，切实提高办学质量和育人水平，不断为国家发展、民族振兴和社会进步提供源源不断的人才支撑。

同时，我们也要看到一些地区、高校围绕思政课协同育人还缺少应有的战略谋划和举措推动，在工作格局构建、要素资源利用、师资队伍整合、整体水平提高等方面还存在一定的不足。概括而言，一是认知水平有待提升。正确认知是有效推动高校思政课协同育人实践、取得高校思政课协同育人效应的前提。由于没有深刻认识到办好思政课在世界百年未有之大变局、党和国家事业发展全局中，以及在坚持和发展中国特色社会主义、建设社会主义现代化强国、实现中华民族伟大复兴高度上具有的重要战略地位，因而办好思政课的使命

感、责任感和紧迫感也往往不突出，由此藻生了高校协同育人动力不足、规划缺失、推进迟缓等问题。二是条件保障有待强化。高校思政课协同育人离不开必要的条件保障。目前，一些高校偏重于专业、学科等领域的建设投入，对推动思政课协同育人缺少必要的条件支持，影响思政课协同育人正常开展，制约思政课协同育人目标的实现。三是实践成效有待提升。认知判断的不精准和条件保障的不充分，导致思政课协同育人实践活动不深入。也有的地区、高校缺少对高校思政课协同育人的系统思考，忽视思政课协同育人工作机制的合理建构，热衷于选择点缀式、应景式、突击式等方法开展工作，导致思政课协同育人常态化、持续化效应不明显。因此，要合理构建高校思政课协同育人体系，系统整合思政课协同育人条件，全面提升思政课协同育人水平。

2. 高校思政课协同育人体系的基本结构

体系主要指一定时空范围内具有相互关联的事物有机结合形成的整体，这一整体主要由构成要素、关系和秩序等组成。按照体系的概念内涵，高校思政课协同育人体系可理解为基于特定的育人目标，由高校思政课协同育人主体、目标、内容和方法等要素有机结合组成的具有稳定关系结构、表现特定功能作用的系统。

首先是主体结构。主体要素是高校思政课协同育人活动的组织者和实施者，是构成高校思政课协同育人体系的主体因素。在思政课协同育人实践过程中，主体要素处于主导性地位，发挥主导性作用，这种主导性作用可具化为组织功能、教育功能和调控功能等。[1]从类型上看，高校思政课协同育人主体要素主要包括政府、高校、家庭等。这些主体要素应该具有主动协同育人功能，也可称为宏观主体[2]，它们既与外部环境存在不可分割的紧密关系，同时彼此之间又具有相互联系、相互作用的多维复杂关系。政府是实施高校思政课协同育人的重要主体，要在上级或同级党委领导下，正确指导高校开展好思政课协同育人实践，帮助高校解决好思政课协同育人过程面临的突出问题，重点要在政策鼓励引导、方法举措支持、工作格局建立、良好氛围营造上持久发力。高

---

[1] 沈壮海. 思想政治教育有效性研究[M]. 武汉：武汉大学出版社，2008：62.
[2] 任亮，孔伟. 京津冀文化协同治理体系的结构、特征及策略[J]. 河北学刊，2019（6）：181.

第六章　新时代高校思想政治工作高质量发展的策略体系

校是实施思政课协同育人的核心主体，切实承担着思政课协同育人的主要职责，重点要在方案编制、体系构建、要素配置以及质量保障上做足文章。思政课协同育人还离不开家庭的支持参与及其作用发挥，要注重家校合作。此外，社会也是影响思政课协同育人不容忽视的客观环境，是构成高校思政课协同育人体系的主体要素。社会主要由经济环境、政治环境、教育环境、科技环境、文化环境等组成，各层面环境具有不同的推动力、感染力和约束力，多层面地影响思政课协同育人实践及其目标的实现。与宏观主体相对应，高校思政课协同育人体系还包括高校教师、学生、企业和其他社会组织等微观主体，这些主体也是组成高校思政课协同育人体系的主体性条件，与宏观主体之间关联互动，形成有效合力，共同影响协同育人实践的开展。

其次是目标结构。目标是组织实践活动的依据，也是评价实践活动的尺度。高校思政课协同育人目标旨在培养一代又一代拥护中国共产党领导和我国社会主义制度、立志为中国特色社会主义事业奋斗终身的高素质高层次有用人才。这个目标也可直接表述为培养担当民族复兴大任的时代新人，培养德智体美劳全面发展的社会主义建设者和接班人。事实上，思政课协同育人目标既是适应性和整体性的有机统一，也是实践性和指向性的有机统一。适应性表现了思政课协同育人目标不仅要适应中国特色社会主义新时代发展、社会主义现代化强国建设的本质要求，还要适应新时代大学生立大志、明大德、成大才、担大任的发展要求。整体性表现了思政课协同育人目标重点聚焦提升大学生思想道德素质、法治素养、政治理论水平、分析解决问题能力等方面。实践性一方面表现了思政课协同育人目标为协同育人实践提供明确依据和具体指导，另一方面表现了协同育人目标也会随着协同育人实践不断扩延发展。理解指向性特征可以把握两个维度：一是协同育人目标本身要明确、具体；二是协同育人目标对思政课协同育人体系构建和运作发挥定向、指引作用。

再次是内容结构。内容结构是实现思政课协同育人目标所依附内容有机结合形成的科学体系，是连接思政课协同育人主体和对象之间关系的重要纽带，是构成思政课协同育人体系的基本要素。[①]按照思想政治教育内容层次划分理

---

① 沈壮海. 思想政治教育有效性研究[M]. 武汉：武汉大学出版社，2008：81.

论，结合高校思政课协同育人实际，可以将思政课协同育人内容体系确定为两个方面：一是保障社会主义现代化建设和中华民族伟大复兴的人才需求。这是站在中国特色社会主义伟大事业永续辉煌的战略高度，立足于民族振兴、国家发展和社会进步，坚持"为人民服务、为中国共产党治国理政服务、为巩固和发展中国特色社会主义制度服务、为改革开放和社会主义现代化建设服务"[①]，不断增强抓好思政课协同育人工作的历史责任感和使命感。因此，思政课协同育人要始终贯彻党的教育方针，着力解决好培养什么人、怎样培养人、为谁培养人这个根本问题。同时，也要提高政治站位，聚焦突出问题，在工作格局构建、队伍建设、支持保障、氛围营造等方面精准施策，不断落实好立德树人根本任务。二是满足高素质高层次人才全面发展的成长需要。思政课协同育人要在坚定理想信念、厚植爱国主义情怀、加强品德修养、增长知识见识、培养奋斗精神上下功夫，通过完善课程体系、优化教学内容、创新教学方法、选配优秀师资、加强考核管理等途径，助力学生德智体美劳全面发展，使其成为"拥护中国共产党领导和我国社会主义制度、立志为中国特色社会主义事业奋斗终身的有用人才"[②]。

最后是方法结构。方法是实现思政课协同育人目标、落实思政课协同育人内容、推动思政课协同育人发展所运用的方式手段。方法具有媒介性、工具性特征，在思政课协同育人体系结构形成、功能表现中发挥纽带和关键作用。科学合理的方法有助于思政课协同育人主体与对象之间建立稳定有序的关系。方法选择不合适往往会导致育人主体与对象之间产生僵化互逆的关系，这非但不利于思政课协同育人体系组成要素效能的充分激发，反而会造成思政课协同育人体系功能弱化，进而影响思政课协同育人目标实现。因此，合理选择协同育人方法至关重要。方法选择要强调多方面的适应性——对育人主体的适应性、育人对象的适应性以及育人目标的适应性。[③]从类型上看，高校思政课协同育人方法主要包括课程协同育人法、课堂协同育人法、师资协同育人法、主题实

---

① 习近平. 思政课是落实立德树人根本任务的关键课程[J]. 求是，2020（17）：1.
② 习近平总书记在全国教育大会上的重要讲话引起热烈反响[N]. 人民日报，2018-09-12（2）.
③ 沈壮海. 思想政治教育有效性研究[M]. 武汉：武汉大学出版社，2008：93.

践活动协同育人法、线上线下协同育人法、课内课外协同育人法等多种方法。这些方法既相互联系又彼此不同,从不同方面影响思政课协同育人目标的实现过程。在思政课协同育人实践中,育人主体可以根据协同育人目标,结合协同育人对象实际,灵活选择协同育人方法,最大限度地激发思政课协同育人体系构成要素的效能活度,特别是要注重调动协同育人对象的主动性和积极性。

二、高校思政课协同育人体系的主要特征

高校思政课协同育人体系具有显著的立德树人目标,其多元的构成要素相互联系、相互结合,形成了复杂的关系结构,推动了高效的功能运行,形成了聚合的育人效应。

1. 构成要素的多元化

育人是构建高校思政课协同育人体系的价值旨归,协同是推动高校思政课协同育人体系运作的关键所在。在协同育人背景下,开展思想政治教育,推进立德树人根本任务,不再仅仅发挥思政课主渠道主阵地作用,而是所有课程都要与思政课同向同行,破解思政课"孤岛化"的窘境;同时也不再仅仅强调思政课教师的职责任务,而是突出所有任课教师、管理者、服务者的作用发挥,使其与思政课教师紧密配合,形成强大有效的育人合力,着力解决思政课教师"单兵作战"的问题。随着高校思政课协同育人实践的不断深入,思政课协同育人体系的构成要素也会出现多元化、复杂化趋势。在主体要素层面,政府、高校、社会和家庭等宏观主体要素,与高校教师、学生、企业和其他社会组织等微观主体要素,关联互动,相互结合,形成多主体的共同体。这些主体围绕思政课协同育人开展广泛交流和深度合作。在内容要素层面,社会主义现代化建设伟大实践、中华民族伟大复兴中国梦实现等不断推进,也会引起思政课协同育人体系构成要素、内容体系和结构关系等方面变化。与主体、内容等要素变化相适应,方法要素也会发生调整转换。

2. 结构体系的复杂化

高校思政课协同育人体系是一个由目标要素、主体要素、内容要素、方法要素等组成的有机系统,各种要素之间存在复杂多样、相对有序的关系,决定

了协同育人体系具有稳定的内部结构。然而，特定时期内各构成要素并非固定不变，通常会随着内外环境条件的变化处于不断变化的状态中。也正是与外部环境相互作用过程中，思政课协同育人体系要素发生形态改变、数量增减，使得思政课协同育人体系内部结构关系不断体现出动变复杂的特征。然而，在多数情况下，构成要素变化以及要素之间关系变化具有积极特性和正向效应，会对高校思政课协同育人体系内部结构优化和功能机制运作产生促进作用。可见，高校思政课协同育人体系是一个多要素组成的系统，且各种要素交织并存，彼此之间具有复杂的关系网络，使得思政课协同育人体系内部结构表现出复杂性特征。

3. 功能运作的高效化

构成要素的多元化、内部结构的复杂化，为高校思政课协同育人体系稳定有效运作提供了重要基础。传统思想政治教育，仅仅依赖思政课课程、思政课教师的作用发挥，在工作格局构建、课程体系设置、教师队伍建设等方面存在一定偏颇，面临思政课"孤岛化"窘境、思政课教师"单兵作战"现象等问题，影响教育水平提升。应构建高校思政课协同育人体系，有效聚合各种有利要素条件，搭建有利于要素之间物质循环、能量流动和信息传递的关系结构，最大限度激发要素活力，不断增强思政课协同育人效应，更好地推动落实高校立德树人根本任务。人是高校思政课协同育人体系的核心要素，在高校思政课协同育人体系中占主导地位。因此，高校思政课协同育人体系是以人（教育者和受教育者）为中心的有机系统[①]，教育主体的能力水平往往决定协同育人体系的运作成效。在目标维度上，合理构建高校思政课协同育人体系，有助于满足社会主义现代化建设和中华民族伟大复兴的人才需求，适应高素质高层次人才全面发展的成长实际。这两个目标维度的有机统一，对高校思政课协同育人体系功能运作提出效用尺度要求。也就是说，高校思政课协同育人实践的开展和持续，正是以协同育人体系功能的常态化、有效化运作为前提的。因此，高校思政课协同育人体系的功能作用也呈现更为稳定、高效的特征。

---

① 贺祖斌. 高等教育生态论[M]. 桂林：广西师范大学出版社，2006：31.

4. 育人效应的聚合化

在宏观层面，高校思政课协同育人要坚持"为人民服务、为中国共产党治国理政服务、为巩固和发展中国特色社会主义制度服务、为改革开放和社会主义现代化建设服务"的大局观，充分发挥好思政课主渠道主阵地作用，有效依托协同育人机制，切实增强协同育人合力，"努力培养担当民族复兴大任的时代新人，培养德智体美劳全面发展的社会主义建设者和接班人"。在微观层面，高校思政课协同育人要立足新时代背景，把握好思政课主体协同、内容协同和方法协同等重点环节，聚焦学生思想品质培育、道德素质培养、健康人格养成和行为实践引导，助力学生健康成长成才。基于宏观和微观两个层面育人目标指向，通过构建高校思政课协同育人体系，从根本上解决思政课"孤岛化"、思政课教师"单兵作战"等问题，进一步明确各相关主体的功能地位和作用角色，促使不同主体紧密合作，不同内容相互支撑，不同手段有机结合，最大限度提升育人质量。因此，随着高校思政课协同育人实践的深入递进，协同育人体系的组成要素会逐渐增多，要素之间的关系结构也会从简单静态逐渐向错综复杂转变，进而不断推动协同育人效应聚合。

三、高校思政课协同育人体系的优化策略

高校思政课协同育人体系具有鲜明的育人导向，在推动和落实立德树人根本任务的过程中具有重要的作用。要把强化主体地位、创新内容方法、完善条件保障、突出成效评价等体现思政课协同育人规律的关键方面，作为优化高校思政课协同育人体系的实践方略，建立体现立德树人目标要求的优化策略体系，使之成为推进高校立德树人根本任务的重要支撑。

1. 强化协同育人主体地位

明确主体定位，理顺职责关系，是高校思政课协同育人体系持续运转的重要前提。在思政课协同育人体系中，既有政府、高校和家庭等宏观主体，也有教师、学生和企业等微观主体。各主体之间相互联系、相互作用的关系态势及其变化，组成和推动思政课协同育人实践的演化发展。高校思政课协同育人实践过程是相关主体功能作用的发挥过程，以及主体之间互动关系的聚合过程。

坚持协同育人目标导向，把明确定位作为发挥主体功能作用的首要前提，不断激发主体效能和潜力，提高思政课协同育人质量，促进高校思政课协同育人体系持续运作。政府是高校思政课协同育人实践的推动者，要发挥好统领协调作用，在指导体系构建、完善政策制度、加大资金支持、动员各方参与、培树典型示范上采取一系列创新举措，切实保障思政课协同育人实践取得更多成效。高校是思政课协同育人的实施者，肩负思政课协同育人根本职责，承担思政课协同育人具体任务。高校始终聚焦协同育人目标和要求，整合校内外资源要素，强化课程、师资、课堂、活动等方面协同，形成协同育人合力，创造新时代思政课协同育人新业绩。同时，也要立足协同育人实际，系统谋划思政课协同育人体系构建，不断创设条件，有效调动教师、学生、家庭、企业以及其他社会力量参与协同育人的积极性、主动性和创造性，持续推动高校思政课协同育人体系有效运转。教师、学生、家庭等主体，也要切实承担相应的责任，深度融入协同育人，为高校思政课协同育人注入创新和发展的强大动力。

2. 创新协同育人内容方法

动态多变是高校思政课协同育人的鲜明特征。高校思政课协同育人体系构建、运作和发展，是在适应内外环境变化过程中进行的，这就决定了思政课协同育人内容、方法、手段和举措等，不能局限或停留在某个层面上。高校思政课协同育人实践是不断创新协同育人内容、方法的过程，是不断推进协同育人手段创新、举措创新的过程。因此，创新协同育人内容方法是高校思政课协同育人的题中应有之义，也是高校思政课协同育人体系运作的本质要求。同时代进步和社会发展结合，同高素质人才成长结合，是高校推动构建思政课协同育人体系、提高办学质量和育人水平具有的特色和优势。在思政课协同育人中，要不断探索新内容、新方法和新举措，并将行之有效的实践成果、有益经验进行提炼，更好地指导实践深入开展，实现探索、总结和提升的螺旋式发展。在内容上，要始终确保思政课协同育人服务国家发展、民族振兴和社会进步这个根本目标不动摇，确保思政课协同育人符合高素质人才成长规律，激发学生成才动力，增强学生发展活力。在方法上，既注重传统思想政治教育方法的合理选择，也突出现代思想政治教育方法的优势利用。综合运用传统方法和现代方法，有助于落实落细落小思政课协同育人目标和内容，不断提高思政课协同育人水平。

3. 完善协同育人条件保障

条件保障是推动思政课协同育人的重要基础。没有充足优质的条件支持和物能保障，思政课协同育人不可能实现持续发展。任何一项思政课协同育人活动有条不紊地开展，都要得到坚强有力的组织领导、资源支撑和制度保证。树立科学治理理念，努力构建高校党委统一领导、党政齐抓共管、有关部门各负其责的工作格局，真正使思政课协同育人各方力量凝聚起来，真正把思政课协同育人各个环节统筹起来，保证协同育人目标、任务和方案能够得到准确全面的落实。稳固的工作机制、集中的统一领导和有序的协调配合使得思政课协同育人正常高效运转，产生显著育人效应。加强资源条件保障力度，推动校内外人力、财力和物力等资源要素合理流动，构建多元、开放、优质、充足的资源保障体系，切实满足思政课协同育人多层面资源需求。创新思维观念，敢于突破现成模式和管理框架，积极探索思政课协同育人新模式、新方法，建立完善思政课协同育人管理机制，为实现思政课协同育人可持续发展提供更为坚实的基础和保障。同时，广泛了解师生意见，有效汇聚各方智慧，不断完善相关制度体系，引导和规范相关主体行为表现，促使不同主体精准聚焦协同育人目标，形成有效合力，提升思政课协同育人效果。

4. 突出协同育人成效评价

构建思政课协同育人体系，抓住高校立德树人这个关键性、根本性和重要性的使命，拓展了高素质高层次人才培养的路径依赖，集中体现了高校人才培养模式的改革方向和创新举措。推动好这一体系稳态有效运作，是一个动态复杂的过程，也是一个实践深化的过程。除了强化主体地位、创新内容方法和完善条件保障之外，还要突出思政课协同育人成效评价。实施成效评价可以细致了解思政课协同育人体系各构成要素的表现活度，系统把握思政课协同育人体系内部结构关系的运行状态，有效研判思政课协同育人体系功能表现的整体水平。通过成效评价、总结问题、发现不足、提出对策，推动和实现思政课协同育人体系高质量运转，不断开辟思政课协同育人新格局。也就是说，成效评价会不断深化认识，不断总结经验，不断推进思政课协同育人实践基础上的思维创新、内容创新、方法创新和举措创新，实现成效评价和实践创新良性互动与辩证统一。正是在这种互动和统一中，思政课协同育人体系得到优化完善，思政课协同育人实践得到深入发展。有效开展思政课协同育人评价，充分发挥评价导向性作用，必须合理构建评价体系，准确把握评价原则，科学选择评价方法，细化实化评价过程。

第二节　突出教学创新团队打造

高等教育的实践性、综合性以及高素质专业人才培养的目标性和特殊性，决定了高校必须构建一支结构合理、素质优良、专兼结合的师资队伍。推动和实现新时代高校思想政治工作高质量发展，离不开高校教学创新团队的合理培育，特别是高校思政课教学创新团队的科学打造，更具有十分重要的意义和作用，这也是高校思想政治工作高质量发展所必须遵循的规律要求。因此，要注重教学创新团队建设规划、建设目标、建设任务和质量监控。

一、教学创新团队建设规划

1. 明确指导思想

指导思想是教学创新团队建设的根本遵循。要坚持以习近平新时代中国特色社会主义思想为根本指导，以习近平总书记在学校思想政治理论课教师座谈会上重要讲话精神为基本遵循。

2. 确立基本原则

教学创新团队建设是一项系统工程，其建设过程的有序推进离不开基本原则的合理确定。这些基本原则主要包括科学性、先进性、规范性、成效性、示范性等。

3. 制定年度任务

根据团队遴选指标体系中建设任务指标、二级指标和观测点，分阶段地有序推进团队建设。在准备阶段，召开团队成员会议，明确任务分工和工作要求，主要完成团队运行机制构建、师德师风建设长效机制建立、教师能力提升方案制订、教师能力发展路径及能力标准制定、教师能力提升测评方案制订、团队管理制度制定、团队教师考核评价制度制定、思政课实践教学基地建设规划制定、成果推广方案制订等任务。在实施阶段，主要聚焦到落实习近平新时代中国特色社会主义思想"三进"工作、思政课教学方法模式改革、思政课教学品牌培育、思政课教学名师培育等重点工作上，突出创新，强调特色，培育亮点。这一阶段是团队建设的关键期和攻坚期，要发挥团队管理制度和团队教师考核评价制度、质量控制方案等的规范、约束和导向作用，加强团队内外沟通，集思广益，合力解决团队建设过程中面临的各种问题，确保建设过程有序开展，确保建设目标如期实现。在总结阶段，主要落实成果推广方案，完成成果发表、推广、评价等任务。梳理总结团队建设成果，在报纸或学术杂志发表，提高成果的社会影响力；邀请相关专家学者，围绕团队建设成果，开展交流研讨和绩效评价，征求意见建议，改进问题和不足，提升成果水平；做好团队建设成果整理。

二、教学创新团队建设目标

1. 目标定位

聚焦新时代高校思政课教学新要求，建立健全思政课教学创新团队运行机制，以师德师风建设机制改革和管理制度创新为着眼点，以思政课教学方法创新和教学模式改革为主要抓手，推动思政课理论教学与实践教学相结合、思想政治教育与技术技能相融合，促进思政课教学质量和育人水平不断提高。经过建设，致力于打造师德师风高尚、教学能力突出、教改示范引领作用显著的省内一流、国内知名的优秀教学创新团队，引领省域内高校思政课教学改革，辐射带动国内高校思政课建设发展。

2. 建设目标

聚焦实现立德树人根本任务，以习近平新时代中国特色社会主义思想为指导，以习近平总书记在学校思想政治理论课教师座谈会上的重要讲话为遵循，在创新习近平新时代中国特色社会主义思想"三进"工作举措、推动思政课"三教"改革、创建思政品牌、培育思政课教学名师、促进思政教育与技术技能融合等方面取得重要突破，使得团队成为推动落实习近平新时代中国特色社会主义思想"三进"工作的示范，培养国家级、省级思政课教学名师的示范，思想政治教育与技术技能深度融合、教学方法模式创新的示范。

三、教学创新团队建设任务

1. 教学创新团队建设机制

建立健全必要的运作机制，是思政课教学创新团队建设的重要保障。运作机制选择是否合理、建设是否科学、运行是否有效，直接影响到教学创新团队建设的平稳有序开展。团队建设至少应该突出组织领导机制、内部激励机制、协同推进机制、专家指导机制、成果导向机制等方面机制的作用发挥。一是组织领导机制。成立团队建设管理领导小组，由团队负责人担任小组组长，成员由建设子任务的负责人组成。制定团队建设的目标规划、实施方案、运作模式、推进策略、经费安排和使用等重要事项；领导小组定期召开会议，共同研究或审查团队建设和管理过程中的一些重大问题，并提出指导性意见，抓好整改落实。二是内部激励机制。建设好、落实好团队管理制度。探索任务责任制、小组制等建设模式，赋予团队成员开展建设工作所需的人权、事权、财权，建设科学高效、保障有力的团队管理制度体系。优化创新资源配置模式，增强团队成员改革热情、创新动力，实现目标链、任务链、创新链的深度融合。三是协同推进机制。加大与兄弟院校、思政课建设联盟等多元主体联系，形成共建共享的开放组织架构，特别是强化与省内高校校思政课教学创新团队立项建设单位的沟通协作，互通有无，取长补短，增强团队建设的外部力量支持。四是专家指导机制。为保持团队建设和运行始终与省内外一流高校思政课教学创新团队，在教学理念更新、教学方法改革、教学模式创新、教学能力提升等方面保持同步，以及及时将先进的经验做法引入团队建设。在建设与运行管理过程中，团队将强化与省内外一流高校思政课教学创新团队的联系，成立团队建设联盟，相互借鉴，相互学习，相互提高，确保团队建设各项工作高质量开展。五是成果导向机制。制订思政课教学创新团队建设方案，结合高校思政课教师教学创新团队建设指标体系，按照团队建设目标和任务，坚持成果导向来推动建设任务开展。发挥团队专家、名师聚合最大效应，高质量完成团队的制度成果、教学成果和学术成果等，力争在建设期内形成一系列高水平的思政课教学创新团队建设成果。

2. 任务规划与实施

思政课教学创新团队建设任务主要包括团队教师能力建设、团队管理制度建设、教学方法创新和模式改革、实践教学基地建设、示范带动作用发挥、教学质量保障体系建设等方面。

一是团队教师能力建设。（1）注重师德师风教育，加强师德师风培养。坚决落实教师职业行为"十项准则"，将师德师风作为第一标准，修订学院思政课教师师德师风考核实施方案，形成具有高职特色的思政课教师师德师风标准体系。通过标兵带动、先进激励、典型培树、完善机制等多种途径，提升团队师德师风水平。（2）按照习近平总书记在学校思想政治理论课教师座谈会上提出的"六个要"标准，制定思政课教师能力标准、能力提升及测评方案、考核评价体系等管理制度。通过业务学习、学历提升、实践研修、学术交流、考察调研等多种形式，全面提升团队教师能力水平。选派教师参加思政课教师业务培训会、思政课教师实践研修、思政课教师学术交流、考察调研活动，支持团队成员攻读博士研究生。（3）注重省市级优秀教师、教学名师培养。以教师能力标准为导向，以相关业务学习培训交流为途径，培育思政课优秀教师、教学名师，鼓励教师参加各级各类省市级思政课教学能力比赛、教学视频比赛。

二是团队管理制度建设。（1）制定思政课教学创新团队建设管理制度，实施建设过程全生命周期管理，为整个团队建设与管理提供良好的制度保障和运行环境。实施目标管理，细化建设任务，按年度细化分解目标任务，明确任务分工，清晰责权利，保证项目实施的科学化、程序化和规范化。（2）制定思政课教学创新团队建设资金管理制度，设立团队建设专用账户，实行专款专用。通过制度明确资金使用范围、审批权限、预决算制度等，对团队建设资金实施全程管理和监控。对来自各级财政以及自筹的经费，严格核算和审计。建设期满，对资金使用及效益进行第三方审计，确保资金使用符合相关文件规定和要求，达到预期建设成效。（3）制定思政课教学创新团队建设绩效评价办法，建立激励约束机制，严格执行建设任务责任制，完善专项考核奖惩制度；将团队各项任务责任人指标完成落实情况与评优推先等相挂钩，鼓励先进，督促后进，确保团队建设如期完成。除上述三方面制度外，还应该注重教学创新团队成员核准制度，教学创新团队成员培养与优化制度，教学创新团队成员业绩考核、评价与奖励制度等相关制度建设。

　　三是教学方法创新和模式改革。按照习近平总书记在学校思想政治理论课教师座谈会上提出的"八个相统一"原则，实施思政课学习手册制度，每年开展思政课学习标兵、优秀学习手册等评选工作，提高学生学习思政课的积极性和主动性。依托"习近平新时代中国特色社会主义思想概论"课程教学，推广使用习近平新时代中国特色社会主义思想学习手册，落实习近平新时代中国特色社会主义思想"三进"工作。积极评选思政课学习标兵、优秀学习手册，定期开展思政课学习标兵座谈会。坚持教师主导和学生主体作用发挥，依托超星学习通、蓝墨云班课、职教云等教学信息化平台，深入实践思政课"三环六维"翻转课堂教学模式、"六维三化"学习模式改革，探索思政课智慧课堂，不断增强思政课教学的亲和力、针对性，提升学生对思政课的满意度和获得感。积极推进思政课精品在线开放课程建设任务；组织思政课教学满意度调查活动；开展思政课"三环六维"翻转课堂教学观摩会、"六维三化"学习模式交流会，广泛征求广大师生意见和建议，为深化思政课教学模式创新提供有益参考。建立思政课教学质量保障与评价机制，实现思政课教学质量全过程控制。按照课程教学目标、教材内容编排、教学组织实施等实际，探索思政课案例式教学、探究式教学、互动式教学、专题式教学等多种教学方法的综合使用。加强"思想道德修养与法律基础"课程的教学案例库、教学问题链等建设任务，确保案例式教学、探究式教学等方法有效实施；推动"毛泽东思想和中国特色社会主义理论体系概论"课程的专题教学资源库等建设任务，确保互动式教学、专题式教学等方法有效适应。同时，总结梳理出综合使用思政课案例式、探究式、互动式、专题式等多种教学方法的经验做法。

　　四是实践教学基地建设。持续加大对马克思主义理论社团建设的力度，择优选派团队优秀教师担任马克思主义理论社团指导教师，发挥社团第二课堂实践育人作用。加强与校外思政课实践教学基地的沟通联系，为思政课高质量建设、可持续发展提供各方面资源和条件保障。组织寒暑假社会实践和调查等活动，让学生走出校门，迈向社会，深入实际，体验生活，不断深化理论认识，提高运用理论分析和解决问题的能力。

五是示范带动作用发挥。持续发挥思政课教学名师、教学骨干等成员的示范带动作用，深度参与学校全国文明单位成果巩固、思想政治工作品牌创建、辅导员工作室建设等工作，全力推动学校校园文化建设、思想政治工作水平提升。面向辅导员老师，积极开展理论指导、科研咨询、职业发展和教学帮扶等方面的工作，广泛吸纳优秀辅导员教师加入教学创新团队。持续发挥思政课教师作为课堂理论教师、班级思政导师兼班主任、社团指导教师的"三个角色"作用，巩固"三个角色"作用发挥工作品牌，助力学生成长成才。

六是教学质量保证体系建设。构建"12345"思政课教学质量保证体系。聚焦"一个中心"，主要指以提高思政课教学质量为中心；强调"两大方面"，主要指思政课理论教学和实践教学两大方面的质量保证体系；把握"三个层面"，主要指制定思政课教学质量标准体系、保证体系和评估体系三个层面的制度；强调"四个主体"，主要指发挥学校、部门、教师、学生四方主体在思政课教学质量保证中的积极作用；达到"五个目标"，主要指实现立德树人目标、提升思政课教学质量目标、提高思政课育人水平目标、增强学生对思政课的满意度和获得感目标、培育思政课教学品牌目标。

3. 教学创新质量控制

全面贯彻落实习近平在学校思想政治理论课教师座谈会上的重要讲话精神和中共中央办公厅、国务院办公厅《关于深化新时代学校思想政治理论课改革创新的若干意见》以及《教育部等八部门关于加快构建高校思想政治工作体系的意见》（教思政〔2020〕1号）等文件要求，通过树立全过程质量控制意识，构建思政课教学质量保证体系，切实保证与提高新时代高校思政课教学质量和育人水平。围绕思政课教学全过程质量控制，构建"12345"的思政课教学质量保证体系。

（1）聚焦"一个中心"。以努力培养担当民族复兴大任的时代新人、培养德智体美劳全面发展的社会主义建设者和接班人为目标，以提高思政课教学质量为中心，充分发挥思政课在落实立德树人根本任务过程中关键课程的地位和不可替代的作用。

（2）注重"两大方面"。坚持理论性和实践性相统一，着力构建思政课理论教学和实践教学两大方面的质量保证体系。构建思政课理论教学质量保证体系，实现思政课用科学理论培养人、武装人，使得思政课教学更加符合学生的认知规律，推动马克思主义理论入脑入心。在思政课理论教学质量保证体系构建方面，制定或完善思政课课程标准、思政课教师岗位职责标准、思政课教学工作规程、思政课教学工作规范、思政课教研活动规范、思政课集体备课制度、思政课教学管理标准、思政课条件保障标准等方面的制度。制定思政课实践教学质量保证体系，确保思政课实践教学高质量开展，推动思政小课堂同社会大课堂有机结合，促使学生在理论学习和实践体验中，自觉把人生抱负落实到实际行动中来，把学习奋斗的具体目标同民族复兴的伟大目标结合起来，立鸿鹄志，做奋斗者。

（3）把握"三个层面"。构建思政课教学质量标准体系、保证体系和评估体系等。围绕思政课教学质量标准体系构建，在两年建设期内，团队制定或完善思政课课程标准、思政课教师岗位职责标准、思政课条件保障标准等制度。围绕思政课教学质量保证体系构建，团队实施思政课教学质量管理保证、思政课教学质量执行保证、思政课教学质量反馈保证等方面的制度。围绕思政课教学质量评估体系，团队制订和实施思政课教学质量评估方案，发挥教学质量评估对于促进教育质量提升的重要功能和作用。

（4）强调"四个主体"。发挥学校、部门、教师、学生四方主体在思政课教学质量保证中的积极作用。思政课教学质量是学校教学质量的重要体现，思政课教学质量水平的高低不仅直接反映学校教学质量水平的高低状态，也深刻体现学校对于习近平总书记在学校思想政治理论课教师座谈会上重要讲话精神的落实程度。因此，学校在提高思政课教学质量中发挥不可替代的作用。特别是党委书记、校长，是推进思政课程建设、提高思政课教学质量的第一责任人。马克思主义学院、思政部作为落实学校关于思政课教学质量要求的主阵地，

第六章　新时代高校思想政治工作高质量发展的策略体系

担负起守好思政课教学质量的责任田，教育引导广大思政课教师按照上级要求和学校标准，高质量开展教育教学，深化课堂教学改革，提高思政课教学质量。思政课教师是办好思政课的关键，团队应通过能力提升、政策激励等举措，调动和发挥思政课教师的积极性、主动性、创造性，给学生心灵埋下真善美的种子，引导学生扣好人生"第一粒扣子"。学生是思政课教学质量的建设者，也是思政课教学质量的评价者。学生参与思政课教学的广度、深度和效度，也会影响到思政课教学质量目标的达成。选聘同学担任思政课教学信息员，定期组织思政课教学信息反馈会，广泛听取和及时反馈学生的意见建议，不断提高思政课教学质量。

（5）达到"五个目标"，主要指实现立德树人目标、提升思政课教学质量目标、提高思政课育人水平目标、增强学生对思政课的满意度和获得感目标、培育思政课教学品牌目标。这五个方面的目标不仅是思政课全过程质量控制的目标所在，也是思政课教学创新团队建设的价值指向。

4. 教学创新成果应用

（1）成果推广方案。团队建设成果推广，主要采取建推结合、专家指导、主动推介、媒体宣传等方式，最大限度扩大与提高建设成果的辐射范围和应用水平。一是建推结合。在建设过程中，坚持建设与推广相结合的原则，突出阶段性成果的积极推广，不断总结建设经验和成果，广泛听取社会各方意见和建议，确保建设成果质量和有效推广。二是专家指导。定期邀请省内外高校思政教育专家学者，对建设取得的阶段性成果进行科学性、合理性和成效性论证，提高成果水平。同时，借力省内外专家学者所在的单位、学术机构等，深入推广建设成果，扩大成果社会影响。三是主动推介。通过参加思政教育高端论坛，依托思政课建设联盟等有力平台，开展思政课校校对口帮扶，申报省级及以上思政工作成果或优秀案例，撰写学术论文等方式，大力宣传团队建设成果。四是媒体宣传。高度概括和总结提炼建设成果，将建设经验、方法和举措等提升为建设理论，并通过省市级以上网络媒体、报纸杂志等渠道进行宣传，使得成果有效指导省内外相关高校开展思政课教学创新团队建设、教学改革创新、思政育人品牌创建等。

（2）成果创新。一是理念创新。始终坚持习近平总书记在学校思想政治理论课教师座谈会上的重要讲话精神，结合高校思政课教育教学和课程建设实际，坚持系统论、整体观等建设理念，围绕团队师德师风建设、教师能力提升、管理制度建设、实践教学基地建设、思政品牌创建、思政课教学方法模式创新等重点任务展开工作，这实际上就是深化落实习近平总书记在学校思政课教师座谈会上的重要讲话精神。二是理论创新。聚焦职业院校思政课教学创新团队建设这一主题，展开系统全面的实践探索和理论分析，将在团队文化建设、能力提升、教学改革、品牌培育等方面形成一系列质量高、影响强的学术成果，有助于弥补当前相关研究成果数量不足、深度不够的现状，不断丰富职业院校思政课教学理论研究体系。三是实践创新。成果既突出理念、理论和制度等层面的创新，也突出思政课教学实践、教学方法、教学手段、教学模式等方面的创新。理论创新发挥先导作用，有效指导实践创新。实践创新的有效突破和示范引领，反过来又能够推动思政课教学理论的不断发展，带动高校思政课教学水平的稳步提升。

（3）成果特色、示范性。集中体现在三个方面：一是聚焦思政课教学水平提升这个目标，紧扣团队教师能力培养和提升这个核心，探索出发挥思政课教师"三个角色"作用的教师能力提升模式，形成系统完善的思政课教学创新团队管理制度；二是实施思政课学习手册制度，培育起思政课"三环六维"翻转课堂教学模式、"六维三化"学习模式等教改特色；三是实施思政课教学全过程质量控制，构建起"12345"思政课教学质量保证体系。

（4）团队建设效果。一是建成一个机制。按照习近平总书记在学校思想政治理论课教师座谈会上提出的"六个要"标准，结合思政课教师职业特点和要求，坚持可复制可推广可借鉴的原则，从管理制度、培养途径、方法举措等方面，构建起符合和贴近思政课教师职业实际的师德师风建设长效机制。二是培育两大模式。两大模式是指教师能力提升模式和思政课线上线下混合式教学模式。按照习近平总书记在学校思想政治理论课教师座谈会上提出的"八个相统一"要求，结合团队成员能力提升、发展实际，探索出能够在省内外推广应用的教师能力提升模式。同时，持续巩固思政课"三环六维"翻转课堂教学模式、"六维三化"学习模式等方面的教改特色，深度融合思政教育与技术技能，使得思政课线上线下混合式教学模式的育人效果更加显著。三是形成三大示范。依托实施思政课学习手册制度，成为推动落实习近平新时代中国特色社会主义思想"三进"工作的示范；依托团队省级专家、省市级教学标兵、能手和名师的实力效应，成为提升思政课教学能力，培养国家级、省级思政课教学名师的示范；借助现代信息技术，深入实践思政课"三环六维"翻转课堂教学模式、"六维三化"学习模式等，成为思想政治教育与技术技能深度融合、教学方法模式创新的示范。

第三节 突出教师能动作用发挥

深入学习贯彻习近平新时代中国特色社会主义思想和党的二十大精神，落实好全国高校思想政治工作会议精神和习近平总书记在学校思想政治理论课教师座谈会上的重要讲话精神，全面推进高校思想政治工作高质量发展，必须重视发挥思政课教师的主导作用和学生的主体作用，依托思想政治理论课作为大学生思想政治教育主渠道功能，不断提高大学生思想政治素质。突出教师能动作用发挥，可以探索发挥思政课教师作为课堂理论教师、班级班主任、社团指导教师的"三个角色"作用，推动"三个结合"，达到"四个提升"，实现"五个目标"。

一、教师"三个角色"作用发挥的基本举措

1. 立足课堂教学，争做优秀理论教师

习近平总书记指出，办好思政课关键在教师，关键在发挥教师的积极性、主动性、创造性。思政课教师承担着塑造灵魂、塑造生命、塑造新人的历史重任，要给学生心灵埋下真善美的种子，引导学生扣好人生"第一粒扣子"。党的十八大以来，高校党委认真落实党中央关于加强和改进思政课建设的决策部署，高度重视思政课教师队伍建设，多措并举提升思政课教师队伍实力。马克思主义学院、思政部等要以推动习近平新时代中国特色社会主义思想"三进"工作为抓手，按照《普通高等学校思想政治理论课教师队伍培养规划（2013—

2017年)》《新时代高校思想政治理论课教学工作基本要求》等文件，明确思政课教师在思想引领、理论传授、价值引导、教学改革、研究探索等方面的职责。思政课教师争做优秀教学名师，突出精品课建设，研发课程教学资源，探索"三环六维"翻转课堂教学模式改革，引导学生小组合作学习，注重蓝墨云班课、超星学习通等信息化教学手段应用，强调过程性考核评价，不断提高课堂教学水平，增强学生对思政课的满意度和获得感。

2. 融入班级管理，争做优秀班主任

思政课教师要帮助学生树立正确的世界观、人生观和价值观，做学生健康成长的人生导师和全面成才的知心朋友。特别是思政课青年教师，与学生年龄接近，联络与沟通便利，对学生道德情操、思想行为的影响更直接，充分发挥他们的示范引导作用，有助于学生的成长成才。马克思主义学院可以同团委、学生工作处、相关院系合作，共同谋划和实开展学生班主任工作。鼓励和引导思政课教师任劳任怨，默默无闻，不计报酬，认真履行班级思想政治教育工作导师的职责，与辅导员教师密切配合，共同开展班级管理，指导日常活动，助力学生成长。同时，也要完善班主任工作方案，重点聚焦方法创新、制度完善、特色凝练和水平提升等方面，力争实现新突破，取得新成绩。

3. 指导社团建设，争做优秀指导教师

共青团中央、教育部《关于加强和改进大学生社团工作的意见》（中青联发〔2005〕5号）明确指出，高校学生社团活动是实施素质教育的重要途径和有效方式，在加强校园文化建设、提高学生综合素质、引导学生适应社会、促进学生成才就业等方面发挥重要作用，是新形势下有效凝聚学生、开展思想政治教育的重要组织动员方式，是以班级、年级为主开展学生思想政治教育的重要补充。在高校团委的指导支持下，马克思主义学院可以组建政治理论社团组织。为保证政治理论社团健康发展，发挥其育人功能，可以选派中青年党员教师担任社团指导教师。社团指导教师通过思想引导、活动指导、理论讲座、教育培训等方式，有效发挥专长优势，系统指导社团活动，快速提升社团实力。通过指导社团，引导教师成长为省市级教学名师、教师标兵、优秀指导教师等。

二、教师"三个角色"作用发挥的主要成效

"三个角色"作用发挥是落实习近平总书记在学校思想政治理论课教师座谈会上重要讲话精神的生动体现，是新时代背景下建设高素质思政课教师队伍的有效抓手，对推动"三个结合"、达到"四个提升"、实现"五个目标"具有不可替代的作用和意义。

1. 推动"三个结合"

一是思政课教师与学生的结合。思政课教学离不开教师的主导性和学生主体性作用的发挥。实现主导性和主体性的有机统一，既要加大对学生的认识规律和接受特点的研究，也要突出对师生关系契约性和有序性的把握。良好的师生关系是实现思政课铸魂育人目标的根本前提，是推动思政课改革创新的内在要求。忽视师生任何一方能动性、积极性的有效发挥，都会影响思政课的改革创新和建设发展。发挥思政课教师"三个角色"，促进思政课教师与学生建立友好稳定的关系，为教师认真讲好思政课、学生积极学好思政课提供重要保证。

二是思政小课堂与社会大课堂的结合。理直气壮开好思政课，用习近平新时代中国特色社会主义思想铸魂育人，离不开课堂教学主渠道作用的发挥。通过课堂教学，思政课教师传播知识、传播思想、传播真理，引导学生坚定"四个自信"，厚植爱国主义情怀，把爱国情、强国志、报国行自觉融入坚持和发展中国特色社会主义事业、建设社会主义现代化强国、实现中华民族伟大复兴的奋斗之中。习近平总书记强调，要重视思政课的实践性，把思政"小课堂"同社会"大课堂"结合起来。思政课教师立足课堂教学的守正创新，通过指导班级活动、指导社团建设，实现了思政小课堂与社会大课堂的有效对接与融合互动，为学生厚植情怀、积累智慧、增长才干提供了有效途径。

三是理论与实践的结合。习近平总书记强调，推动思政课改革创新，要不断增强思政课的思想性、理论性和亲和力、针对性。教育部原部长陈宝生指出，要把思政课讲得"有虚有实"，把理论与实践结合起来，既不是纯粹讲理论，而是有实践支撑；也不是纯粹讲实践，而是有理论指导。因此，实现理论与实践的有机结合，是思政课的本质属性和具体要求。发挥思政课教师"三个角色"

作用,很好地将课堂理论教学与班级、社团开展的实践教学结合起来,推动理论与实践有机统一,为学生成长成才构筑起"同心圆",使得学生不断坚定对共产主义的信仰和社会主义信念,更加能动自觉地投身习近平新时代中国特色社会主义伟大实践。

2. 达到"四个提升"

一是课堂教学水平提升。在高校党委的支持鼓励下,思政课教师实施"三环六维"翻转课堂教学模式,倡导小组合作学习,应用蓝墨云班课等信息化教学手段,提高课堂教学水平。二是班级管理水平提升。在班级管理过程中,班主任工作主要以立德树人为根本,以服务学生成长成才为目标,以工作制度为遵循,充分发挥理论指导、思想引领和道德培育作用,积极开展理想教育、主题班会、班风建设、座谈交流、心理疏导、活动辅导等工作,引导学生自我教育、自我管理、自我发展,提高班级管理水平,推动班级健康发展。三是社团发展水平提升。突出育人功能,强化政治引领,思政课教师指导知行社开展读书会、辩论赛、素质拓展、趣味运动会、校外实践等活动,可以重点打造"习近平新时代中国特色社会主义思想读书会"等品牌活动,引导学生更加自觉地用习近平新时代中国特色社会主义思想武装头脑、指导实践。高校党委可以出台关于加强和改进新形势下思想政治工作实施方案,积极建设马克思主义理论学习社团,为政治理论社团持续发展提供重要保障。四是思想政治工作水平提升。以教师"三个角色"作用发挥为依托,创新高校思想政治工作模式,不断提高高校思想政治工作水平。

3. 实现"五个目标"

一是立德树人根本目标。思政课教师在课堂教学、班级管理和社团指导中,坚持立德树人根本任务,用习近平新时代中国特色社会主义思想铸魂育人,帮助学生树立正确的世界观、人生观和价值观,引导学生坚定"四个自信",增强"四个意识",不断实现健康成长成才。二是教学名师培育目标。在"三个角色"作用发挥过程中,能够培养出一批优秀思政课教师。例如全国高校思政课教学标兵、全国高校思政课教学能手、省市级高校思政课教学名师、骨干教师、优秀教师、文明教师、师德标兵、教学育人标兵等。三是教学团队建设目标。通过发挥思政课教师"三个角色"作用，可以组建理论宣讲小分队和思政课教学创新团队；鼓励教师发表学术论文，出版学术专著，申报各级各类课题和科研奖励。四是思政课吸引力增强目标。培养优秀思政课教师，打造优秀教学团队，无疑会增强思政课满意度和吸引力，提高思政课教学水平。五是校园文化培树目标。思政课教师"三个角色"作用的发挥，推动班级文化、专业文化和社团文化的交融渗透，促进校园文化的健康发展。

三、教师"三个角色"作用发挥的实践展望

1. 坚定政治站位

思政课教师使命光荣，责任重大，要继续坚持以习近平新时代中国特色社会主义思想和党的二十大精神为指导，认真贯彻中央和省委关于加强和改进新形势下高校思想政治工作的文件要求，增强"四个意识"，坚定"四个自信"，坚决做到"两个维护"，继续发挥好"三个角色"，落实立德树人根本任务。

2. 牢记使命要求

思政课教师要按照习近平总书记在学校思想政治理论课教师座谈会上提出的"政治要强、情怀要深、思维要新、视野要广、自律要严、人格要正"的六个标准，围绕学生、关照学生、服务学生，传播知识、传播思想、传播真理，塑造灵魂、塑造生命、塑造新人，努力培养担当民族复兴大任的时代新人，培养德智体美劳全面发展的社会主义建设者和接班人。

3. 加强机制建设

思政课教师"三个角色"作用的发挥，离不开高校党委的高度重视，离不开相关职能处室的大力配合，需要构建党委统一领导，各相关部门各司其职、相互配合的工作格局。多方合力，有助于解决思政课教师"三个角色"作用发挥过程中面临的问题、出现的困境，进而确保思政课教师"三个角色"作用发挥的持续开展。建立健全党委统一领导、党政齐抓共管、有关部门各负其责的工作格局。高校党委统筹协调，把关定向，支持思政课教师发挥好"三个角色"作用；相关职能处室配合支持，同向同力，按照课堂理论教师、班级思政导师（班主任）、社团指导教师每个角色的具体要求，引导思政课教师做好工作。

4. 创新工作方法

推进思政课教师"三个角色"作用的发挥，除了要有实施方案、党委领导和理念信心外，还要有好方法、好举措。要坚持从学生实际出发，理清工作思路，完善管理制度，找准突破口和切入点。随着思政课教师队伍数量的增加和规模的扩大，班主任对接的教学院系也会增多，不同的教学院系具有不同的专业，不同的专业具有不同的班级学生，不同的班级学生具有不同的学情。同样，社团指导教师也会面临社团增多的情况。这些都会对思政课教师"三个角色"作用的发挥带来新要求和新挑战，必须创新方法、创新举措，真正把自身专业优势发挥好，帮助引导学生不断成长成才。

5. 突出考核激励

思政课教师"三个角色"作用的发挥怎么样，存在哪些问题和不足，学生体会最深，看得最清，最有发言权。要采取座谈交流、个别访谈、问卷调查等方式，广泛听取和认真研究各方意见建议，明确改进方向，提高工作水平。坚持目标导向，突出工作考核，对表现优秀、业绩突出的予以表彰，在专家认定、人才推荐、名师评选和职称评审等方面，予以优先考虑。考核不合格的，要强化学习；不能胜任的，要转岗分流，甚至取消聘任资格。

6. 扩大对外宣传

充分运用报刊媒体，大力宣传思政课教师"三个角色"作用发挥的工作进展和实际成效，深入宣传工作中的新经验新做法，及时接受社会各界评价。发挥思政课党员教师的示范带动引领作用，培树深受学生喜爱的优秀思政课教师典型，加大报道力度，激励更多思政课教师担当作为，确保"三个角色"作用发挥工作健康有序进行。加强校际交流，互学互鉴，实现思政课教师队伍建设效应的最大化，聚合推动"三个角色"作用发挥的正能量。

第四节 突出实践教学水平提升

如前所述，思政课建设在新时代高校思想政治工作高质量发展中具有重要作用。思政课建设涉及的内容较多，往往需要系统谋划和认真组织。目前，学术界对于高校思政课课堂教学方面的探讨较为深入，思政课实践教学方面的研究相对较少。随着高校思想政治工作高质量发展实践的不断递进，我们还应该关注高校思政课实践教学及其有效性的提升。也就是说，在高校思政课教学改革实践视域下，有效开展实践教学应该成为高校思想政治工作高质量发展、高校思政课教学改革过程中，必须冷静面对和切实解决的重要问题。提高实践教学有效性不仅是高校思政课教育教学的内在要求，也是高校推进思政课实践教学，进而实现高校思想政治工作高质量发展的必然选择。长期以来，高校思政课教学受到学科式德育课程思想的影响，过分强调理论教学的主体地位，实践教学被忽视甚至边缘化，教学效果也常常受到理论界和实践界的多重质疑。2012年1月，教育部等部门联合出台了《关于进一步加强高校实践育人工作的若干意见》，明确提出了高校思政课所有课程都要加强实践教学环节，这为高校开展思政课实践教学提供了强有力的政策支持和依据。高校在加强思政课课程建设、推进思政课教学改革过程中，不仅要高度重视思政课实践教学的育人作用，也要有效保证思政课实践教学的规范开展，进而从根本上提高思政课实践教学的有效性。本小节主要以新时代高校思想政治工作高质量发展为导向，以高校实践育人工作的深入实施为背景，对高校思政课实践教学有效性的研究意义、影响要素和提升策略等展开研讨。

一、高校思政课实践教学有效性的意义作用

高校思政课实践教学活动的开展与深入，是以其对高职人才综合素质和能力培养所发挥出的客观作用为前提的。忽视作用和绩效考量的教学活动，既无法保证教学目标的顺利实现，也难以做到教学资源的合理利用。基于对教学活动绩效的认识，人们开始思考思政课实践教学有效性问题，集中表现为对有效性过程、有效性制约条件和有效性结果的关注，进而探索有效性制约条件之间相互影响、相互作用的内在机理和本质规律，由此也就构成了高校思政课实践教学有效性的研究过程。[①]新形势下研究高校思政课实践教学有效性具有十分重要的现实意义。

---

① 沈海壮. 思想政治教育有效性研究[M]. 武汉：武汉大学出版社，2008：2-3.

1. 有助于提高思政课教学有效性

"教学有效性"由"teaching effectiveness"翻译而来，它发端于20世纪上半叶西方的教学科学化运动，美国实用主义哲学和行为主义心理学倡导影响下的教学效能核定运动掀起了教学有效性问题的研究热潮。[①]在很多学者看来，教学有效性主要指教学活动取得的预期成果，这种成果具有可检测性和发展性，集中体现在促进学生成长成才方面。可以说，任何一门课程教学都必须面对和解决教学有效性问题，并基于教学有效性来分析、讨论和实施教学改革。从这个意义上来讲，忽视或者弱化教学有效性的教学改革和课程建设都毫无意义，最主要的是违背教育的根本宗旨。作为高校课程类型的一种表现，思政课同样要关注教学有效性问题——不仅要强调课堂教学的有效性，还要强调实践教学的有效性，这是因为二者都是组成高校思政课教学体系的重要方面，彼此之间相互依赖、不可分割。课堂教学主要承担思政课理论教育的任务，而实践教学则为课堂教学提供了体验与运用平台。[②]增强高校思政课吸引力必须以提高有效性为基础，不仅要深化课堂教学改革，提高课堂教学有效性，也要规范改进实践教学，确保实践教学的有效开展。可见，分析研究思政课实践教学有效性是提高思政课教学有效性的内在要求。

2. 有助于理解掌握马克思主义理论精髓

实践性是马克思主义理论的最明显特征。马克思主义理论的形成发展过程本质上就是其理论观点不断得到实践验证、总结和提高的过程。理解和应用马克思主义理论既需要树立正确的实践观，也需要依附具体的实践活动。内容丰富、形式多样的实践活动有助于深刻领会与系统掌握马克思主义理论的基本观点。作为在继承马克思主义理论基础上形成的理论形态，中国特色社会主义理论也是中国共产党积极践行改革、建设和发展实践的结果体现。因此，实践性是马克思主义理论和中国特色社会主义理论的共同属性。这两个理论始终指导并贯穿于高校思政课的内容体系中，不仅要求思政课理论体系、教材体系构建

---

① 邱家洪. 试析高校思想政治理论课实践教学有效性及影响因素[J]. 学术界，2013（Suppl.1）：220.
② 宁克强，王维国. 提高思想政治理论课实践教学有效性分析[J]. 学校党建与思想教育，2011（12）：50.

须突出实践性，也要求教学体系的转化实施突出实践性。尤其是从教材体系向教学体系转化过程中，如何保持理论原有的实践性又能有效结合社会实际和学生实际有效组织开展教学，是高校思政课教育教学的永恒课题。在国际国内形势错综复杂、各种思想潮流涌现多变的形势下，合理解决这一课题需把握好实践教学环节，提高实践教学的有效性。这是因为实践教学"正是要通过揭示课程体系所反映和提炼的马克思主义理论与实践的关系，深入挖掘课程内容所阐述和概括的马克思主义理论中蕴含的实践精神，阐发马克思主义理论体系在指导中国特色社会主义建设过程中发挥的作用"[①]，进而引导学生树立正确的实践观，增进学生对马克思主义理论、中国特色社会主义理论和党的路线方针政策的理解认同，提高学生分析解决现实问题的能力。

3. 有助于提高思政课教学质量

高等教育的快速发展不断引起人们对高等教育质量的紧密关注，保证和提高教学质量已成为高校实现持续发展的根本途径。教学质量既是一个具有丰富内涵的概念，也是一个动态有序的体系，主要包括组织机构质量、程序文件质量、过程系列质量和资源组合质量四个方面。组织机构是指组织实施、管理监督教学活动的各级责任机构；程序文件是指用以规范和保证教学活动顺利开展的规章制度和职责标准等；过程系列是指教学活动中的各种行为合乎逻辑；资源组合是指教学活动得以开展的物质和各种要素。[②]高校教学质量的保证必须以每门课程教学质量的保证为基础，没有各门课程教学质量的提高，高校教学质量很难实现整体提高。按照教学质量的概念内涵，思政课教学质量应该也是一个由与思政课教学活动、教学过程密切相关的因素，有机结合、动态组合形成的体系。根据过程系列质量的要求，高校思政课教学活动中的课堂教学和实践教学必须合乎基本的教学逻辑。目前，高校虽然在课堂教学质量方面的关注较多，但大部分思政课课堂教学采取合班上课、系统讲授的模式[③]，加上实践教学存在组织不规范、内容不系统、形式不多样、手段不灵活和操作不广泛等

---

① 汪馨兰，戴钢书. 高校思想政治理论课实践教学有效性探究[J]. 思想教育研究，2011（11）：54.
② 洪贞银. 高校教学质量保证与评估研究[M]. 北京：人民出版社，2008：9.
③ 周宇宏. 关于思政课实践教学有效性的探讨[J]. 江苏高教，2010（4）：68.

问题,课堂教学与实践教学之间难以形成有效合力,从而共同保证思政课教学质量。因此,研究实践教学有效性有利于从根本上保证和提高思政课教学质量。

4. 有助于促进大学生健康成长成才

关于高校思政课开展实践教学的目的,学术界主要有两种观点:一是认为实践教学是理论教学的补充,其目的是更好地开展理论教学,帮助学生了解掌握理论知识。二是认为实践教学和理论教学都是思政课教学的组成部分,对于培养大学生思想政治素质、品德素质和法律素质都发挥作用。[①]早在2006年,教育部就要求各高校全面实施思政课新课程方案,新课程改革的主要动因就是面对新世纪和新阶段的新变化、新情况,思政课要进一步加强针对性和实效性。[②]2012年,教育部相继下发了《关于进一步加强高校实践育人工作的若干意见》《关于全面提高高等教育质量的若干意见》等文件,都强调了实践育人的重要性,提出了高校强化实践育人的努力方向。2015年7月,教育部发布了《关于深化职业教育教学改革全面提高人才培养质量的若干意见》,更加明确提出要广泛开展实践性教学,且对于思政课强化实践性教学也提出了学时数要求。这些文件实际上都在围绕如何实现立德树人这个根本任务来不断细化实践育人的具体措施。通过有效开展思政课实践教学,有利于推进全员育人、全过程育人和全方位育人,引导学生自我教育、自我管理和自我服务,提高学生的思想政治素质、道德法律素质和综合能力。

二、高校思政课实践教学有效性的影响要素

实践教学是高校思政课教学的重要环节,其运作过程受到诸多要素的影响,主要包括实践教学主体、对象、目标、内容、方法和评价等方面。每个方面内容的有效性是思政课实践教学有效性取得的基本前提。[③]各方面之间相互影响、相互作用,共同影响思政课实践教学有效性的实现。

---

① 刘志峰. 高校思政课实践教学方式基本内涵探析[J]. 中小企业管理与科技,2015(1):230.
② 程群. 思想政治理论课实践教学方法有效性研究[J]. 华东理工大学学报(社会科学版),2008(4):103.
③ 沈海壮. 思想政治教育有效性研究[M]. 武汉:武汉大学出版社,2008:60.

第六章　新时代高校思想政治工作高质量发展的策略体系

1. 思政课实践教学主体

按照思想政治教育学理论的经典解释[①]，主体是指高校思政课实践教学过程中的主动行为者，是具有主动教育功能的组织或个人。在实践教学过程中，高校党政干部和共青团干部、思政课教师、哲学社会科学课教师、辅导员和班主任都是主动行为者[②]，具有主动教育功能。实践教学活动规模的大小不同，决定主体范围的大小不同。主体可以是思政课某个教师或教师群体，也可以是思政课教师与其他主动行为者的组合。主体构成的类型越多，越有利于思政课实践教学的开展，越需要主体之间的相互沟通、配合与支持。在思政课实践教学过程中，主体具有且发挥主导性作用，是整个实践教学活动的组织者、实施者、协调者和控制者。实践教学活动对主体的组织能力、实施能力、协调能力和控制能力等方面的要求，形成了对主体相应能力的要求，这些要求实际上就是实践教学主体的有效性要求。除了上述能力素质之外，主体的思想政治素质、道德品质、理论修养、教学经验等也是构成主体有效性的重要方面，同样会对实践教学有效性的实现产生影响。例如，主体对于思政课实践教学地位、作用和意义认识上的偏差，必然影响和制约着实践教学的有效性。[③]同样，教学经验积累的不足也会影响实践教学的有效性。

2. 思政课实践教学对象

与主体相对应，对象也是研究思政课实践教学有效性的基本范畴，主要指思政课实践教学过程中主体行为的接受者。其中，主体行为具有有意识性特征，其实施也是在特定教学目标、原则的指导下进行。根据主体与客体关系理论[④]，在思政课实践教学过程中，实践教学对象具有主客体统一性特点。相对于主体实施的实践教学活动，思政课实践教学对象是接受者，是主体观察、认识的客体，是主体意欲通过一定的活动予以改变的对象。在参与接受实践教学活动过程中，实践教学对象则由客体向主体转变，尽管处于客体地位，但是却是一个

[①] 陈秉公. 思想政治教育学原理[M]. 沈阳：辽宁人民出版社，2001：111.
[②] 中共中央 国务院印发《关于进一步加强和改进大学生思想政治教育的意见》[EB/OL]. （2004-08-26）[2022-05-28]. http://www.huhst.edu.cn/info/1270/33531.htm.
[③] 程群. 思想政治理论课实践教学方法有效性研究[J]. 华东理工大学学报（社会科学版），2008（4）：104.
[④] 陈秉公. 思想政治教育学原理[M]. 沈阳：辽宁人民出版社，2001：112.

积极的客体，对于主体实施的实践教学活动的意图、内容和要求，能够自觉领悟、积极选择、合理消化。同时，也能够通过自己的实际活动来实践思政课实践教学所具有的行为指令意义。[①]不仅如此，实践教学对象也会根据自己的认识理解，来主动思考和灵活选择思政课实践教学过程中的各种要素，促进思政课实践教学的有效开展。思政课实践教学有效性的实现，要求主体与对象必须是双主体的，即二者都应成为积极主体，都要在实践教学中发挥主体作用。实践教学对象的观念意识、知识条件和理解沟通能力等，就成为构成其有效性内容的主要方面。

3. 思政课实践教学内容

合理选择内容是思政课实践教学有效性实现的前提。做到合理选择内容必须基于正确的目标，即思政课实践教学目标。所谓的"实践教学目标"就是思政课实践教学活动所要达到的结果，主要包括培养学生思想品德和理想人格，引导学生积极行为的养成，提高学生对理论知识的理解、消化和应用能力。目标是思政课实践教学内容合理选择、活动有效开展的基本依据，也是评价思政课实践教学有效性的主要参考。有效目标的确定需要坚持目的性、正确性、现实性、整体性和可实现性等原则。目的性是指思政课实践教学目标要符合和体现既定目的和方向；正确性是指思政课实践教学目标要符合思政课教育规律和学生成才成长规律；现实性是指思政课实践教学目标要贴近社会实际、学生实际和思政课教学实际；整体性是指思政课实践教学目标应该全面覆盖学生思想、情感、能力和行为等多个方面；可实现性是指思政课实践教学目标应该符合主体和对象的能力实际，具有可以实现的可能。对于思政课实践教学而言，有效目标的确定是有效内容选择的根本，有效内容的选择又是实现有效目标的保证。有效内容的选择首先要依据和贴近思政课实践教学目标和教学对象的实际；其次要合理涵盖世界观、人生观、价值观、道德观、法制观、实践观、沟通交流以及心理健康等方面的教育内容；最后也要坚持实践教学目标确定的一些原则，例如目的性、整体性、层次性等。

---

① 沈海壮. 思想政治教育有效性研究[M]. 武汉：武汉大学出版社，2008：71.

4. 思政课实践教学过程

除了主体、对象和目标之外，思政课实践教学还包括方法、情景等要素。方法要素是思政课实践教学主体实施教学内容、实现教学目标所采用的方法，它是构建教学主体与对象之间教育关系的重要手段。合理恰当的方法有助于和谐教学关系的构建、教学过程的开展和教学有效性的实现。因此，有效方法的选择要适合思政课实践教学主体实际、对象实际和目标实际。情景要素主要指思政课实践教学开展所依附的环境条件，既包括实践教学主体和对象层面的条件状态，也包括开展实践教学需要的场地、设施、道具和工具等。情景要素的合理有效选择也在很大程度上影响思政课实践教学有效性的实现。这些要素之间相互联系、相互影响、相互作用，形成特定的关系结构，并决定思政课实践教学过程的开展。思政课实践教学过程首先遵循思想政治教育过程的一般理论，即这个过程由思政课实践教学的本质、基本矛盾、基本结构和基本规律组成。本质是思政课实践教学具有的育人宗旨和为社会发展服务的职能；基本矛盾是思政课实践教学对象素质能力的应然状态与实然状态之间的矛盾；基本结构是思政课实践教学涉及要素之间形成的关系方式；基本规律是思政课实践教学解决基本矛盾过程中形成的要素之间的本质联系，包括社会适应规律、要素协同规律、过程充足规律和人格成长规律。[①]同时也体现其特殊性，即教学活动更丰富、形式更灵活、过程更开放、教学主体与对象之间互动更频繁、教学体验更直接、教学效果更广泛等，这正是课堂教学所不能比拟的优势所在。过程有效是实现思政课实践教学有效性的关键。因此，要确保相关要素的有效性，增强要素之间关系的有效性，提高教学主体、对象的有效性，特别是教学主体、对象的主观能动性的充分发挥。

三、高校思政课实践教学有效性的提升策略

当前，各高校都普遍重视思政课实践教学的有效性，但还存在管理不到位、环境不理想、主体作用发挥不充分、教材建设不规范、评估体系不健全等问题。[②]应

---

① 陈秉公. 思想政治教育学原理[M]. 沈阳：辽宁人民出版社，2001：166.
② 王小萍. 高职实践教学有效性缺失论析[J]. 教育与职业，2011（17）：163.

正视问题，分析原因，选取对策，全面提高思政课实践教学有效性。

1. 增强思政课实践教学理念

思政课实践教学不仅是组成思政课教学体系的重要部分，也是提高思政课教学质量的重要途径。能否通过提高实践教学有效性，增强思政课教学吸引力和教学水平，关键在于高校思政课教学主体是否具有正确的实践教学理念。正确的理念来自正确的认知和有效的辨明。对于思政课实践教学内涵的理解把握水平在很大程度上决定着教学主体的认知水平；而对于实践教学与课堂教学之间的关系，以及实践教学形式、内容等方面问题的辨明则有助于增强教育主体的理念。有学者提出，思政课实践教学形式可以灵活多样，不能仅仅局限于课堂上，也可以走出课堂，面向社会，在广阔的实践生活中选取教学素材；在内容上要发挥实践教学直观生动、拓展深化、易于理解、便于掌握的特点，与课堂教学形成优势互补，共同完成思政课教育教学目的，提高思政课教学的有效性。在高校实践育人工作深入的背景下，应当组织力量适当研究思政课实践教学理论，着重围绕实践教学特点、指导思想、基本原则、标准等问题展开讨论，提高高校思想政治教育工作队伍的认识水平，增强队伍力量的思政课实践教学理念，扩大思政课实践教学主体的理念共识，最大限度地增加思政课实践教学主体力量。通过增强实践教学理念，可以增进实践教学主体与对象之间的关系，为思政课实践教学有效性实现提供必要的基础，创造一个相对稳定和谐有序的实践教学过程。因此，增强实践教学理念能够使得实践教学过程各要素之间的协调互动关系更趋于合理化，能更好地促进教学过程各要素的合理流动、配置，实现思政课实践教学的有效性。

2. 创新思政课实践教学方法

通过增强理念、规范内容来保证与提高思政课实践教学有效性的同时，还应该注重方法创新，确保思政课实践教学内容的合理组织与资源的有效配置。现实中，由于缺少思政课实践教学方式方法选择的分析研究，使得实践教学内容实施偏离教学目标，达不到提高教育对象素质和能力的预期目标，造成思政课实践教学有效性的弱化与不足。因此，高校应利用现代信息技术手段，在保持原有有效方法的基础上，创新实践教学方法，提高学生参与思政课实践教学的积极性。当前，高校学生的信息化意识和利用信息化工具的能力较强，依据学生对信息技术手段的兴趣创新思政课实践教学方法，应该是今后思政课实践教学方法改革创新的基本趋势和努力方向，也是教育信息化背景下思政课实践教学开展最基本的有效方法。只有不断创新教学方法，才能够不断改变方法单一陈旧的现状，激发学生参与思政课实践教学的热情，提高思政课实践教学的吸引力、实效性和针对性，让思政课实践教学成为学生喜爱的教学活动。此外，创新思政课实践教学方法，还应该做好三方面的工作：第一，深入调研，集思广益。组织召开不同层面的座谈会或研讨会，收集整理教学主体、对象公认的实践教学方法，构建实践教学方法体系，为教学主体开展相应的实践教学活动提供选择参考。第二，典型示范，积极推广。遴选经验丰富、实践教学效果优秀的思政课教师，组织实践教学观摩会，及时推广收效明显的实践教学方法。第三，走出校园，融入社会。在利用好校内实践教学方法的基础上，大力开展思政课校外实践教学活动，使得学生能够在贴近生活、工作实际的社区、企业中，不断体验社会，体察国情民意，实现成长成才，为实现思政课实践教学有效性的提高提供方法支持。

3. 加强思政课实践教学保障

教育部一直倡导并要求各高校务必为思政课建设提供制度、政策和机制保障，仅就高校而言，这方面的工作还有待于继续加强。严格意义上讲，思政课实践教学属于思政课建设的重要范畴，应该在思政课课程标准中予以明确，并列表具体说明实践项目、项目要求、预期目标、内容设计、学时建议、教学载体、教学方法手段与资源利用、教学环境、考核评价等方面内容。目前，一些高校并没有很好地修订与执行关于思政课时间教学的文件规定。具体表现为：一是不将实践教学标准纳入思政课课程标准中，削弱了实践教学在思政课教育教学中的地位作用，有碍于实践教学与课堂教学的有效对接，不利于思政课程目标和教学目标的实现，弱化了思政课教学的有效性。二是在一定程度上加剧了思政课实践教学条块分割、游离主题问题的存在，既不利于实践教学内容的规范，又不利于实践教学方法的创新。同时，影响与制约了思政课教学有效性的整体提升。除了缺失标准之外，思政课实践教学保障在组织保障、领导保障、人员保障、资金保障等方面也存在不足。一些高校教师认为专业课在高素质技术技能型专业人才培养中发挥关键作用，忽视思政课的立德树人作用，即便有的院校成立思政课教学指导委员会，其重点还在指导课堂教学方面。组织保障缺失必然影响领导作用的发挥，以及人员配置、培训和资金支持。

4. 实施思政课实践教学评价

目前，高校存在思政课实践教学有效性不足的现实问题，这既有实践教学理念和内容方面的原因，也有实践教学方法和保障方面的原因，而实践教学激励和评价机制的缺失也应该是不容忽视的原因。面对高校教师职称晋级和推优评先激烈竞争的格局，多数思政课教师将精力集中在课堂教学，难免忽视实践教学。国内很多高校一般都设有教学督导处，但教学督导主要关注教师课堂教学，疏于实践教学的督导检查，现有的教学比赛也过多地关注教师的课堂教学。解决思政课实践教学评价不足的问题，应该着力解决两个问题：第一，构建思政课教师开展实践教学的激励和评价机制，将思政课教师是否开展实践教学作为教师评价指标，对于思政课实践教学开展成效明显的教师进行奖励，并在评优晋级、职称评审方面予以倾斜。第二，加强学生参与思政课实践教学的考核力度，重点围绕学生的参与态度、参与表现和参与成效展开考核，适当将实践教学考核成绩纳入思政课考核成绩中，并赋予一定的权重。通过科学合理的成效评价来推进思政课实践教学过程的开展，保证思政课实践教学目标的实现，提高思政课实践教学的有效性。

第五节　突出教学模式改革创新

中国特色社会主义进入新时代，高等教育逐渐从规模发展开始迈向转型发展、质量提升的历史阶段，加强内涵建设成为多数高校提升教育质量的重要抓手。高校内涵建设涉及领域广、内容多，需要统筹考虑、整体推进，但最根本的切入点和落脚点是课堂教学改革，这是因为"课堂教学改革直接关系教育质量提升，应该置于整个教育改革的核心"[1]。作为推动高校思想政治工作高质

---

[1] 钟启泉. 课堂转型的挑战[N]. 中国教育报，2015-03-16（8）.

量发展的重要抓手，思政课同样需要课堂教学改革。由于课程性质、课程目标和课程内容的特殊性，思政课课堂教学改革的紧迫性显得更为突出。"翻转课堂"自2007年提出以来，经过可汗学院的努力、慕课的催化和国内外教育界的实践，得到了社会的广泛关注。翻转课堂改变了以教师讲授为中心的灌输式教学模式，倡导以学生自主学习为中心的建构式教学模式，极大地提高了课堂教学质量。对于思政课课堂教学改革、翻转课堂也具有一定的指导意义，并在具体的教学实践中得到了印证。

一、思政课翻转课堂教学改革的主要意义

课堂教学模式的转型是课堂改革的根本。没有课堂教学模式的转型难以实现课堂改革的最终目标。高校思政课教学改革也应该抓住课堂教学模式转型这一关键环节，不断提高课堂教学质量。通过实践我们发现，推进思政课翻转课堂教学具有十分重要的意义。

1. 有利于提高思政课吸引力

以教师讲授为中心的灌输式教学模式是当前高校思政课教学的主要模式。思政课教学内容体系包括很多理论观点，有的是核心观点，有的是基本观点，有的观点学生通过自主学习可以理解内化，有的观点离不开教师的细致讲解。特别是理论性较强的观点，通常需要教师深入剖析，面对国内国际社会的错误思潮、认识，则更需要思政课教师认真辨析、积极回应和正确引导。必要的知识讲解传授虽然有助于学生内化理论知识，消除错误思潮困扰，树立正确认识，但这种作用范围具有一定的限度，学生期待更多的是思政课教学手段的创新，这一点通过我们近年来开展的思政课课堂教学满意度调查得到了充分印证。目前，思政课灌输式教学模式遭到学生、家长和社会的质疑甚至抵制，是导致目前思政课课堂吸引力不强、教学效果不好的主要原因。例如思政课课堂学生玩手机、睡觉、与课堂无关的独立思考等现象，这些无声的抵制行为值得我们去反思。按照建构主义理论的观点，课堂上过多过度的知识讲解传授不利于学生的知识内化，会影响学生知识体系的主动构建。随着思政课教学改革的不断深化和大学视频公开课资源的日渐丰富，我们应该清楚地认识到课堂教学中"教

师'一言堂'的时代过去了"①，课堂教学模式亟待转变。如何有效推进教育改革，尽可能地避免"失败"，改革的切入点、实施策略极为重要。②我们认为，改变和创新课堂教学结构可作为思政课教学改革的有效切入点，推进思政课翻转课堂教学值得进一步探索与实践。因为翻转课堂教学"能够赋予学生更多的自由"，符合学生的认知规律和学习规律。课堂前置学习阶段的微视频更加生动活泼，学习资源更加丰富多样；课堂实施阶段的小组讨论、成果展示、学习交流利于贴近学生实际，有助于从根本上改变现有以教师讲授为主的课堂教学模式，激发与调动学生的学习兴趣和积极性，增强思政课吸引力。

2. 有利于营造新型的师生关系

灌输式教学模式的主要特点就是教师在教学过程中占主导地位，课堂教学过程是教师与学生面对面的过程，课堂教学内容是既定的、客观的。教师的主要任务是把既定客观的内容通过讲授的方式传递给学生，学生的主要任务是最大限度地获取教师讲授内容并通过完成课后作业进一步理解、巩固和内化，前一阶段是知识传授阶段，后一阶段是知识内化阶段，这两个阶段组成灌输式教学过程。翻转课堂颠覆了这种形式，知识传授依附于学习资源和学习任务书在课前完成，课堂时间主要是知识内化的过程，即学生针对课前学习和任务完成过程出现的问题，与同组或其他小组同学在老师的帮助指导下，展开分析讨论，共同分析解决问题。教师角色由原先的知识传授者变成学习的促进者和指导者，学生角色则由知识的被动接受者转变为主动探究者。③借助翻转课堂，学生可以在网络中获取知识，并利用技术支持开展个性化学习和知识的不断扩展与深度创造，而教师则需要根据学生自主学习实际，进行课堂教学资源开发、教学活动设计、教学环节把控和教学成效检验。可见，思政课翻转课堂中教师和学生的角色发生了变化，这种变化会催生出网络化、虚拟化的思政课学习社区。进入学习社区，学生根据自己的时间精力和理解能力，灵活选择学习任务，自我控制学习进度和学习内容。同时，也可与社区内其他成员展开交流研讨，

---

① 钟启泉. 课堂转型的挑战[N]. 中国教育报，2015-03-16（8）.
② 徐友礼. 坚持以问题导向搞改革[N]. 中国教育报，2015-06-15（5）.
③ 张金磊，王颖，张宝辉. 翻转课堂教学模式研究[J]. 远程教育杂志，2012（4）：46-47.

参与问卷投票、头脑风暴和学习成效测验。随着学员之间相互学习、交流与协作的不断深入，学员之间、教师与学生之间又会形成学习共同体，以教师为课堂中心的传统师生关系开始向以学生为课堂中心的新型师生关系转变。

3. 有利于提升思政课课堂教学质量

现代教学观认为，课堂教学是师生在一定场景中借助一定的中介互动交流共享，以促进学生主动构建知识、发展能力、陶冶情操等的过程。它是教师"教"和学生"学"相结合或相统一的活动。[1]教学质量是知识传递和知识内化过程的质量，知识传递质量和知识内化质量组成教学质量内容，决定教学质量水平。前者主要反映知识传递者——教师"教"的水平，后者主要反映知识内化者——学生"学"的水平。"教"促进"学"，学印证教，教学互为前提，互相促进，共同提高。[2]因此，可以从教师教学质量和学生学习质量两个维度来总体评价课堂教学质量。与专业课程不同，思政课的学习质量不易及时体现出来，有些知识需要经过学生长期的内化才能够真正转化为相应的素质和能力，这种转化与学生成长成才相伴随。特别是学生思想道德、人格品质、行为养成的变化质量需要置于学生职业生涯、社会生涯的整个过程，这个过程很显然不容易去把控。对于许多思政教育工作者来说，这既是一个不可回避的现实困境，也是一个需要解决的难题。在思政课课堂教学中首先要树立教育公平的理念，认识到学生之间差异的客观存在，借助翻转课堂教学模式，思政课教师可以在有效把握学生认知方式、知识基础和生活体验，以及课堂上学生集体思维学习规律、特点和过程的基础上，依据学生差异来设计课堂教学目标、设置课堂教学内容、选择课堂教学方法和实施课堂教学评价。同时，翻转课堂教学强调学生学习的主体性和自主性，关注学生集体合作、探究学习，有助于满足学生成长成才的差异化需求。当然，推进思政课翻转课堂教学过程中也应该高度重视教师教学质量保障的问题，否则就会成为一种追求课堂教学形式上的改革，达不到翻转课堂教学改革的应有效果。

4. 有利于实现思政课育人目标

高等教育主要是面向地方经济社会发展培养生产、建设、管理和服务一线

---

[1] 洪贞音. 高职院校教学质量保证与评估研究[M]. 北京：人民出版社，2008：14.
[2] 洪贞音. 高职院校教学质量保证与评估研究[M]. 北京：人民出版社，2008：21

需要的高素质技术技能型专业人才。实现这一目标需要高校深入开展行业企业调研，了解地方行业企业的主要职业岗位及从业要求，组织召开实践专家研讨会，与行业企业专家、能工巧匠共同探讨专业结构、人才培养方案和课程体系等问题。在设计课程体系中，基于典型工作任务分析形成专业课，基于人才通用素质和能力分析形成公共课。思政课属于公共课范畴，尽管《中共中央宣传部 教育部关于进一步加强和改进高等学校思想政治理论课的意见》（教社政〔2005〕5号）中对于高校思政课的课程设置、基本内容作了明确要求，但思政课教学也需要贴近专业人才培养实际，服务专业人才培养要求，满足适应专业人才成长需要。翻转课堂"课前传授+课上内化"的教学形式，不仅使得学生在课外真正发生了深入学习[1]，而且减少了思政课课堂上教师讲授的时间，增加了学生与教师之间的互动以及学生个性化学习时间。同时，也有助于学生高效利用课堂时间进行思政课学习经验的交流、思想观点的碰撞和知识体系的构建，增加"学生自身积极地尝试方略、保障学习，设置反思自己的理解过程的机会"[2]，增强学生作为自我学习设计者的能力，让学生在自我学习、合作学习和探究学习中不断成长。在此过程中，学生也会成为思政课学习资源的补充者和开发者，为思政课教学资源的深入研究和发展提供新动力。例如，学生在思政课翻转课堂上完成的优秀作业——微视频、微电影、情景剧、PPT等，不仅会充实补充已形成的教学资源，也会对新学习者产生一种激励。可见，翻转教学模式下的思政课"课堂成为学生体验生命意义、实现自我超越的空间，从而为自我的可持续发展奠定基础"[3]。

二、思政课翻转课堂教学实施的制约条件

作为全球教育界关注的教学新模式，尽管翻转课堂教学模式已经"在我国刮起了一股教改风"[4]，但社会各界对于翻转课堂教学模式褒贬不一。有的学者质疑这种模式能否在我国成功移植，建议各方应该谨慎行事，而有的学者直

---

[1] 何克抗. 从翻转课堂的本质，看翻转课堂在我国的未来发展[J]. 电化教育研究，2014（7）：7.
[2] 钟启泉. 课堂转型的挑战[N]. 中国教育报，2015-03-16（8）.
[3] 何克抗. 从翻转课堂的本质，看翻转课堂在我国的未来发展[J]. 电化教育研究，2014（7）：8.
[4] 黄鉴古. 翻转课堂与南橘北枳[N]. 中国教育报，2013-09-25（10）.

面时下国内课堂教学改革的弊端，积极倡导推进翻转课堂教学模式。不论是质疑者还是倡导者，我们都应该清楚地认识到教学实践是检验翻转课堂教学成效的唯一标准。忽视实践操作层面的理论争鸣非但不利于翻转课堂教学模式在我国的推广应用，反而会影响教学改革者的实践步伐。只有在具体生动的教学实践过程中，才能发现翻转课堂教学规律，总结问题和不足，提出解决对策，提高翻转课堂教学改革成效。在思政课翻转课堂教学中，我们既要避免思维过于简单化的倾向，误认为实施翻转课堂教学就能全部解决思政课教学的各种问题，也要摒弃盲目排外、故步自封的封闭化思想，固守传统模式，课堂教学改革不作为。我们认为，推进翻转课堂教学，首先应该认真学习翻转课堂教学理论，只有在全面掌握理论知识的基础上，才能准确识别影响翻转课堂教学实施的关键性因素，有效把握各关键性因素之间的关系，找出思政课翻转课堂教学的实施路径。

1. 高校信息化教学条件

翻转课堂之所以在国外盛行并快速成为席卷全球的教学模式，信息技术的充分应用发挥了积极的推动作用。从翻转课堂概念的提出到可汗学院的发展再到慕课的崛起及其与翻转课堂的融合，以及"翻转学习"的命名，都离不开信息技术在教育领域的应用支持。实际上，推动可汗学院发展的关键也在于它有效解决了翻转课堂初期制作教学视频困难的问题，包括慕课的崛起、学生学习社区的构建更离不开网络化教学环境的支持。这也是国内一些学校对翻转课堂存有疑虑的重要原因，甚至有的学校径直说明"我们学校没有条件实施翻转课堂"，这些学校所指的条件是指软硬件条件，即没有视频服务器和学习平台、机房不够用。[1]特别是在教育欠发达地区，由于教育经费紧张，维持正常教学运作已经捉襟见肘，更遑论购置现代信息化的教学仪器和设备，在此背景下实现翻转课堂所依赖的网络微视频录制、学生在线自主学习交流讨论根本无从谈起，需要学校控制住推进翻转课堂教学的"冲动"，教育主管部门不搞"一刀切"式的"运动"。[2]虽然不是依靠信息技术就能够推进翻转课堂教学，但不

---

[1] 汪晓东. 翻转课堂的实践困惑如何应对[N]. 中国教育报，2014-04-24（6）.
[2] 吴奇. 莫把翻转课堂这部经念歪[N]. 中国教育报，2014-04-24（6）.

否认的是信息化教学环境在有效实施翻转课堂教学过程中切实具有一定作用。在我国高等教育领域,同样存在各地区高等教育发展水平不均衡的问题,经济发达地区的高校,信息化教学资源相对丰富,而经济发展水平不高或落后地区的高校,信息化教学资源则较为短缺。即便一些国家示范、骨干高校,信息化教学资源建设状况和利用水平也不容乐观。偏重于专业课信息化教学资源建设,忽视思政课信息化教学资源建设成为目前国内多数高校存在的突出问题,这也是影响高校思政课翻转课堂教学模式改革的现实困境。

2. 高校学生的心理特点

高校学生的心理特点包括认知特点、情感特点、意志特点、个性特点和自我意识特点五个方面,每个方面都具有丰富内涵和特定内容。较之同龄人和其他层次职业院校的学生,高校学生心理具有独立性强、自我效能感低、情感成熟度高、职业兴趣定向早等特征。一些研究表明,职业院校学生在学习心理、情感心理、人际交往心理和择业心理等方面也存在不容忽视的问题。例如:学习心理上表现为学习目标不明确、学习动机不强烈、学习方法不对路、学习习惯不好、学习的认识能力水平低、学习焦虑普遍等;情感心理上表现为情绪不稳定、情感冷漠、情绪体验消极;人际交往心理上表现为社会交往范围萎缩、行为偏执、网络交往沉溺、敏感度高等;择业心理上表现为紧张焦虑、思维定式和依赖退缩等。[1]这些问题往往在课堂教学内容选择、活动组织中被忽视。实际上,对高校学生心理特点的充分了解是开展高等教育教学的基础和前提。特别是学生的学习心理,它是高等教育教学的逻辑起点,脱离学生学习心理特点、基础的高等教育教学改革收效必然不理想。在思政课翻转课堂教学中,同样要密切关注学生的学习心理特点,如果教学内容、教学活动不贴近学生学习心理实际,学生学习的积极性、自主性和自觉性则很难被调动起来。此外,情感心理和人际交往心理也会影响翻转课堂教学效果,我们既不能忽视,更不能无视。否则,就会成为思政课翻转课堂教学开展的限制性条件。

3. 思政课教师的能力水平

围绕思政课翻转课堂教学,教师应该具备一定的转变能力、适应能力、开

---

[1] 曾玲娟. 职业教育心理学[M]. 北京:北京师范大学出版社,2010:19.

第六章 新时代高校思想政治工作高质量发展的策略体系

发能力、创新能力和发展能力。转变能力是指教师基于翻转课堂教学实际,转变教学观念、转变角色定位的能力。转变能力越强,越有利于翻转课堂教学的实施开展。翻转课堂教学模式下,"教师基本上不是传道和授业者,而是学生自主学习过程中的指导者,同时教师自己也是终身学习和素质发展者"[①],而教师形成这些新的观念往往需要经过较长的时间。教师快速转变教学观念成为影响思政课翻转课堂教学改革的首要因素。适应能力是指教师适应翻转课堂教学过程及要求的能力。有的教师虽然观念转变能力强,易于接受新思想、新观点,但驾驭翻转课堂教学的实际能力弱。开发能力是指思政课教师围绕翻转课堂教学开发教学和学习资源、设计任务书的能力。特别是研制开发优质思政课教学资源,更能体现思政课教师开发能力的水平,由于教学资源开发和任务书设计需要耗费大量的时间精力,需要思政课教师潜心研究,"但在我国,目前还缺乏与'可汗学院'类似的民间机构,因而在这方面仍然面临相当严峻的挑战"[②]。创新能力是指教师围绕思政课翻转课堂教学实际创新教学思想、教学内容、教学方法、教学手段和教学评价方式等方面的能力。创新能力会极大地影响思政课翻转课堂教学的持续深入开展。实现思政课翻转课堂教学的"常态化",对于思政课教师创新能力的要求是非常大的。发展能力也可称为学习能力,是指思政课教师不断学习翻转课堂教学以及其他教学改革理论、思想和观念的能力。对于思政课翻转课堂教学而言,教师自己学习和发展自己的素质至关重要。具有一定的发展能力不仅是思政课教师在翻转课堂教学中有效指导学生的要求,也是思政课教师树立职业形象、培育职业品牌、提高榜样示范作用的关键。上述五种能力缺一不可,互为补充,共同影响思政课翻转课堂教学的顺利有效开展。

4. 高校教育教学改革的环境氛围

翻转课堂教学是课堂教学结构的变革,它既不同于现代网络教学,也不同于教育技术创新,更多体现为教学观念、教学方式和人才培养过程的整体性变

---

① 杜悦. 翻转课堂促使我们反思课堂改革:上海师范大学教育学教授丁念金访谈[N]. 中国教育报,2014-04-16(6).
② 何克抗. 从翻转课堂的本质,看翻转课堂在我国的未来发展[J]. 电化教育研究,2014(7):9.

革。尽管对翻转课堂具体翻什么转什么坚守什么还存在学术争议和实践探索，但翻转课堂已经成为新一轮课堂教学改革的有效切入点。灌输式教学模式虽然遭到各界人士的质疑和批判，但它作为思政课传统教学理论的一种范式，依然具有较强的影响力。现实中，一些思政课教师对于灌输式教学模式深信不疑，认为思政课理论必须通过灌输的方式才能固化到学生的知识体系中。遵循传统的教学范式会导致一种极可能发生的情况，如果思政课教师对旧的教学范式非常熟悉并乐此不疲，"他是否对旧范式产生某种信赖甚至信仰而非怀疑，因而不愿意或者说更加难以突破旧范式呢？"[1]如果这种情况确实存在，那么这些思政课教师就成为旧的教学范式的忠诚者和维护者，成为阻碍新的教学范式构建应用的抵制者和阻碍者。如果将教师群体从思政课领域扩展到整个高校教师群体，那么新的教学范式将很难被推广，教学改革将面临巨大的阻力。根据北京大学卢晓东教授的范式陷阱观，我们认为翻转课堂是课堂教学理论中的一个新范式，假设所有的思政课教师都曾经是并依然是旧范式的坚守者，那么思政课教师就会囿于旧范式而不愿且不能摆脱它接受新范式，由此就会形成不利于思政课翻转课堂教学改革的环境氛围。难怪有学者认为，翻转课堂在开始阶段一定要由行政推动[2]，借助行政力量破除旧范式对思政课教师课堂教学改革的阻碍性影响，增强思政课翻转课堂教学改革的推动力。

三、思政课翻转课堂教学的结构设计

回顾人类教育的发展史，人类社会已经历了三次教育革命，目前正经历第四次教育革命。第一次教育革命发生在原始社会向农业社会的过渡期，其标志是文字和学校的出现；第二次教育革命发生在农业社会，其标志是造纸术和印刷术的发明；第三次教育革命发生在农业社会向工业社会的过渡期，其标志是班级授课制的出现；第四次教育革命发生在工业社会向信息社会过渡的当下，其标志是信息技术引发教育系统的全面变革，微课、慕课、翻转课程和创课运

---

[1] 卢晓东. 论教学量[J]. 中国高教研究，2015（6）：38-48.
[2] 杜悦. 翻转课堂：翻什么转什么坚守什么：有关翻转课堂的一线观察[N]. 中国教育报，2014-04-09（6）.

动成为推动第四次教育革命的重要力量。[①]在第四次教育革命的背景下，积极探索翻转课堂教学模式对于推进高校思政课教学改革具有十分重要的现实意义。通过上述分析可见，思政课翻转课堂教学面临诸多制约条件，这些条件不同程度地影响思政课翻转课堂教学的有效开展。因此，需要综合利用各种条件，合理设计教学模式。借鉴典型的翻转课堂教学模型[②]，结合我们开展思政课翻转课堂教学实践的情况，可将高校思政课翻转课堂教学结构设计为课前设计和学习、课中讨论和内化、课后总结和提升三个阶段。

1. 课前设计和学习阶段

课前设计和学习阶段是高校思政课开展翻转课堂教学的基础。课前设计质量直接影响高校思政课翻转课堂教学的有效开展。如何保证课前设计质量，设计标准、设计主体、设计内容、设计方法的合理选择至关重要。设计标准是思政课翻转课堂教学设计的主要依据，不同的教学内容需要不同的设计标准。同一教学内容针对不同的教学对象也要有不同的设计标准，这正是翻转课堂教学尊重学生差异的本质体现。设计标准的制定通常需要思政课教师长期的潜心研究和细致分析，同时也要广泛听取高校教务管理部门、教学督导部门、学生、家长和企业的意见建议。设计主体是完成思政课翻转课堂教学设计任务的执行者。设计主体主要为思政课教师，教师的设计能力在很大程度上影响其设计内容的质量。此外，要广泛调动学生参与设计的积极性，发挥学生的主体能动性。同时，也要考虑学生的参与范围和参与深度，这也会对课前设计质量产生影响。

设计内容可以根据类型的不同，分为学习资源、学习指导书（学习任务书）和练习题三方面的设计。学习资源是适用于学生的资源，并非教师的教学资源，通常需要思政课教师的加工改造。学习资源包含的内容比较广泛，仅就思政课翻转课堂教学而言，至少应该包括微课、阅读资料、教材和其他相关资源。微课编制杜绝"为微课而微课"的不良倾向，突出并坚持适用性原则。思政课教师可以借助自身的力量编制微课，也可以借助国内公开课网站，选取或截取优

---

① 宋述强. 从微课、慕课、翻转课堂到创客运动：我们是否在见证一场新的教育革命？[N]. 中国教育报, 2015-06-02（8）.
② 钟晓流, 宋述强, 焦丽珍. 信息化环境中基于翻转课堂理念的教学设计研究[J]. 开放教育研究, 2013（2）：61-63.

秀思政课教师的教学视频。微课录制的时间尽量控制在 5～10 分钟。国内有的学者认为微课视频尽量不要出现教师的画面，避免分散学生学习的注意力，但我们认为思政课教师可以通过视频向学生展现个人魅力，教育引导感化学生，教师可根据实际需要灵活处理，没有必要紧抓这个细节。与编制微课一样，收集阅读资源、教材和其他相关资源会占据教师很多的时间精力，设计初期需要教师树立奉献敬业精神，从点滴积累做起，不断摸索，不断总结。学习指导书（学习任务书）是学生在观看微课、阅读学习资源的基础上，需要掌握的理论知识（或完成的学习任务）。学习指导书（学习任务书）设计是课前设计的关键环节，是体现学习目标的重要载体，是监测学生前置学习质量和状况的有效方式，离不开思政课教师的精心设计。特别是学习任务书中安排的系列任务或问题应该是分层次、渐递进的关系，避免任务或问题设计过多或过少的情况。过多会使学生产生学习抵触心理，不足以激发学生的学习积极性，过少又会影响学习目标的顺利达成，难以达到对学生学习情况的有效检测，因此就需要思政课教师合理把握任务量。

设计方法是指设计翻转课堂教学内容所采取的方式和手段。考虑到思政课程内容丰富多元的特点，建议教师在教学资源准备、学习指导书（学习任务书）设计过程中最好使用头脑风暴法。这种方法有助于增进思政课教师之间、教师与学生之间的沟通联系，集思广益，围绕某个问题达成共识，提高翻转课堂教学内容的设计质量。设计主体按照设计标准，采用一定的设计方法完成翻转课堂教学内容设计以后，思政课教师要将学习指导书（学习任务书）、教学资源等内容上传到网络空间中，供学生课前阅读和学习。目前，比较流行的网络空间主要有蓝墨云班课、QQ 群、百度云空间等。实践表明，这些网络空间的使用都比较便捷安全，深受学生欢迎，特别是蓝墨云班课除了储存教学资源和信息之外，还具有在线测试、社区讨论、参与投票等复合功能，既有利于及时了解学生前置学习阶段的整体情况，发现问题或不足，也有利于师生之间的共同学习讨论，调动学生的学习积极性。

2. *课中讨论和内化阶段*

课中讨论与内化阶段的设计工作主要由思政课教师完成，教师根据课前收集学生学习存在问题的性质，来决定"组织以实践活动任务为主线的探究式课堂还是以问题研讨为主题的讨论式课堂"。因此，思政课教师首先要具备识别学生前置学习阶段存在问题的性质的能力；其次要根据问题的性质合理选择教学形式，探究式课堂以学生汇报、教师讲解为主，而谈论式课堂则以学生讨论、教师引导为主；最后要树立时间意识，合理安排每个阶段的时间，例如学生汇报时间和讨论时间、教师讲解时间和引导时间，都要提前设计好，确保课堂教学质量，切忌无时间规定和要求的汇报讨论、讲解引导，以免影响整个课堂教学目标的顺利实现。有的思政课教师在翻转课堂教学中，将课堂全部时间或者多数时间主要用于学生汇报、讨论，没有教师引导、点评的环节，表面上看课堂学习氛围较浓，但学习流于形式，流于表面化和肤浅化，偏离了翻转课堂教学的本质。也有的思政课教师将很多时间用于引导、讲解上，没有学生汇报、小组讨论的时间和环节，这实际上又回归到以讲授为主的灌输式课堂教学模式。因此，思政课教师对于每个阶段的时间管控和把握就显得尤为重要，应该在每个阶段的时间上明确化、精细化。现实中，也有的思政课教师认为，规定每个阶段的时间会影响到汇报、讨论和引导效果，这种认识误区也要尽量纠正或消除，这是因为时间的长短并不能够完全说明和决定汇报、讨论和引导效果。从"范式陷阱"理论来讲，存在这种认识的老教师实际上还受到灌输式课堂教学模式的影响，其显著特点就是讲授、汇报的时间越多，越有利于知识信息的传递与构建。在保证各环节设置完整的基础上，思政课教师应该合理统筹安排各环节的时间。不论是探究式课堂还是讨论式课堂，思政课教师都应该进行归纳总结，指出学生讨论中的问题和不足，总结提升学生讨论的观点思想，引导学生进行深度思考探究，进而加深学生对相关理论或问题的理解。在课堂讨论过程中，对于一些问题尽管思政课教师已经作好预设和准备，但研讨过程也是新思想、新观点和新认识的探究发现过程，甚至会出现一些未曾想过、见过和听过的问题。这就需要思政课教师既具备扎实的理论知识，又要有广博的跨学科知识储备，还要有敏锐的思维能力和较强的课堂组织能力、协调能力和引导能力。对于多数思政课教师而言，这很显然是一项不小的挑战。[①]多重挑战夹

---

① 卢强. 翻转课堂的冷思考：实证与反思[J]. 电化教育研究，2013（8）：93.

杂着实践困惑成为思政课翻转课堂教学推进过程中不容忽视的阻力。

3. 课后总结和提升阶段

按照翻转课堂的一般理论，经过课前设计与学习、课中讨论与内化两个环节就基本完成了教学过程。然而，高校思政课翻转课堂教学还应该增加课后总结与提升阶段，其主体应该是思政课教师和学生两个方面。从思政课教师层面来看，对于本次课堂教学应该有一个总结和反思，总结问题，反思不足，为今后翻转课堂教学积累经验。同时，也要对课中讨论与内化阶段出现的争议性问题、需要更深层次思考的问题进行梳理、求证，也应该关注各环节时间的设置上是否合理，以便最优化安排课堂时间，保证课堂教学目标的实现。从学生层面来看，课后的总结与提升有助于进一步内化课堂学习内容，促进课堂知识体系构建，提高分析解决问题的能力。相比较专业课程，思政课的理论性较强，从教材体系向教学体系再向学习体系转化，一直是思政课教育教学改革的重点难点，实现转化的目标就是便于学生理解消化。特别是"毛泽东思想与中国特色社会主义理论体系概论"课程，包含的理论观点系统化、体系化特点较强，一些学生认为有的理论观点提出的时代背景较远且学习的实际应用价值不高，感到枯燥乏味，学习关注度和兴趣不高。事实上，各观点之间一脉相承，相互统一，对于指导学生分析社会现象、解决实际问题具有方法论指导意义，但仅仅依靠课前学习和课中讨论，学生很难认识和体会到理论观点的重要性，还必须借助课后的生动具体的实践体验和细致深入的总结反思。学生对于思政课理论知识的学习不能仅仅停留在知道是什么、为什么，还要知道如何用、如何有效用，这就离不开课后的知识反思、知识迁移和知识应用。

参 考 文 献

[1] 习近平. 习近平谈治国理政：第二卷[M]. 北京：外文出版社，2017.

[2] 习近平. 习近平谈治国理政：第三卷[M]. 北京：外文出版社，2020.

[3] 习近平. 思政课是落实立德树人根本任务的关键课程[J]. 求是，2020（17）：4-16.

[4] 习近平. 关于《中共中央关于制定国民经济和社会发展第十四个五年规划和二〇三五年远景目标的建议》的说明[N]. 人民日报，2020-11-04（2）.

[5] 习近平. 决胜全面建成小康社会 夺取新时代中国特色社会主义伟大胜利：在中国共产党第十九次全国代表大会上的报告[N]. 人民日报，2017-10-28（1-5）.

[6] 中共中央 国务院印发《关于加强和改进新形势下高校思想政治工作的意见》[EB/OL].（2017-02-27）[2022-05-24]. https://www.gov.cn/xinwen/2017-02/27/content_5182502.htm.

[7] 让青春在奉献中焕发绚丽光彩：习近平总书记关于青年工作重要论述综述[N]. 人民日报，2021-05-04（1）.

[8] 中共中央 国务院关于进一步加强和改进大学生思想政治教育的意见[EB/OL].（2004-08-26）[2022-05-28]. http://www.huhst.edu.cn/info/1270/33531.htm.

[9] 教育部课题组. 深入学习习近平关于教育的重要论述[M]. 北京：人民出版社，2019.

[10] 教育部社会科学研究与思想政治工作司. 马克思主义哲学原理[M]. 北京：高等教育出版社，2003.

[11] 本书编写组. 思想道德与法治[M]. 北京：高等教育出版社，2021.

[12] 邱柏生. 高校思想政治教育的生态分析[M]. 上海：上海人民出版社，2009.

[13] 陈秉公. 思想政治教育学原理[M]. 沈阳：辽宁人民出版社，2001.

[14] 沈壮海. 思想政治教育有效性研究[M]. 武汉：武汉大学出版社，2008.

[15] 梁嘉骅，范建平，李常洪，等. 企业生态与企业发展：企业竞争对策[M]. 北京：科学出版社，2005.

[16] 蔡福洪，陈年友. 高等职业教育名词研究[M]. 北京：高等教育出版社，2012.

[17] 王昌林. 新发展格局：国内大循环为主体 国内国际双循环相互促进[M]. 北京：中信出版社，2021

[18] 洪贞银. 高校教学质量保证与评估研究[M]. 北京：人民出版社，2008.

[19] 曾玲娟. 职业教育心理学[M]. 北京：北京师范大学出版社，2010.

[20] 洪贞音. 高职院校教学质量保证与评估研究[M]. 北京：人民出版社，2008.

[21] 冯德雄. 企业适应性成长研究[D]. 武汉：武汉理工大学，2008.

[22] 刘志国,刘志峰. 高等职业院校战略管理研究[M]. 北京：电子工业出版社，2015.

[23] 怀进鹏. 不断推动高校思想政治工作高质量发展[N]. 人民日报，2021-12-10（11）.

[24] 怀进鹏. 不断推动高校思想政治工作高质量发展，培养担当民族复兴大任的时代新人[J]. 上海教育，2022（1）：1.

[25] 冯刚. 推动新时代思想政治教育学科高质量发展[J]. 学校党建与思想教育，2022（4）：1-6.

[26] 沈壮海. 夯实高校思想政治工作高质量发展的数据基础[J]. 思想教育研究，2020（11）：94.

[27] 沈壮海，刘灿. 论新时代思想政治教育的高质量发展[J]. 思想理论教育，2021（3）：4-10.

[28] 刘建军，邱安琪. 论新时代思想政治教育的高质量发展[J]. 思想理论教育，2021（4）：49-54.

[29] 王易. 推进新时代思想政治理论课高质量发展[J]. 红旗文稿，2022（6）：

39-42.

[30] 张国启, 刘亚敏. 新时代思想政治教育高质量发展的逻辑内涵与实践理路[J]. 思想理论教育, 2021（5）：53-58.

[31] 梁世承, 磨月华. 思想政治工作：高质量发展的有力支撑[J]. 人民论坛, 2018（7）：112-113.

[32] 蒋昌忠. 深化"三全育人"综合改革, 推动高校思想政治工作高质量发展[J]. 新湘评论, 2021（12）：12-13.

[33] 高培勇, 袁富华, 胡怀国, 等. 高质量发展的动力、机制与治理[J]. 经济研究, 2020（4）：85-100.

[34] 钞小静, 薛志欣. 新时代中国经济高质量发展的理论逻辑与实践机制[J]. 西北大学学报（哲学社会科学版）, 2018, 48（6）：12-22.

[35] 彭青. 高等教育高质量发展的本质含义与实现机制[J]. 南通大学学报（社会科学版）, 2019, 35（4）：133-140.

[36] 王慧敏. 财力资源对高校发展的影响研究[J]. 经济研究导刊, 2019（31）：120-123, 125.

[37] 陈于仲, 李正华, 钟黎川. 论大学校园文化建设[J]. 理论与改革, 2007（6）：101-103.

[38] 钟尉, 张阳. 企业能力的层次与结构分析[J]. 商场现代化, 2007（10）：151.

[39] 王智超, 朱太龙. 高等教育高质量发展的价值逻辑探寻[J]. 中国电化教育, 2021（9）：1-8, 17.

[40] 朱景发. 论高等职业教育科学研究的使命与方略[J]. 中国职业技术教育, 2011（33）：42-44.

[41] 田先钰. 论科技生态系统、结构、动力机制与干预[J]. 科技管理研究, 2007（1）：52-55.

[42] 南佐民. 区域创新文化环境建设中的层次机制[J]. 宁波大学学报（人文科学版）, 2003（4）：37-40.

[43] 翟小宁, 吴绮迪. 变革与创新：重塑学习新生态[J]. 中国教育学刊, 2021（12）：41-45.

[44] 王瑞. 论我国大众化高等教育发展质量观[J]. 教育研究，2007（5）：377-380.

[45] 刘振天，李森，张铭凯，等. 笔谈：高等教育高质量发展的系统思考与分类推进[J]. 大学教育科学，2021（6）：4-19.

[46] 陈亮，杨娟. 新时代高等教育高质量发展的逻辑构架与实践路径[J]. 中国电化教育，2021（9）：9-17.

[47] 李枭鹰. 系统科学视野中的高等教育强国[J]. 复旦教育论坛，2008（6）：23-27.

[48] 张晋，王嘉毅. 高等教育高质量发展的时代内涵与实践路径[J]. 中国高教研究，2021（9）：25-30.

[49] 马陆亭. 新时代高等教育的结构体系[J]. 中国高教研究，2021（9）：18-24.

[50] 王振洪. 校企利益共同体：实现校企利益诉求的有效载体[J]. 中国高教研究，2011（8）：83-85.

[51] 郭文莉，刘红琳，孟波，等. "共赢共生、融通自为"的产学合作育人机制研究[J]. 高等工程教育研究，2014（3）：37-43.

[52] 李桂荣. 大学组织变革成本分析[J]. 高等教育，2006（2）：33-40.

[53] 夏美武，徐月红. 地方本科高校联盟的理论、问题与对策分析[J]. 中国高教研究，2016（5）：81-85，96.

[54] 钟秉林. 深化综合改革 坚持依法治教 提高教育质量[J]. 教育研究，2016，37（2）：30-36.

[55] 刘世华,吴绍禹. 思想政治教育理论课实践教学的认识局限及对策论析[J]. 教学与研究，2008（4）：87-90.

[56] 戴锐. 思想政治教育生态论[J]. 理论与改革，2007（2）：150-153.

[57] 李立娟. 生态论视角下的高校思想政治教育研究[D]. 大连：大连海事大学，2009.

[58] 卢岚. 现代思想政治教育社会生态论[J]. 理论与改革，2008（1）：126-129.

[59] 李枭鹰. 复杂性视域中的高等教育研究思维[J]. 中国高教研究，2010（4）：

23-26.

[60] 兰云贵. 生态学视野下硕士研究生学术生态的优化[J]. 中国高教研究，2010（4）：44-46.

[61] 康胜. 企业集群可持续发展问题的思考[J]. 未来与发展，2004（2）：5-10.

[62] 孙卫，唐树岚，管晓岩. 基于制度的战略观：战略理论的新发展[J]. 科研管理，2008（2）：15-21.

[63] 陈晓璇. 高校思想政治教育和大学生创新创业教育的协同模式研究[J]. 中州大学学报，2021，38（4）：95-99.

[64] 王士宏. 论思想政治教育与创新创业教育的双向建构[J]. 沈阳大学学报（社会科学版），2021，23（4）：377-380.

[65] 赵应生，钟秉林，洪煜. 转变教育发展方式：教育事业科学发展的必然选择[J]. 教育研究，2012，33（1）：32-39.

[66] 梅进禄. 高校思想政治理论课实践教学方式的比较研究[J]. 集美大学学报，2014，15（1）：93-96.

[67] 王凯. 教师学习的生态转向及其特征[J]. 教育研究，2010，31（11）：83-87.

[68] 任亮，孔伟. 京津冀文化协同治理体系的结构、特征及策略[J]. 河北学刊，2019，39（6）：180-184.

[69] 邱家洪. 试析高校思想政治理论课实践教学有效性及影响因素[J]. 学术界，2013（S1）：220-222.

[70] 宁克强，王维国. 提高思想政治理论课实践教学有效性分析[J]. 学校党建与思想教育，2011（35）：50-52.

[71] 汪馨兰，戴钢书. 高校思想政治理论课实践教学有效性探究[J]. 思想教育研究，2011（11）：54-57.

[72] 周宇宏. 关于思政课实践教学有效性的探讨[J]. 江苏高教，2010（4）：68-69.

[73] 程群. 思想政治理论课实践教学方法有效性研究[J]. 华东理工大学学报（社会科学版），2008，23（4）：103-108.

[74] 张金磊，王颖，张宝辉. 翻转课堂教学模式研究[J]. 远程教育杂志，2012（4）：46-51.

[75] 何克抗. 从"翻转课堂"的本质，看"翻转课堂"在我国的未来发展[J]. 电化教育研究，2014，35（7）：5-16.

[76] 钟晓流，宋述强，焦丽珍. 信息化环境中基于翻转课堂理念的教学设计研究[J]. 开放教育研究，2013，19（1）：58-64.

[77] 卢强. 翻转课堂的冷思考：实证与反思[J]. 电化教育研究，2013，34（8）：91-97.

[78] 王小萍. 高职实践教学有效性缺失论析[J]. 教育与职业，2011（17）：163-164.

[79] 卢晓东. 论学习量[J]. 中国高教研究，2015（6）：38-48.

[80] 习近平总书记在全国教育大会上的重要讲话引起热烈反响[N]. 人民日报，2018-09-12（2）.

[81] 钟启泉. 课堂转型的挑战[N]. 中国教育报，2015-03-16（8）.

[82] 徐友礼. 坚持以问题导向搞改革[N]. 中国教育报，2015-06-15（5）.

[83] 杜悦. 翻转课堂促使我们反思课堂改革：上海师范大学教育学教授丁念金访谈[N]. 中国教育报，2014-04-16（6）.

[84] 饶其康. 发挥高校职能促进国际交流合作[N]. 海南日报，2021-11-03（A09）.

[85] 宋述强. 从微课、慕课、翻转课堂到创客运动：我们是否在见证一场新的教育革命？[N]. 中国教育报，2015-06-02（8）.

[86] 黄鉴古. 翻转课堂与南橘北枳[N]. 中国教育报，2013-09-25（10）.

[87] 汪晓东. 翻转课堂的实践困惑如何应对[N]. 中国教育报，2014-04-24（6）.

[88] 吴奇. 莫把翻转课堂这部经念歪[N]. 中国教育报，2014-04-24（6）.

[89] 刘志峰. 高职院校思政课实践教学方式基本内涵探析[J]. 中小企业管理与科技（上旬刊），2015（1）：230-231.

[90] 刘志峰. 紧密型校企合作特征、类型和机制研究[J]. 职业技术教育，2012，

33（23）：52-56.

[91] 刘志峰. 高职院校品牌专业的内涵和基本特征[J]. 职业技术教育，2013，34（22）：30-35.

[92] 刘志峰. 基于工作过程系统化的高职课程开发存在的问题及解决策略[J]. 职业技术教育，2012（15）：19-22.

[93] 李景春，刘志峰. 研究生党建创新的 SWOT 分析[J]. 学位与研究生教育，2006（8）：47-51.

后　记

党的十八大以来，以习近平同志为核心的党中央高度重视高校思想政治工作，把高校思想政治工作摆在更加突出的位置，采取有力举措全面加强了党对高校思想政治工作的统一领导，切实推动了高校思想政治工作快速发展。习近平总书记围绕高校思想政治工作提出了一系列新理念新思想新观点新论断，为新时代高校思想政治工作发展指明了目标方向、提供了根本遵循，不断引领高校思想政治工作实现了跨越式提升，取得了历史性成就。作为新时代高校各项工作的生命线，高校思想政治工作的质量水平不仅影响高校立德树人根本任务的推动落实，也关乎高等教育强国战略目标的顺利推进，乃至社会主义现代化建设和伟大复兴中国梦的实现。因此，高质量推动高校思想政治工作，实现高校思想政治工作高质量发展具有十分重要的战略地位，深层次、多维度探讨高校思想政治工作高质量发展，有助于全面把握新时代高校思想政治工作高质量发展规律，有效推动新时代高校思想政治工作高质量发展实践。

自 2007 年参加工作以来，笔者一直关注高校思想政治工作理论研究，并积极撰写学术论文、申报科研课题、参加成果评奖，取得了一定成绩。在《中国高等教育》等杂志发表 10 余篇论文。主持申报河北省高等学校人文社会科学研究项目等省、市、校级课题 5 项，均通过结题验收。以独作或第一作者身份申报的《思想政治理论课"三环六维"翻转课堂教学模式的探索与实践》获得 2017 年河北省高校思想政治工作创新案例二等奖；《习近平新时代中国特色社会主义思想"六维三化"学习模式的构建与实践》获得 2018 年河北省高校思想政治工作创新案例二等奖；《构筑习近平总书记系列重要讲话研读平台，培育高职特色校园文化建设品牌》获得 2017 年河北省高校校园文化建设优秀成果三等奖；《习近平文化育人思想的基本内涵和理论特色研究》获得 2017 年全国学校共青团学术年优秀论文三等奖；《习近平总书记统一战线思想的主要内容与基本特征研究》获得中共河北省委统战部喜迎党的十九大胜利召开主题征文三等奖；《"赶考精神"的当代价值与培育途径》获得 2017 年中共河北省委组织部主题征文优秀奖。此外，还有多篇思想政治工作方面的学术论文荣获省、市级科研奖励。这些成果的持续积累为本书研究提供了坚实的理论基础和丰富的学术支撑。

本书依托河北省社会科学基金项目"高校思想政治工作高质量发展机制、模式和对策研究"（项目编号：HB22MK018），立足新时代高校立德树人根本任务，以新时代高校思想政治工作高质量发展为研究重点，细致分析了新时代高校思想政治工作高质量发展的意义作用、概念内涵、基本特征，分析探讨了新时代高校思想政治工作高质量发展的影响因素、动力模式、机制系统，探索提出了新时代高校思想政治工作高质量发展的策略体系，以期为新时代高校思想政治工作高质量发展提供理论借鉴和实践参考。

本书在撰写过程中始终聚焦高校思想政治工作高质量发展这个主题，严格把握题目设计、结构把握、内容撰写、修改优化等重点方面。为了确保本书研究目标的精准性、研究方法的科学性、研究过程的有序性和研究结论的科学性，一方面参考借鉴学术界已有成果思想，另一方面多次请教本人河北省高层次人才帮带导师、国务院政府特殊津贴专家刘志国教授和硕士研究生导师、燕山大学文法学院李景春教授以及河北经贸大学马克思主义学院院长柴艳萍教授、副院长李英教授、郭建教授等专家学者。此外，还积极与课题组成员展开交流研讨。希望通过本书的出版，从理论和实践两个维度构建起中国特色社会主义新时代背景下高校思想政治工作高质量发展的研究体系，激发和引起社会各界对高校思想政治工作高质量发展的研究热情，不断为高校思想政治工作高质量发展献言献策和贡献智慧。

本书认真参考了学术界的相关成果，为了尊重学界同人的学术创作，引用部分已经作了注释，如有遗漏恳请见谅！同时，对于河北经贸大学校学术委员会专家的悉心指导，燕山大学出版社社长陈玉、编辑朱红波等的大力支持表示感谢！